刘威汉　著

CASE STUDY ON
CONTEMPORARY CHINESE BUSINESS HISTORY

近代中国
商道列传

社会科学文献出版社
SOCIAL SCIENCES ACADEMIC PRESS (CHINA)

推荐序

企业是社会经济活动的重要主体，也是时代发展进步的一个缩影。马克思认为，作为生产组织的企业，其产生及演变的根源在于劳动生产率的提高与社会生产力的发展。企业的发展史或商业史则是经济史中重要的组成部分，对它的研究既有案例方面的借鉴意义，也可从微观层面一窥当时社会经济活动的面貌。

中国商业史上不乏一些百年老字号的企业，分析其发展壮大的原因，必然绕不开企业家的关键作用。作为企业运营的主体，企业家个人的经营管理才能与格局视野往往可以决定一个企业的存活时间与发展规模。对这些企业家经商之道的总结，放在学术中便是近代公司治理模式的中国化实践。

刘威汉教授从九个近代本土企业出发，从商业发展史的角度还原出当时的时代发展背景。通过分析企业家的战略选择，归纳出企业运营的实践经验。对研究中国经济史的学者而言，上述资料可以起到微观层面的补充作用。这些案例中的中资与外资企业，涉及多种行业，既包括实体制造企业，也涵盖金融服务企业。书中记录的原始资料不仅回顾了这些企业的发展历程，还反映了当时社会的价值取向。

收集梳理商业历史资料是个费时费力的工作，但总归需要有学者去做。不同读者从这些资料中会抓住不一样的重点，得出不一样的看法。在我看来，这正是书写商业史的意义，对成功经验的总结固然重要，但更重要的是分析出，在当时政治、经济、民生与外交的大环境下，企业家选择的动因与面临的时代限制。

在此，我诚挚推荐刘教授的新书《近代中国商道列传》，它非常值得一读。

周　皓

自　序

　　司马迁《货殖列传》开了历史研究的先河，不再局限于公侯将相与成王败寇，他将中国的历史思想作用于经济，行云流水地记述下秦汉以前大货殖家的事迹。这样的经典不仅描述了当时的商业活动、自然资源条件，更是从社会经济条件反映出当时的外交与政经条件。故本书采用类似的模式，最终呈现的不仅是个人荣辱或是商业团体的兴衰，还尝试运用商业学科知识来诠释、评论其中所展现的丰富内涵。许多历史事实显示，可以从六个维度回顾这些企业的特色："审"是指审时度势，进行市场调研与政经情势判断；"慎"是指谋定而后动，而不是被动接招，或是感性高过理性；"深"是指营运投入的用心与明智，以及经营市场的纵与深；"伸"是指灵活应变，延伸扩展影响力，提高市场存活率；"渗"是强调变革过程绝非一蹴可几，涉及对政治外交与市场环境的用力深浅；"呻"是指既要研究成功得势，更要探讨挫折失败，尤其是如何在整理后重新出发，或是以撑待变。

　　本书选定九个近代的本土企业，其中中资企业有汉阳铁厂、轮船招商局、日升昌、卢九家族；外资企业则有太古集团、英美烟草公司、美商上海电力公司、广九铁路、汇丰银行。这些企业被选定的依据是作者写作时可得的资料较为完备，可以尽可能地比对查证，而且这些企业涵盖金融、钢铁重工、民生消费、交通运输、房地产，甚至是博彩娱乐产业等，属于社会主要活动范围。本书所说的"近代"，系清政府洋务运动开始到民国初期，主要关注中国政府、官员、群众、外国势力等四大群体，希望借由讨论他们之间的博弈，来反映当时的政经与外交。事实证明：追求商业利益未必是短视近利，有时候也可能是经世济民的明智目标；擘画长治久安的天下大利，必须确保在短中期内给人民以看得见的物质福利。在追求"究天人之际，通古今之变"方面或力未能逮，但着力于避免意识形态与特定史观，尽可能实事求是地剖析其中的利弊得失。在寻求定义中国商道的同时，我想到了《论语·卫灵公》中的"人能弘道，非道弘人"，所以不如以当事人的经历来定义他们所认定和实践的。苦思冥想间千回百折，我惊喜地发现《孙子兵法》早已汇总了大部分的道理，所以在适当章节引用、评论，让《孙子兵法》与近代中国商道巧妙结合、交相辉映。

本书通过个案研究，从商业学科的角度来解读那个充满变数的时代及其中的代表性企业。因此，本书适合对那个时代及其间的事件、人物，特别是商业发展历史感兴趣的朋友。其实，历史的经验与教训有时候也会重现，但要等待人们去发掘。

当初上了 Robert W. Fogel（1926~2013，1993 年诺贝尔经济学奖得主）的课，我才了解到启蒙恩师对农庄工头的随身笔记本等看似断简残篇的资料，汇总分析的最终结果竟然可以颠覆一般人对于美国黑奴历史的认识；黄仁宇在他许多的历史研究著作中，也多次强调"数目字管理"的重要性。众口铄金难铄真，不信青史尽成灰，我还寄望有更多的历史数据能被挖掘公开，让这些原始资料自己来讲故事，避免局限于一家拍板之言，还愿与先达们继续尝试刷新经济史的研究。受限于才学精力，我除了承担一般应有的文责，还望请同好与专家批评指教。

感谢用友基金会慷慨支持本书的写作，也让自己的夙愿得以实现，能有机会在回望近代中国蜿蜒路的同时，为这九个具有特别意义的商业机构留下雪泥鸿爪。

最后感谢郭永钦、林展、张林峰老师的交流与指导，还有就是社会科学文献出版社的编辑与"商科太太"卢佑俞的校对，是他们协助这本书顺利付梓。

刘威汉
于南方科技大学台州楼

目　录

汉阳铁厂：中西两学，皆为体用

人们常说"商场如战场"，那么在市场中的商家便好比古时战场中交战的国家。如果想在竞争激烈的商场上有一席之地，经营者们必须对自己的企业进行正确的评估，对所处的外部环境进行充分的风险预判。正如2500多年前孙子的观点："兵者，国之大事，死生之地，存亡之道，不可不察也。"不管是真实的战争还是商战，都应该考虑几方面的情况，即天时、地利、人和以及政治、管理制度。

一 汉阳铁厂建立的"天时"与"人和"

（一）汉阳铁厂建立的"天时"：洋务运动 [1][2][3]

英国在经历了资产阶级革命和工业革命之后，国力大幅增强，发展成为了不起的"日不落"帝国，更通过两次鸦片战争，打开了中国的大门。然而当时还处在封建制度和农业文明下的清朝，面对如此强大的敌人的挑战，显得不堪一击。另外，随之而来的太平天国运动更使清王朝内外交困、摇摇欲坠。面对这样的困境，以恭亲王爱新觉罗·奕䜣为代表的晚清政府官员（这一部分人之后被称为"洋务派"）主张"师夷长技以制夷"，推行了一项以富国强兵为目标的"洋务运动"。特别是在1861年辛酉政变之后，慈禧开始重用洋务派，大规模引进西方的先进科学技术，兴办近代化军事工业和民用企业。自 1861 年至 1894 年短短 30 余年的时间里，"洋务运动"经历了发展、鼎盛和衰退的过程。

清政府应付外来战争的连番失利，加之随即一系列的割地赔款举动，彻底惊醒了沉睡数百年的东方大国。在这样的全民对外的社会氛围下，不正是开展"洋务运动"的绝佳时机吗？于是"自强"和"求富"便成为全国的共识。"自强"意在向西方学习其先进的冶铁炼钢技术，从而制造兵器，发展铁路运输、轮船运输；"求富"的目标是推行西方已经实行的重资本的资本主义经济，以替代当时既有的小农经济，期望改善当时落后的社会经济条件。如果说"自强"是当时统治阶级急于实现的国家目标，那么"求富"无疑符合当时广大中国民众的生活期许。因此，"洋务运动"一经开展，便得到了上至君王、下至百姓的积极响应和参与，涌现出许多卓越的民族资本家和优秀的民族企业。其中最著名的当数"北洋"李鸿章所建立的轮船招商局（本书另有专章讨论）和"南洋"张之洞组织成立的汉阳铁厂，这两家企业皆为官办企业（即现在的国有企业），然而前者为官办民营，后者在前期为官办官营，之后由盛宣怀接手，改为官督商办。

（二）汉阳铁厂建立的"人和"：张之洞的崛起与慈禧的支持

张之洞（1837~1909），同治进士，出身于官宦世家，与曾国藩、左宗棠和李鸿章并称晚清"四大名臣"。历任湖北学政、四川学政、山西巡抚、两广总督、湖广总督等职。能在晚清云谲波诡的政坛站稳脚跟，甚至是平步青云，其中的原因除了张之洞自身以突出的才干谋略成就了卓著的政绩外，还包括他精于权变、善于审时度势、深谙谋后而动的为官哲学，更少不了当时清廷"一把手"慈禧太后对他的喜爱和信任。张之洞自幼博闻多识，文采也很出众，14岁时便已中了秀才，16岁一举成为顺天府乡试第一名，27岁时被慈禧太后钦点为同治二年（1863）会试的探花，会试后，授翰林院编修，从此声名鹊起。之后，张之洞洗雪了在光绪元年（1875）发生的"东乡冤案"，彰显了其洞若观火、为官公正的一面。在光绪六年（1880）的"庚辰午门案"中，他深思熟虑、审时度势，以非常巧妙的陈述，奏请当时处于盛怒的慈禧撤销对午门护军的处罚，从而避免了慈禧由固执偏袒而造成的严重后果，从侧面维护了她赏罚分明、公正执法的当权者形象。经过以上的事件，慈禧太后对张之洞的信任与欣赏直线上升。

人们对于张之洞的了解很多集中在其创办的自强学堂（武汉大学前身）和三江师范学堂（南京大学前身）等，汉阳铁厂的故事也为许多人所津津乐道。汉阳铁厂是中国近代最早的官办钢铁企业，由时任湖广总督张之洞创办于1890年，为当时中国第一家也是最大的钢铁联合企业。

其实早在张之洞担任山西巡抚，整顿山西官场懈怠之风，解决全省烟患之后，就有过开矿山、办钢铁厂的想法[4]。然而在他刚开始考虑试办洋务，富强山西的时候，中法两国在越南爆发军事冲突，清兵败北；慈禧太后诏张之洞回京陛见，他趁势提出应对意见，并即刻被调职出任两广总督。由于广州在第一次鸦片战争之后便成为首批被迫开放的口岸，至1884年经过40余年的发展，广州已经成为当时中国的国际贸易中心。张之洞到任之后，看到洋铁大量进口、白银外流，便组织当地打铁匠开办了"铸铁局""制铁厂"等多个官办小型企业。然而这些小型铁厂受限于规模而导致成本偏高。虽说是企业，但是生产模式与民间作坊并无本质上的不同，使用传统的土方法产出的成品铁成本高、杂质多、质量低劣，容易折断或变形，因此无人问津，也根本无法与洋铁竞争，更谈不上制造洋枪大炮。看清局势的张之洞意识到，如果想要使中国制铁企业摆脱当时所面临的经营困境，中国所制造的铁想要在国内外市场上占有一席之地，就必须引进当时西方的先进制铁技术与设备。于是便致电当时的驻英公使刘瑞芬，委托其以 8.55 万英镑购买谛赛德公司日产生铁 100 吨的高炉两座，以及炼熟铁、炼钢、曲板、抽条等的机炉。由于当时正值中法战争，国库吃紧，无法一次性付清款项，张之洞转而要求先以 2.8 万英镑为定金，并将设备运抵广州，拟在广州城外的珠江南岸凤凰岗建立新式铁厂。

就在广州凤凰岗铁厂筹建之时，1889 年张之洞向清政府提议修建一条依赖于中国材料与中国资本的铁路——卢汉铁路（卢沟桥至汉口）。他认为依靠中国资本修建铁路不仅能够带动中国冶铁业的发展，连接沿途的铁矿与煤矿，更重要的是可以极大改善沿途的民生状况，同时也方便征兵以及兵士、粮饷的运输。这项提议得到了清政府的批准，计划铁路北段由直隶总督主持，南段交由湖广总督主持，张之洞随即调任湖广总督[5]。

张之洞调任湖广总督之后，奏陈修建汉阳铁厂，得到了慈禧太后的首肯。慈禧令户部拨款 200 万两作为建厂经费，这对于当时国库只有存银 700 万两的清政府来说无疑是一笔巨款。另外，慈禧为了自己的六十大寿可以风光大办，不惜克扣当时北洋水师的军饷来重修清漪园（现颐和园），但是对张之洞建铁厂的经费请求，却异常慷慨。不得不说，张之洞能够顺利建成汉阳铁厂，慈禧太后是最大的支柱。这也反映出因为张之洞具有敏锐的洞察力，看清了形势，站对了队伍，所以才有了后来为人津津乐道的汉阳铁厂。能够获得有利的政治态势，在当时的中国至关重要 [6]。

二 汉阳铁厂选址问题

（一）应该如何选址？[7][8]

在交通运输系统尚不发达的时候，铁厂只得尽可能靠近矿源（主要是煤矿和铁矿），以减少原材料的运输成本。西方近代钢铁企业也皆是以此作为铁厂的选址依据，特别是19世纪50年代英国冶金学家贝塞麦发明了转炉之后，使低成本大规模的生铁及粗钢生产变为可能。这意味着铁厂离矿源越近，就越能够节省成本，那么资本家所获得的利润将越多。可是，随着铁路、航运等交通系统的日益发展，矿石等原材料的运输费用大幅下降，企业家们对铁厂选址的考量从偏重于矿源逐渐转为偏重于市场。也就是说，厂方更愿意将铁厂建立在对钢铁产品需求量相对较大的、不一定靠近矿源的地区。如此选择的目的是能够在第一时间掌握其产品的销售情况，并得到市场的反馈，便于对制铁工艺等进行及时的改进。整体来看，为钢铁厂选址时，应该在综合原材料供给、销售市场、经济和政治环境各项因素之后，找出能够最大限度平衡各方的最优解，以实现钢铁企业利润最大化和社会利益（包括经济和政治方面）最大化的双重目标。

（二）选址一波三折

张之洞担任两广总督的时候，打算在广州开办钢铁厂，地点确定在了珠江南岸的凤凰岗。另外，张之洞在调任两广总督之前为山西巡抚，在该任期内便已经对山西境内各个大小矿源一一进行勘探调查，发现该地区煤矿极为丰富，因此早期有在山西建立西式铁厂（所谓西式铁厂，是指现代蒸汽机问世之后，使用机械进行大规模生铁和粗钢冶炼的工厂）的想法。调任广东之后，他便继续带人对粤北地区进行勘探，发现此处铁矿产比较丰富，加之整个广东地区洋务运动正盛，西方国家商行也大多在广州、香港设有代表处，这些条件更有利于采购铁厂所需要的生产设备。因此，起初张之洞盘算，建立铁厂最佳的地点应该是山西，其次就是广东，根本就没有考虑过在湖北设立铁厂。当张之洞调任湖广总督之后，这些炼铁设备并没有即刻随他一起前往武汉，而是继续留在广州凤凰岗等待铁厂的建立。

然而继任的两广总督李瀚章对洋务事务不感兴趣，加之才刚上任，于公于私都极不愿意插手建立西式铁厂的差事。虽然张之洞多次与李瀚章沟通广州铁厂事项，但李瀚章均以不熟悉洋务事务以及清廷筹划卢汉铁路急需钢铁为由推辞，并劝说张之洞就地在湖北设立铁厂。于是张之洞便顺势奏请清廷批准将原本应该用于建广州铁厂的设备全数迁移至湖北[9]。至此，铁厂定址湖北可以说是板上钉钉了，只不过具体地址到底应该选在湖北哪里还未定。

湖北省的铁矿资源丰富，特别是大冶县的铁矿石不仅储量大，而且品质极佳，含铁率高达 64%，为"中西最上之矿"。其连续多年产量丰富，甚至受到民国政府的高度重视。1923年 12 月国民政府农商部发行的《中国铁矿志》记载"大冶铁矿在 1910 年估计储矿量为 1.39 亿吨，其中水平以上约为 1.04亿吨，水平以下约为 0.35 亿吨"，并且大冶铁矿的开采可以追溯至三国时期，是当时尽人皆知的矿源地。历史记录指出，在1890 年，张之洞先后组织 15 批 30 人次的勘探队，分别在湖北、湖南、江西、陕西和四川等地进行实地勘探工作，目的是寻找湖北及其周边省份的矿藏（包括铁矿和煤矿），相信张之洞在勘探工作完成之后，也一定会了解大冶铁矿的规模的确是当时矿源之最 [10]。

大冶铁矿同时也以产煤闻名天下，这一点从张之洞在 1889 年 9 月 29 日给驻英公使刘瑞芬的信件中可窥知一二。时任北洋大臣，同时也是"洋务先锋"的李鸿章从西方建立铁厂的经验出发，认为远距离运煤使得费用剧增，并且西方国家一直都是"移铁就煤，而非移煤就铁"，极力主张将铁厂建立在大冶黄石港。同时，被后人称作"中国商父"的盛宣怀，实地对大冶铁矿及其周边进行了勘测，发现铁矿源临近江边，又与锰矿源靠近，而锰元素是在炼铁中必不可少的，所以盛宣怀根据自己之前丰富的办矿经验，也赞同在大冶黄石港建厂 [11]。

既然建铁厂就是搞企业，当然应该借本求利。作为企业，盈利是核心，而实现盈利最直接的途径无外乎两个——提高价格和降低成本。对于尚未进行任何生产活动的企业来说，其产品能否受到消费者的欢迎，以及是否有能力与行业中的老牌企业竞争还犹未可知，因此不会选择通过定高产品价格来实现盈利。所以对于新成立的企业来说，尽可能地降低成本才是明智的选择。张之洞坚持将铁厂建在汉阳可以理解，但是他为什么要选择在煤铁皆缺的汉阳大别山山麓建立铁厂呢？

（三）兼顾政经，定址汉阳（今武汉汉阳区）[12][13]

实际上，在张之洞心中，如果要将铁厂设立在湖北，大冶黄石港亦是他的最优选择。在他与李鸿章往来的一封书信中说"现拟运煤就铁，炼铁厂自以附近产铁地方为最善"，这明显不同于西方国家建立钢铁厂的通行做法。只是，张之洞与洋矿师郭士敦实地查勘黄石港时，发现这里地势相对较低，若在此建厂，难免有遭遇水患的危险。然而当时张之洞并不愿放弃在黄石港建厂的想法，多次派洋矿师以及自己的心腹徐建寅带领测绘员前往勘探，直到勘探队最后呈报"该港沿岸平处，皆属被水之区，其高阜仅宽数十丈，断不能设此大厂"，张之洞才将在黄石港建厂的想法作罢。可见张之洞对铁厂地址的判断是正确的，是符合商业规律的。即使黄石港的地理环境不适宜修建铁厂，大可在大冶县境内另觅厂址，那么张之洞为什么固执地选择了汉阳呢？

笔者认为张之洞这样的决定主要是出于两个方面的原因——经济和政治。如果在黄石港建铁厂的话，那么可以说炼铁所需的一切原材料都准备就绪，几乎不会产生原材料的运输成本，这无疑是最理想的方案。大冶铁矿附近虽然还有煤矿和锰矿，可是大冶县地处湖北南部，以丘陵、山地为主，相对平坦的地域只占全境面积的 9%。大冶铁矿矿源地处山区，若不能在黄石港建厂炼铁，那就需要开山挖隧道将矿石运出，这无疑又增加了一项巨大的沉没成本（Sunk Cost）。另外，煤矿易碎、易受潮的性质决定其所要求的运输条件要高于铁矿石，因此在气候潮湿且崎岖的山路上运输煤矿，不但增加了成本，更增加了风险，但是对于铁矿石等这类需要提炼加工的矿石的运输，就无须考虑这些问题。从地图上看，山西与湖北之间隔着河南，从产煤大省山西运煤到武汉的距离虽然大于大冶至武汉，但是道路平坦、气候干燥，可以说几乎是零风险运输。因此，从经济角度考虑，当黄石港建厂计划不宜成行时，最好的备选方案应该是在"煤铁两就"的武汉建厂，而非单方面的"移煤就铁"，在大冶境内其他地区建厂。

另外，将铁厂定址武汉比定址大冶更能够留住人才。汉阳铁厂是中国近代的第一家西式铁厂。不同于传统的打铁作坊的制铁方法和流程，工程师们需要了解矿石的鉴定方法与提纯步骤，以便对炼制的生铁和粗钢进行进一步的优化。目的是保证其延展性和韧性能够适用于工业生产当中，特别是铁路、轮船等方面。而炼铁工人们需要熟练掌握工业机械的使用、保养和修理方法。在当时，洋务运动虽然已经开展近30年了，但是其涵盖范围并不大，主要集中在上海、广州等由于鸦片战争而被开放的几个口岸，以及一些交通相对发达的沿海城市。这些地区中的民众对于洋务运动的目的和内容有一定的认知，其中更不乏留洋归国的新式知识分子。因此，在这些地方建立西式工厂所遇到的阻力必然小于其他尚未开放的、仍属于小农经济以及封建保守的地区。相对而言，大冶县地处鄂南山区，士绅百姓思想保守，对于建立西式铁厂相当抵制。据记载，洋矿师白乃富在大冶进行勘探时，差点被当地民众砸伤，张之洞听闻此事之后，便说道，若厂址定于大冶，"洋匠亦不能深入"。但是，第一座现代铁厂若无洋技师的参与，是不可能顺利建成的。因此，张之洞既然要引进人才并发挥其专长，以利于快速建成铁厂，就一定要聘请大批洋技师以及留洋归来的新式知识分子。那么为了向这类专业人群提供相对便利和优质的工作生活条件，便于最大限度地留住人才，在省城武汉建厂确实是最优的选择。

再从销售渠道的角度来看，在武汉建厂可达到"地利人和"的效果。武汉是湖北当时的政治经济中心，人口众多，自古便是鱼米之乡，物产丰富，人民生活富裕，整个地区经济也呈一片欣欣向荣之景象。特别是开埠通商之后，"贸易年额一亿三千万两，凤超天津，近凌广东，今直位于清国要港之二"，可见当时武汉商业之繁华以及临江之便利。张之洞在湖北境内选址建厂的时候，也必须同时考虑生铁粗钢的销售渠道。武汉作为该地区的商业核心地带，其影响力与销售网覆盖的范围都远远超过了大冶。事实也证明，在上海市场开拓之前，中国的钢铁以及煤矿的销售绝大部分依赖于汉口口岸。孙子曾说："地者，远近、险易、广狭、死生也。"即所谓地利，就是要在作战时考虑到距离的远近、地势的险阻平坦、地域的宽窄以及死地和生地的利用。总而言之，想要在战场上获胜，明智地利用地理环境是相当重要的。因此，综合考虑了建立铁厂的原材料及销售的地理因素之后，武汉可以总体评价为最理想的经济选择。

在政治考量方面，张之洞在汉阳建厂与他的政治对手李鸿章有着非常直接的关系，几乎可以说是李鸿章间接建立了汉阳铁厂。大家都知道李鸿章是晚清的名臣、重臣，是洋务运动坚定的支持者，中国许多近代企业都是由他创办的，比如著名的轮船招商局、江南机器制造总局，开平矿务局、电报总局等。另外，李鸿章靠打仗发迹，军事嗅觉敏锐，通过日本吞并琉球、法国占领越南看清了清王朝海防的重要性和迫切性，开始筹建北洋水师，至1890年前后将其发展成号称"亚洲第一舰队"的规模。当时身为直隶总督兼北洋大臣的李鸿章不仅手握兵权，而且掌控着多家洋务企业，他的势力不断壮大，这让慈禧颇为担忧。更重要的是，借着工业革命的东风，西方国家的军事发展异常迅速，各种新式武器层出不穷。统兵打仗多年的李鸿章明白，只有武器跟得上时代的发展，才有可能在战争中取胜，落后的军事装备只有战败一种结局。北洋水师建立之时便耗资巨大，此后每年的军饷、武器与军舰的添置和维护费，大部分出自北洋派所创办的洋务企业，剩余部分由国库拨款[14][15]。然而慈禧以"张天朝之威"为由，不顾当时积贫积弱的国情以及国库空虚的实际情况，执意隆重操办自己的 60 岁寿辰。自 1888 年便要求开始重修颐和园工程，所用木材皆需从南洋进口，开销巨大。慈禧在意的清漪园工程与李鸿章的北洋水师都需要从国库拨款，李鸿章多次以"水师乃海防之根本"为拨款理由，与慈禧"抢"银子，这让慈禧对李鸿章颇有微词。身受慈禧提携之恩的张之洞明白慈禧对李鸿章的怒气与防备，并思考自己是否可以作为帮助慈禧牵制李鸿章的棋子？是否可以借此增强南洋派的实力进而与北洋派抗衡？只是这样的决定肯定会影响到铁厂的工作进展。

有种说法是：于公，可以说张之洞为了帮助慈禧牵制李鸿章和他的北洋集团的进一步发展，进而将铁厂建在了其极力反对的汉阳；于私，就纯属张之洞与李鸿章的个人恩怨与政治分歧了。出身世家，受过严格的儒家思想教育，曾经是"清流派"要角的张之洞，虽说也是洋务运动的参与者与实施者，但始终坚持"中学为体，西学为用"的观点。通俗来讲，就是在思想上还是要坚持中国传统的伦常经史，主要表现在人生观、价值观和世界观上；至于西洋的东西，只有科技可以拿来使用，其他的一切都要屏蔽掉。所以他一方面积极学习西方的理学知识（数学、物理等），另一方面坚持在自己创办的学堂中沿用中国传统的私塾教育，讲授的也还是四书五经。简单来说，如果张之洞是一个穿着西洋燕尾服的中国人，那么李鸿章就是穿着长袍马褂的"西方人"，因而两人所提出的解决方案和政治思路不免出现差异。

当时的中国如果想要进步，改变国弱民贫的局面，仅仅向西方学习科技，模仿其工业生产是远远不够的。李鸿章认为，西方之所以先进，主要是因为其政治经济制度，科学技术是次要方面，所以中国应该参照西方进行制度改革，实行"全盘西化"。反之，张之洞始终无法认同并接受西方的价值体系，而且时刻对西方价值体系渗入中国保持着高度的戒备，这也是他与李鸿章无法共处在同一个战壕里的最根本原因[16]。结果就是，张之洞与李鸿章在政治上意见相左，在铁厂选址问题上更是存在分歧，并出现日益加剧的局面，致使二人的矛盾更加激化。虽说清政府指派张之洞督办铁厂，若铁厂建在李鸿章所极力主张的大冶，难保他之后不会插手铁厂事务，毕竟他当时的官职还是要绝对高于张之洞的。归根结底，张之洞为了避免铁厂的实际控制权旁落他人之手，从铁厂建立之初就表现出掌握绝对的话语权和决策权，谋求在气势上压倒对手。如此，张之洞便选定了武汉。毕竟在中国做事，不可能不考虑政治层面的因素。

洋务运动成功与否取决于天时、地利、人和这三个因素，企业创办成功与否也是如此。张之洞借着洋务运动的热潮以及自己敏锐的政治嗅觉和洞察力，顺利地在汉阳建立了中国第一家西式钢铁厂。在投产之前，看似"天时"与"地利"这两个因素都得以满足，那么决定汉阳铁厂成功与否的"人和"方面的因素又是如何呢？

三　制度不善，濒临破产

1890 年，这家中国官办钢铁企业，前后花费了 600 多万两白银，从西方购置了全套设备，建成了当时亚洲最大的钢铁厂。然而，这样耗资巨大、规模庞大的钢铁厂，从成立到亏损只用了短短三年的时间，实在是让人咋舌。这样的挫败与它不适当的管理经营制度有着直接关系。

（一）同时期美国钢铁企业的发展 [17]

以英国为代表的西方国家在 18 世纪 60 年代的工业革命之后便开始发展钢铁行业。美国却晚了几乎一个世纪，它的钢铁业在 19 世纪 60 年代才逐渐起步，在时间上与中国同时期的洋务运动相一致。中美两国的钢铁行业可谓是同时期发展，但是经过短短 30 年的时间，却出现了两种截然不同的结局：汉阳铁厂几乎破产，即使全力挽救，之后也只能逐渐成为日本钢铁企业的代工厂。民国初年，盛宣怀再度出任汉冶萍公司董事长，先后与日本制铁签订协议来筹措基建资金，最后却将汉冶萍公司的经营管理权拱手让人了，致使汉冶萍公司逐步走向没落。盛宣怀在武昌起义爆发后，因为请袁世凯出山，以及被各方谴责他的四川收路政策导致动乱等，被革职后逃亡日本，之后他便一再出现代理人问题。他急于重出江湖，被日本人抓住了这根软肋，日本以协助扩大公司生产规模为由，借由大举借款的手段，最后就把汉冶萍公司给抢走了。但是，美国的卡耐基钢铁公司却在 20 世纪初成为世界最大的钢铁企业。须知，当时的美国政府可是没有给卡耐基钢铁公司任何优惠政策或是特别待遇的。

说起卡耐基，人们首先想到的便是他的管理哲学，或者是他那由贫民窟到世界首富的传奇人生。他之所以成为当时的世界首富，是因为将自己在实践中总结出来的、行之有效的管理哲学正确地运用于自己所建立的钢铁帝国——卡耐基钢铁公司，这家百年企业现在依旧屹立于世。安德鲁·卡耐基（Andrew Carnegie）于 1835 年出生在苏格兰一个贫民家庭，受英国的饥荒和经济危机的影响，在童年时便与父母移民美国。由于家庭贫困，为了糊口，他 14 岁便去纺织厂打工，之后还相继做过锅炉工和邮递员。在送电报的两年里，卡耐基白天工作，晚上去夜校读书，学习复式记账法，他坚信这种知识在将来一定会派上用场，又利用业余时间学会了收发电报的技术。命运之神总是偏爱有准备的人，已经熟练掌握了电报机的使用和各种电报代码的卡耐基，在他18岁的时候，被宾夕法尼亚铁路公司西部分局局长托马斯·斯科特雇用，担任他的私人报务员。此后，在宾夕法尼亚铁路公司的十余年里，卡耐基平步青云，同时从实践中掌握了铁路公司的管理、会计、组织和控制等现代化大企业的整套体制和管理技巧，为之后开创自己的事业打下了坚实的基础。

1865年，卡耐基从宾夕法尼亚铁路公司辞职之后，创办了匹兹堡钢轨公司、机车制造厂以及炼铁厂。这个时期的美国钢铁行业，虽然受到了欧洲工业化大规模生产的影响，但是还处于分散经营的阶段。这里所说的分散经营，并不是通常意义上的行业中存在许多小型规模的炼铁厂，而是将从铁矿石到铁制品的制作环节分割开来，进行专精分工，让不同的厂家负责生产中的不同环节。但是这种"分工合作"的生产模式非常容易产生溢价，即中间商对上一个环节的产品加价之后，再卖给下一环节的厂商，这样一来，便会大大提高钢铁制品的成本。看到这一缺陷的卡耐基，果断决定成立一家综合的、囊括了钢铁整个生产过程（包括原料供给、钢铁生产和销售）的现代钢铁公司，又运用之前在铁路公司学习并实践的一体化经营理念，结合当时最先进的贝塞麦炼钢法（the Bessemer Process）和西门子-马丁敞炉炼解法（the Siemens-Martin Process）进行钢铁制品的产销活动。

高楼大厦平地起，许多企业都曾经历过开创摸索的阶段。当时美国的许多企业在财务上都实行简单记账法，而钢铁行业中的企业由于分散经营，几乎不会进行会计核算，只是简单粗暴地按照总产量来分摊全部费用，从而决定利润的多少。这种做法的最大问题便是坏账、死账一大堆，而且根本无法清晰地界定成本、销售额和真实的利润，更别说以此为依据，进行企业的生产管理改革。但是当时市场需求旺盛，绝大部分的业主乐得赚取小钱小利，并不急于思索精进。这时，卡耐基年轻时在夜校学习的复式记账法，帮助他建立了企业的财政制度——成本会计，可以帮助确定产品的价格，不但使得定价可以低于行业中其他的竞争者，并且可以最大限度地挖掘潜在市场，进而实现利润最大化。另外，运用成本会计法，可以精算成本、产量与利润的实况，以及剖析它们之间的关系，可以帮助企业改进生产和经营策略，进而促进企业的发展[18]。

更甚者，卡耐基自身的职业经历，烧过锅炉，发过电报，又在铁路公司工作十余年，这些工种都与钢铁打交道，使他对于"钢铁是怎样炼成的"早已了然于胸。所以当他成立了自己的钢铁公司之后，第一件事就是整合钢铁生产的程序，实行一体化的生产。卡耐基以使用贝塞麦转炉为契机，实现了钢铁的"一条龙"生产，提高了生产效率，同时大大降低了生产成本；之后，卡耐基又整合了钢铁原料的供应渠道，收购了一些距钢铁厂较近的矿场和煤场，从而保证了原材料能够持续稳定地供应。在充分调研了市场需求，了解了钢铁制品的销路及销量之后，为了能够更快、更多地生产，卡耐基又采购了适合的平炉和炼焦炉。企业最开始生产一吨钢的成本是 56 美元，而到1900 年，每吨钢的成本便下降到 11.5 美元，这不能不让人钦佩卡耐基的管理能力。他结合在宾夕法尼亚铁路公司学习到的企业管理方法，建立了钢铁厂相应的人事考核制度，恰当地分配了企业管理权，并明确了与权利相对应的责任和义务。如此一个有序、高效的钢铁厂的成果绝非侥幸，正如《孙子兵法·始计篇》所说的"主孰有道？将孰有能？天地孰得？法令孰行？兵众孰强？士卒孰练？赏罚孰明？吾以此知胜负矣"。卡耐基正面看待人生经历，他从不错过学习的机会，更是将所学运用到他事业的方方面面，终究机会是留给有准备的人的。

卡耐基将技术与管理相结合，至 1900 年，他的钢铁公司不仅是美国最大的，更是世界上钢铁产销量最大的。反观与它同时期的、号称"亚洲最大钢铁企业"的汉阳铁厂，当时却在依靠着外国借款艰难度日，可谓举步维艰，虽有朝廷的大力支持，却仍是竹篮打水一场空。

（二）汉阳铁厂弊病丛生的管理模式 [19]

在 1896 年盛宣怀接手之前，汉阳铁厂是个官办企业。所谓官办企业，类似于现在的国有企业，其所有权归属于国家。但是汉阳铁厂相较于现在的国有企业，最大的不同在于管理者对企业的绝对控制，换言之，就是国家出资，由实业经理人来全盘经营。如此看似尊重企业经营事业，但其实结果并非如此。自 1890 年汉阳铁厂成立以来，张之洞就被批评大权独揽。他对企业有着绝对控制权，是企业的最终决策者，任何关于经费的使用、管理人员的任免等企业管理方面的事项都全凭他的个人意志来决定。准确地说，汉阳铁厂打从一开始就主要被当作政治山头来看待，所以首要任务就是壮大自己的队伍。建厂初期，张之洞采用衙门式的管理人员遴选方法，在将传统政治人脉关系作为用人原则的基础上，以自己的好恶，选取管理人员，被选中的管理人员几乎全部是他自己的亲信。当时的政治风气就是如此，毕竟这样的大规模创新工程不找自己人来帮忙怎么会放心呢？况且，李鸿章也是不遑多让，同样大举安插自己的人马。但是，李鸿章懂得任用买办与商业人士（例如盛宣怀）等来处理实业问题，既持官印，又打算盘，也就是找对的人做对的事。张之洞却是把炭火都往自己的头上堆！

张之洞在铁厂人员管理上的另一个严重问题就是"冗员"，也就是在同一部门中同一职位的人员过多。当初，这是张之洞为了实现各个职位之间的相互牵制而刻意为之的。以厂内文案为例，该职位日常工作仅为铁厂与外部的信件往来，一个人完成工作绝对绰绰有余，然而张之洞在设置该职位时便已编制为三人，只不过其中两人无须到岗，仅一人工作即可。但是在张之洞看来还是不够，居然其后又增加一人。1896年盛宣怀督办汉阳铁厂，发现仅马鞍山煤矿一处的同一工种同一职位的"主管"居然有30多人，由此可推断铁厂自成立时起，所养"闲人"就数以千计。这笔庞大的开销，对于本来就资金短缺、连年亏损的铁厂来说无疑是雪上加霜。张之洞采用如此浮夸的人事制度的根本原因，还是在于他需要应付来自各方面的人事请托，这让他不得不照单全收，从而迫使他的"中学西体"变了调[20]。总之，虽然张之洞草创了事业，但是没有专业队伍来一起奋斗，缺乏专业人士来干实事，最后能人也待不久，这事业也撑不久了。

追根究底，张之洞虽然积极投身于洋务运动，但是他只接受西方的科学技术，对于其他方面则采取全盘否定的态度。在他看来，只是使用西方的科学技术和仪器炼出铁，建成铁路，用什么方法进行企业的经营管理并不重要。如果一定要选，那还是中国传统的衙门式管理更加得心应手，毕竟他还是得做官，必须处理好各方关系。近代西方企业使用所谓的"章程"或者"制度"管理企业，汉阳铁厂的管理则是"人治"。即使生产过程中出现相同问题，不同上级领导不免有着不同的处理办法，甚至同一个领导在不同时间也有着不同的处理办法。这种毫无章法、"拍脑门"式的企业管理模式，只能将企业推向破产的境地。

管理企业与带兵打仗其实是一样的，"人治"相比于"制度"也许在短期内更加灵活，但是建立并遵守制度更能使企业永续发展。纵观古今中外，纪律严明的军队比较有机会在战场上获胜。《孙子兵法·始计篇》强调："法者，曲制、官道、主用也。……知之者胜，不知者不胜。"这一针见血地指出了规章制度的重要性，也就是说，要在会计审计、金融管理、生产营运、人事制度、绩效考核、法规法务、战略规划等方面建立实际可行的规章制度。现代企业已经将自身的规章制度视为企业文化与运营的重要框架，如果说企业文化是企业凝聚力的表现，那么规章制度就是强力胶，可以将企业中的每个人牢牢地粘在自己的职位上，各司其职，各尽其责，这样才能使企业在稳定中向前发展。反之，缺少规章制度的企业就像是白蚁塔，从外面看巍然耸立、坚固无比，然而内部却有着千百个窟窿，经不起任何外部的冲击，甚至轻轻一碰便轰然倒塌。再者，衙门式管理还有一个更致命的弊病——贪腐舞弊。"三年清知府，十万雪花银"便是当时老百姓对清朝政府部门最真实的写照。张之洞将衙门搬进了汉阳铁厂，便已经注定了它失败的命运。可见革命也要革心，洋务运动既要引进西方的科技新知，也要学习其规章制度和企业精神。张之洞深谙官场经营与人际关系的游戏规则，但却自始至终以抱残守缺的视角解读"中学为体"，在还未真正实现"西学为用"的理想抱负之前，反而先遭遇了铁厂的亏损。

更直白地说，张之洞的"中体西用"以及李鸿章的"全盘西化"，其实都是双方高喊的政治口号、在封闭的中国拳击舞台上寻求打击对方的手套，慈禧则是扮演裁判的角色。换言之，张之洞后来之所以越来越受到慈禧的重视，离不开其制衡李鸿章的作用。虽说近代化势在必行，至于各自的理论依据或是实质内容则并不是那么重要。如果你认真了，那就很可能落入口水纷争的旋涡。实质上，清朝末年的近代化就是在看似"开明专制"的外表下，两派人马互相倾轧，并积极大搞试验求变的戏码，主政者则是高高在上调和二者。

（三）主事者事必躬亲，盲目自大

明朝的亡国之君崇祯皇帝，生前理政可谓"上鸡鸣而起，夜分不寐，往往焦劳成疾，宫从无宴乐事"，凡事勤勉克己，实属中国帝王中少见的特例。只是自嘉靖皇帝无为而治之后，明朝的国力便日渐衰弱，直至崇祯皇帝这一代，大明王朝可以说是由内而外全面溃烂，摇摇欲坠。崇祯皇帝从父亲手中接过这个"烂摊子"，痛心疾首但是也充满干劲，他兀自认为只要自己事必躬亲，这个国家会慢慢恢复元气的。但是根本问题是：方法对了吗？

事后印证"事必躬亲"与"效率低下"并无不同。即使在最后生死存亡的节骨眼上，崇祯皇帝还要亲自处理紫禁城内太监与宫女"对食"这样的小事！这位瞎忙的皇帝，搞不清楚事情的轻重缓急，由于治理无方，只好利用"忙，盲，茫"来掩饰自己的无能。再者，"事必躬亲"的另一个严重后果就是不懂装懂，胡乱指挥。说穿了，就是用独断专行来展现自己的权威，利用发号施令来刷存在感，因此最后的困窘结果并不难想象。

许多人批评张之洞对于汉阳铁厂的经营管理方法，与崇祯皇帝对于大明王朝的治理并无二致。鸦片战争之后，中国被西方强行打开了国门，这样的开放确实是屈辱的，就在大部分国人还沉浸在悲痛与愤懑之中时，一部分目光敏锐、头脑冷静的中国人看到了西方的先进与中国的落后，但是他们并不自怨自艾，而是在满目疮痍的中国大地上看到了希望，张之洞便是其中的一员。他认为，只要中国能够向西方学习其先进的科学技术，模仿西方办工厂搞生产，就一定能够摆脱困境。带着对国家弱小的心痛与国家强盛的愿景，张之洞满怀热情地创办了汉阳铁厂，希望用中国制造的钢铁修建中国的铁路，这些人看到了西方的科技器具与成果，却忽视了对方软件工程的进步之处，不愿反思自己已经固化的思维逻辑是否曲解或是误解了中学与西学，他自以为是地认为可以将中学与西学清晰地分割为"体"与"用"两部分，主观认定做人比做事更重要，做人皆学问，而做事只要有钱、有权就可以水到渠成。只是这样的思维实则是在抗拒思想与体制方面的改革，对于这样故步自封的行为，历史已经给予了非常明确的答案。很可惜，在清朝最后的岁月中，一些达官显贵也存有类似的看法，坚持"中学为体"成了政治表态的必要标志。

只是久居官场，摸爬滚打了几十年，越俎代庖、鸠占鹊巢的事情见得太多了，如果张之洞将铁厂的管理权下放，难保以后不会出现他不愿见到的局面。例如，北洋集团也虎视眈眈，随时准备插手铁厂事务，如果铁厂在经营管理上出现分歧甚至是内耗，若是不直接介入导正，不正给了北洋集团可乘之机？如此，恐将冲击到张之洞以及整个南洋集团。思虑再三之后，张之洞干脆将铁厂的经营管理之权全盘揽在自己手中。只是张之洞的专长全然不在经商营运方面，他对炼铁技术更是知之甚少，揽权之后的张之洞又如何能好好地经营管理铁厂呢？除了事必躬亲，确也别无他法了。我们得到的教训是：身为管理者之所以喜欢揽权，究其本质不外乎因为对自身能力的过高评估，对外部环境的过于乐观，或是拒绝竞争，干脆关起门来干的心态。喜欢揽权的管理者通常固执己见，并且周遭环境也不接受质疑的声音。各种问题在张之洞实际经营铁厂之后便一一显现出来了。

既然是在西方科技指导下办成的铁厂，那么技术问题最为关键。张之洞却从未熟悉炼铁的流程，在他看来用什么方法炼铁并不重要，他甚至兀自认为中国的炼铁术已经有了千年的历史，只要能够使用西方机器即可大量炼铁。因此，当他购买英国炼铁设备，被英国公司要求先勘定煤铁矿源并检验矿石成分时，认为"以中国之大，何所不有，岂必先觅煤铁而后购机炉"，并未与洋矿师白乃富沟通商议，而是一口回绝了该专业要求。最后的结果是，即使运用这批花高价从英国所购买的当时最先进的炼铁高炉，所产出的生铁无论是在数量上还是在质量上都与预期的相差甚远。张之洞事后才派工程师与英国公司接洽，发现该炼炉适合用酸性工艺进行生铁冶炼。然而张之洞在当初下令生产时，使用的是距离汉阳 50 里远的江夏马鞍山矿源的白煤矿，该煤矿以及炼炉内部的耐火砖形成的是碱性炼铁条件。除了生产出来的成品生铁不尽如人意之外，在酸性炼铁炉使用碱性炼铁方法，也会大大缩短炼铁炉的使用寿命[21]。这一切的后果，都是由张之洞不懂技术却又盲目自大，不听从专业建议而直接造成的。

可见管理工作不只是"大德不逾闲，小德出入可也"（《论语·子张篇》），更应该是要看重技术活、科学活的基本功，进而层层把关的品管过程。先把形而下的品管做好，再谈形而上的策略，所以说这是事业与艺术并重，不宜偏废，并且以看似小事的为先为要，诚如《圣经·路加福音》16：10 所示："人在最小的事上忠心，在大事上也忠心；在最小的事上不义，在大事上也不义。"

在企业财务方面，张之洞受到当时清政府的实际掌权者慈禧太后的青睐，慈禧甚至愿意将其修整颐和园的部分款项拿出来支持张之洞办铁厂，这等于得到当时中央执政者的全额担保与支持。当时洋务运动如火如荼地开展，清廷上下一心，拨款的请求自然不会被拒绝。况且两湖地区自古富庶，种种外部情况让张之洞自信满满，从建厂到投产几乎从未为资金发愁过。张之洞在建厂初期购买炼铁设备时并不是以炼铁需求、矿石适用要求或是企业预算为考虑因素，而是要体现"天朝之威"，只买贵的不买对的。这种做法并非没有遇到质疑的声音，只是官大一级压死人，何况张之洞既是铁厂的"总经理"又是湖广总督，有人戏称他的一声咳嗽就能够压盖住那些"不和谐的声音"。只是，这种情况并没有持续太久，一是因为当时整个清朝都处于财政疲软的状态，持续向铁厂拨款根本上是无法实现的；二是铁厂投产之后，产出与之前的预期相差甚远，非但没有任何盈利，反而每日亏损 2000 两白银。此时的张之洞并没有及时地找出病灶，而是"一刀切"地将紧缩政策作为铁厂救急的财政政策，他要求铁厂的任何开支都必须经由他的批准，大至设备的购买，小到一辆牛车的租用，唯有他点头许可才能办理。可惜的是，铁厂内并没有顺势颁布任何关于财务的规章制度，只是坚持但凡和钱有关的事项全部由张之洞一人决定。《钟天纬致盛宣怀函》中批评当时的张之洞："躬亲细务，忽而细心，锱铢必较；忽而大度，浪掷万金。一切用人用款皆躬操其权，总办不能专主，委员更无丝毫之权。用款至百缗（1 缗等于 1000 文铜钱，约合人民币 140 元）以上，即须请示而行。"

"清流派"书生往往重理学，好空谈，轻实术。不擅长商务亦不擅长企业管理的张之洞确实无法带领铁厂继续向前，更可惜的是他不愿找人或是找不到对的人来管理。一个企业在生产之前，都会对原材料成本以及产品销路进行充分的评估，即使张之洞这种"清流派"的领袖，也在建厂之前做了这些评估，只不过所得出的结论很大程度上来自想当然，前期的调研不深入、力度不够，最后肯定会在市场上吃大亏。建厂之前，张之洞最终以"煤铁两就"为理由选定汉阳，又认为铁厂地处武汉这一长江流域的交通要道，更有卢汉铁路修建，铁厂产品何愁卖不出去等预期，而过分乐观地评估了当时的钢铁市场。真正开工投产后，由于炼铁的煤矿不符合设备的酸碱环境要求，汉阳铁厂不得不放弃马鞍山煤矿而改用山西、内蒙古一带出产的焦炭，这样一来使得生产成本瞬间翻了好几番。不过，要是出厂的产品物美质优，那么在销售环节的盈利或许可以弥补成本所带来的损失。然而，由于炼铁技术不成熟，加之企业管理混乱难以留住专业的炼铁人才，即使之后在炼铁工艺上进行了改进，汉阳铁厂生产的钢铁产品最终还是存在浓度过高的杂质，无法与洋铁在质量上竞争。而且采购炼铁设备、远途运输煤矿而产生的高额成本，导致售价居高不下。这样一来，不仅国外不愿意采购，就连国内的厂矿企业也是兴趣不大。为了救活铁厂，张之洞想尽了办法。他曾经规划将官办企业、事业企业作为铁厂的主要销货对象，并且拟定了一系列的价格优惠方案和服务细则，其中就有"所有北洋铁路局及各省制造机器、轮船等局需用各种钢铁物料，或开明尺寸，或绘寄图样，汉阳铁厂均可照式制造"。不论如何，张之洞仍然不顾或是无法看到汉阳铁厂自身的经营弊病和所产钢铁产品的品质漏洞，他一直把汉阳铁厂的不利局面归咎于国人不能同心支持汉阳铁厂的发展。他在 1896 年 6 月 26 日的《张之洞奏铁厂招商承办议定章程折》中抱怨："中国苦心孤诣，炼成钢铁，不异洋产。万一各省办事人员，以意见为好恶，仍舍其自有而求诸外人，则自强之本意既大相刺谬，厂商之力量亦必不能支。"从张之洞的这些话里，我们能感受到他的无奈与痛心，同时对他的自负感到唏嘘。

如同"工欲善其事，必先利其器"一样，人欲尽其能，必先找对位。用人的艺术首要在于识人知人，然后才有可能知人善任，让对的人在对的岗位上做对的事。这些基本条件缺一不可，不宜偏废。

四　盛宣怀临危受命救铁厂 [22]

1896 年汉阳铁厂濒临破产，盛宣怀从张之洞手中接过了这个差一点就要消失了的中国第一家西式铁厂。情势所逼，他首先便对企业内部混乱的管理进行了大幅整顿，遣散了冗员，将铁厂人员最大限度地进行了精简。同时，为了革除铁厂原先由于衙门式管理而形成的效率低下、人浮于事的弊病，盛宣怀制定了新的人事招聘要求——"所有全厂各执事，均由商人选任朴实耐劳之人"，直接从源头上遏制了尸位素餐的现象，从而控制住了不必要成本的进一步增加；同时要求管理人员必须具有相应的管理素养。他紧接着将汉阳铁厂的企业性质由完全的官办企业转变成了"官督商办"企业，进而改"官督商办"为完全商办，以规章制度明确划分官商关系，以广招商股的方式来扩大生产规模。更重要的就是引进专业经理人来管理，从而颁布了一系列企业内部的规章制度，他还重新设立总银钱所、煤炭所、钢铁所、工程所等十二个分工明确的子机构，在保证铁厂生产效率的前提下，砍掉所有不必要的部门，以适应商办

的需求 [23]。

最后也是最重要的是筹钱任务。虽然当时清廷已经承诺，盛宣怀接手之前汉阳铁厂的亏损由公家负责，但是如果要使铁厂重新运转起来，光把亏损补齐是不够的，总得有一笔重新启动资金才行。为了解决汉阳铁厂断裂的资金链问题，他寄希望于社会的支持，提出了向民间商人募股的方案。然而，官办时期汉阳铁厂提交的经营成绩单欠佳，再加上甲午战争失败之后，江南的民间资本家们对此前投资的工矿企业深存疑虑，进而恐惧再投资于类似行业，唯恐换得失败结局，因此起初几乎无人响应该项募股的提案。无奈之下，为了解决资金问题，盛宣怀只能调动他所控制的轮船招商局、电报总局、中国通商银行等企业的资金，投资入股汉阳铁厂。如此一来，不仅解决了资金短缺的燃眉之急，也为铁厂产品找到了新的销路，等于让官办企业互帮互助。动起来就有希望，幸好有"中国商父"盛宣怀主掌，再次开工运转的汉阳铁厂转型为"官督商办"，得以让一些民间投资人重拾投资的信心。盛宣怀也趁势以"早期投资者格外优待"为募股的宣传侧重点，入股之后，第一年至第四年的利息为8厘，第五年开始提息至1分，假若铁厂经营理想，还有更多分红，他同时承诺如果铁厂失败，也一定会尽数归还投资。这样的募资条件不可谓不丰厚，不但保证了稳定的高收益率，而且免除了投资人对于经营不善而可能承担的损失的顾虑，因此很快铁厂实现原本设定的募集100万两白银的目标。但同时这又反映出铁厂急需资金的困境，不过也可见当时的民间投资大众对于清朝的官办企业还是有着一定的信心，也可以说百姓还是相信国家与朝廷的，因此才会对一家即将破产的官办企业进行再投资。

张之洞此前从英国人手里购买的炼铁炉不适合冶炼含磷量

过高的矿石，但是他却不以为意，因此在他经营铁厂的六年中，钢铁质量低下致使企业连年亏损，更严重损耗了炼铁炉，因而产生了巨额的不必要成本。盛宣怀接手铁厂之后，终于从冶炼专业的角度出发，重新审视了铁厂的设备与冶铁的流程，他非常重视炼铁原材料与炼铁炉是否相适应这个问题。为了避免铁厂倒闭，更为了重现铁厂"亚洲第一"的盛况，盛宣怀不辞辛劳地四处奔波，终于在萍乡找到了含磷、磺量少的非常适合铁厂炼炉的优质煤矿。萍乡煤矿的产煤量高，完全可以满足铁厂的生产需求，盛宣怀随即计划在萍乡开办矿场，主要目的是将萍乡的煤矿形成完整的供应链，借以保证铁厂的生产。之后，汉阳铁厂被改为总厂，包括了汉阳铁厂、大冶铁矿厂和萍乡煤矿，简称"汉冶萍"，等于将铁厂、铁矿与煤矿整合为一了。此后，盛宣怀担任了铁路总公司督办，这让汉阳铁厂的产品有了销路方面的保证。至此，在盛宣怀的带领下，中国第一条完整的供、产、销链便形成了。到 1908 年，盛宣怀正式将汉阳铁厂、大冶铁矿厂和萍乡煤矿合并，成立了"汉冶萍煤铁厂矿公司"，彻底将汉阳铁厂转变成了商办企业 [24][25]。既然能够改为商办，就表示自负盈亏已经不成问题；既然可以自行造血，就再也无须仰赖政府的输血了。该公司是我国近代第一家也是 20 世纪初亚洲最大的煤炭钢铁联合企业，可以说是"中国钢铁的发源地"。然而，在之后清末民初的乱世里，它又逐渐成了各方势力相互掣肘的政治筹码，毕竟大家都想要掌握"会下蛋的母鸡"。这可就严重考验专业经理人的抗压程度与后台实力了！直到抗日战争期间遭到日军炸毁，汉阳铁厂才彻底地退出了历史的舞台。

前期的汉阳铁厂仅用了三年的时间，便将朝廷拨的 600 余万两白银消耗殆尽。花费巨资所建立的汉阳铁厂，由于其生产能力以及产品质量等方面的原因，并没有得到应有的商业回报。相比于卡耐基"一切靠自己"建立起来钢铁企业，张之洞可以说是"顺势"得到了汉阳铁厂。依靠政府支持建立的汉阳铁厂，从设备、原材料等基础设施方面来看，完全优于当时的卡耐基钢铁公司。然而，就是这样一副"好牌"，却被张之洞在短短六年之间便打到满盘皆输。当时英国记者莫里逊评论他"想得多，干得少；说得多，做得少，是一位实实在在的理想家"，这实在是再恰当不过了。坚持"中体西用"的张之洞，时刻担心西方的制度对中国传统教义的颠覆，又想要在官场上左右逢源，因此干起实业来畏首畏尾、瞻前顾后，自以为是地照猫画虎，反而适得其反，到最后狼狈收场。有些人将这归因于张之洞出于其政治目的而为之，但我们可以说更多的应该归因于张之洞错误地将中国传统封建管理模式用于现代企业的管理中，并且盲目自信，固执己见，未实地查看而是多以经验主义做出企业的重大决策。可见有些熟读圣贤书，会写好道德文章的读书人，未必就有经世济民的长才。官大未必学问大，经世致用的经商创业可是道道地地的专业技术；人才摆错位置了，所造成的成本与损失可是着实不容小觑。后期虽然有商业奇才盛宣怀的接盘，挽救了即将倒闭的铁厂并使它有了短暂的辉煌，但无奈清朝末年的大环境已经不适合纯粹的商业活动，加上之后持续的内战与抗日战争等一系列因素，最终他还是没能阻止汉阳铁厂消失在历史的长河中。有些人总结张之洞的一生，说他早期强调清流改革，随后推销"中学为体，西学为用"的理念，虽然积极推动洋务运动，但是成效有限，到后来推行新政不成，幸好在推广与创新教育方面取得成绩。

从汉阳铁厂的历史，我们看到维新运动的大致过程与结果。虽然看似引进了一些高新技术，但是普遍存在资源错置、绩效不彰等现象，士大夫推动现代化的结果是失败的。反观改革，通常都是被动发生的，更直白地说，是被迫推动的，通常过程中都是边试边做，没有特定的套路，所谓的理想也可能会越来越模糊。过程中肯定是怀着临渊履冰的心情的，"摸着石头过河"除了描述如此心情以外，更是强调步步为营、稳扎稳打。毕竟务实才是上策，别因为天空的彩虹，忘了路旁的玫瑰。最后，改革其实不难，很多政商人物常常提起，但是真正的核心在于体制与心态的改革，就如同孙文所说的"革命必先革心"，否则充其量只是戏台上换班而已。

参考文献

[1] 姜铎：《洋务运动研究的回顾》，《历史研究》1997年第2期。

[2] 廖慧贞：《论洋务运动对中国近代化的深刻影响》，《经济与社会发展》2011年第9期。

[3] 余露：《虚实互用：洋务运动时期的"天下""地球"与"世界"》，《中山大学学报》（社会科学版）2017年第4期。

[4] 孟旭：《张之洞在山西》，《山西大学师范学院学报》（综合版）1991年第3期。

[5] 向元芬：《张之洞建汉阳铁厂始末》，《湖北档案》2006年第12期。

[6] 苏全有、赵广：《张之洞缘何成为晚清宦海的常青树》，《文史精华》2012年第1期。

[7] 刘军：《钢铁厂选址及用地分析》，《山西冶金》2017年第1期。

[8] 郭红浩：《大型工厂选址原理和方法——以汉阳铁厂选址为例》，《经济研究导刊》2018 年第 31 期。

[9] 袁为鹏：《张之洞与湖北工业化的起始：汉阳铁厂"由粤移鄂"透视》，《武汉大学学报》（人文科学版）2001 年第 1 期。

[10] 马景源：《张之洞与汉阳铁厂》，《武汉文史资料》2009 年第 10 期。

[11] 代鲁：《张之洞创办汉阳铁厂的是非得失平议》，《中国社会经济史研究》1992 年第 2 期。

[12] 左世元、姚琼瑶：《找寻历史真相：汉阳铁厂选址问题再探讨》，《湖北理工学院学报》（人文社会科学版）2014 年第 5 期。

[13] 王智、许晓斌：《晚清汉阳铁厂选址问题刍议》，《理论月刊》2010 年第 2 期。

[14] 江秀平：《李鸿章的心态与洋务运动的得失》，《中国社会科学院研究生院学报》1994 年第 6 期。

[15] 雷竞：《浅析洋务运动时期李鸿章的经济管理思想》，《企业科技与发展》2020 年第 2 期。

[16] 罗茗：《洋务运动两大代表人物经济思想研究》，《文化学刊》2021 年第 1 期。

[17] 贾根良、杨威：《战略性新兴产业与美国经济的崛起——19 世纪下半叶美国钢铁业发展的历史经验及对我国的启示》，《经济理论与经济管理》2012 年第 1 期。

[18] 牛凯旋：《钢铁大王卡内基》，《东北之窗》2007 年第 15 期。

[19] 张忠民：《汉阳铁厂早期（1890—1896）的企业制度特征》，《湖北大学学报》（哲学社会科学版)2017 年第 4 期。

[20] 潘淑贞:《晚清湖北汉阳铁厂的员工管理探析》,《郑州航空工业管理学院学报》(社会科学版)2011年第4期。

[21] 李海涛:《张之洞选购汉阳铁厂炼钢设备时盲目无知吗》,《武汉科技大学学报》(社会科学版)2010年第5期。

[22] 袁为鹏:《盛宣怀与汉阳铁厂(汉冶萍公司)之再布局试析》,《中国经济史研究》2004年第4期。

[23] 左世元、徐秋意:《官督商办时期汉阳铁厂对洋匠的认知、聘用与管理——以德培、吕柏和堪纳第为例》,《湖北理工学院学报》(人文社会科学版)2020年第5期。

[24] 杨洋:《晚清时期企业体制变迁及其现代化审视——对汉阳铁厂"招商承办"之再思考》,《安徽史学》2020年第4期。

[25] 袁为鹏:《清末汉阳铁厂之"招商承办"再探讨》,《中国经济史研究》2011年第1期。

[26] 蒋廷黻:《中国近代史》,上海:上海古籍出版社,2001。

轮船招商局：官商博弈，商办崛起

1867 年在总理衙门和曾国藩的来往信件中，提到通商口岸有不少商人购买或租雇洋船而又寄名在洋商之下。这种螟蛉现象表明买办商人希望从事投资，又想规避清政府的查管，于是依附在外商名下。这些投资人只是出资，既不参与具体经营，也不对企业的经营方式发表意见，与企业是一种较特殊的借贷关系，图的就是按期分享企业的营收利润。由于参与者越来越多，最后清政府不得不收回购买或租雇洋船的禁令，要求这些租买行为化暗为明。在这种形势下，一些商人提出由中国人自组新式轮船企业的构想。清政府其实很担心中国航运业会完全落入外国公司手中，唯恐漕粮运输受制于人。因此总理衙门采纳容闳的建议，按照西方公司章程去筹组新式轮船企业，但是同时存有很大的戒心，因而批示要求：轮船本身必须为华人所拥有，如此才有可能通过行政力量来垄断航运。只是此事一再研议而有所推迟，清政府不愿放权，直到李鸿章明确提出改用官督商办方式，这才正式定案。这等于半套改革，官方仍然要求保留"官督"才能算数。

1872 年 12 月 23 日，李鸿章正式向清廷上奏《试办招商轮船折》。其中，他重申成立轮船招商局（简称"招商局"）的目的是承运漕粮，并且要与洋商分利，"翼为中土开此风气，渐收利权"，"庶使我内江外海之利，不至为洋人占尽，其关系于国计民生者，实非浅鲜"。同时，他也提出了"官督商办"的制度构想，即新办的企业由商人出资，合股的资本为商人所有，公司按照自己的规范章程制度管理。企业必须在政府监督之下经营，但是盈亏全归商办，与官无涉。"官总其大纲，察其利病，而听候商董自立条议，悦服众商。"[1] 三天后，清廷随即批准了这份奏折，足见朝廷的急迫。中国近代史上第一家轮船运输企业正式诞生，次年 1 月 17 日在上海洋泾浜永安街正式开门营业。

招商局可说是中国民族工商业的先驱，被誉为"中国民族企业百年历程缩影"。轮船招商局总局设在上海，并在国内各大港口和日本的长崎、横滨、神户，以及新加坡等处设立分局，从事客运和漕运等运输业务，为中国第一家近代轮船航运公司。轮船招商局自 1872 年创立，到 1949 年终结。在这77 年间，轮船招商局产权不断变化，它是自强运动中开办的第一家民用企业，其官督商办的模式，打破了晚清洋务企业纯粹官办的官僚格局。由于江南机器制造总局没有现成轮船可资领用，也就无法以固定资产投资充作官股。既然无法"官商合办"，所以就改成"官督商办"。它采用股份制，直接向大众筹资，股东们也可置喙公司管理事项。股东与管理阶层可以依照共同制定的章程来联手管理公司，其中每个人的利益，包括皇权，都受到法律的保护与约束。这样的改革在当时不可不谓大事。

招商局的成长过程十分曲折艰难，官商成员辛勤经营，制定了一个又一个使其渡过难关的竞争发展策略。在皇权时代或是政治至上的岁月，与其造势力争，不如顺势而为，运用太极智慧，正所谓"虽有智慧，不如乘势，虽有镃基，不如待时"（《孟子·公孙丑上》）。例如为争生存求发展而谋的"兼并旗昌"，为争利权不得不谋的"齐价合同"，为了谋生存的"改归商办"，都是当时那些企业家合理的策略行为。今天回顾当时的这些经营策略，比如招商集股、官督商办，以及合争利权、官企改制等策略，对于现代工商业改革和发展都具有重要的现实意义和参考价值。

一 兼并旗昌，站稳脚跟

轮船招商局草创时向清政府借得官银 20 万串（折合银 13 万两），成立之初只有伊敦、福星和永清三艘轮船，并且要面对来自劲敌美国旗昌公司的竞争。美国旗昌公司是在中国成立的最早的外国轮船公司，招商局成立时，这家美国公司已发展到了业务的最高峰，旗下共拥有轮船 19 艘，船只总吨数达 17769 吨，在华总资本合计白银 332 万两，可说是直接垄断了长江航运。招商局出师不利，在一年内就"亏折 4 万余两"，等于约 30% 的资本额。在 1873 年，李鸿章随即对招商局进行了整顿，重新组建领导班子。李鸿章物色了一批为当时股商大贾们所深信的官员，"使之领袖，假以事权"。首先招揽了"怡和洋行"的总办唐廷枢，代替了负责草创的朱其昂，任总办。同时把脱离"宝顺洋行"不久的徐润也拉入了队伍。后来重新延揽了沙船世家出身的朱其昂，因为他精通漕运，曾经担任漕运局的总办；并且加派了协助李鸿章办洋务的盛宣怀为督办。就这样组成了以唐廷枢为总办，以朱其昂、盛宣怀、徐润三位官员与商业从业人士为会办，并以唐、徐主管轮运和招商集股，由朱、盛专管漕运的"以官对官，亦商亦官"的混合经营领导班子，如此才正式确立了"官督商办"的构想。如此的班底不但可以担任桥梁、纽带和媒介，还吸引了广大中小商人入股，带来了大量股金。"官督商办"的核心在于虽然是有股份章程的商办公司，但是不论政府是否投入资本，出资多少，都是以"官督"为主、"商办"为辅,就连任免企业主要负责人都要由官方控制。须知招商局的历任督办、总办、会办、帮办、总理、座办,计凡19位,无一不是由北洋大臣札委或受邮传部委派。如此制度表明,其并不是完全按照法律规章办事的,而是在"官督"允许的范围内进行"商办",如此也就难免时而出现官权与商权之间互有消长,至于贷款与资本,以及所有权与控制权的划分与界定则是由官商博弈来决定了。

经营团队才刚到位,随即遇到了令人头疼的问题,就是资本不足。唐廷枢、徐润等采取"招商集资"的办法,于当年招得股金47.6万两,使局资本迅速达到100万两,表明当时的投资大众对此企业非常支持。同时又得到了李鸿章的大力支持,他拨官银139.8万两,并给漕运专利,使其拿到了特许经营权。这样就集合了官银与民资,还获得了政府特许的优惠专营政策。拥有由商业人士、买办人员和官员组成的亦官亦商的领导团队,可说是如虎添翼了,企业效益蒸蒸日上,进而于1874年、1876年两年狠抓基本建设,先后再购得新式商船9艘,大举扩充了船队。

招商局的迅速发展,极大地打击了同在长江营运的旗昌洋行,造成旗昌同时期的效益急剧下降,市场发生如此的巨变也反映出百姓的爱国消费风潮,他们纷纷转向轮船招商局。雪上加霜的是旗昌还遭遇到来自外国同行怡和、太古两家的竞争,到了1876年旗昌已经入不敷出了。再加上旗昌的美国母公司也因为内战情势改变,急需资金挹注,导致母公司有意结束在中国的事业。旗昌主动在1876年将全部财产变卖给招商局,全面退出了长江航运市场。招商局因而第一次在成长的道路上兼并了敌手,顺势壮大了自己。这次兼并至少有以下几点值得借鉴。

（一）官商合谋

旗昌洋行困于资金周转不济，经理易人，经营失调，几乎濒临倒闭，早已有待价而沽，愿受兼并之意了。督办盛宣怀（官方代表）察觉此事，在 1876 年 8 月会同总办唐廷枢、会办徐润一起去烟台，向李鸿章当面请示。只是李鸿章担心"难筹巨款"，未能当场答应。盛宣怀并没放弃，不辞辛劳于同年冬季又求计于两江总督沈葆桢。沈葆桢"毅然以筹款自任"，于是招商局最后以 222 万两现银将旗昌的全部财产，包括船只、码头、货棚、栈房甚至营运线路一并买了下来。此举干净、利索，同时开创了近代官办企业兼并外国企业的先例。当时中国的民族资本脆弱，与外商竞争时大部分以失败告终，招商局"官督商办"，兼有官府职事衙门和商事机构的双重身份，集合官商之财与智，充分发挥宏观决策控制和微观灵活经营之优势，灵活机动地兼并了对手，壮大了自己。从此次兼并所需款项的分摊来看，官银 100 万两，商银 122 万两，表示要以商银为主，毕竟轮船招商局已经可以顺利经营了。但是话又说回来了，先后投入的官银都是用来入股的，清政府等于给自己开拓了财路。兼并旗昌一事，经数月策划，从丁日昌建议，沈葆桢决策拍板，并筹巨资促成其事，到唐廷枢、盛宣怀、徐润到处奔波，承担风险，徐润经办协议书等，都说明了这项决策是洋务派官商集思广益、和衷共济的结果。

（二）落实商战

沈葆桢是兼并旗昌的关键决策者之一，他曾拍板定案表示："不可失者时也，有可凭者理也，论时则人谋务尽，适赴借宾定主之机，论理则天道好还，是真转弱为强之始。"这段论述分析得十分透彻，寥寥数言利弊昭然。"借宾定主"，一语中的，指敌强我弱，敌失地利实为我得天时，乘敌之危，不失时机地歼灭之，以一些可得之利，吃掉强敌并因此而壮大自己，实乃千载难逢的良机。"天道好还"，正是指旗昌迫于内外交困的压力，有让招商局兼并之意。太古、怡和都才新成立不久，经营范围一时尚且达不到内河，有利于招商局独家兼并旗昌。此外，兼并旗昌除保全了内河权利之外，还可争得外洋部分航线，扩大自己的经营范围。也就是说，兼并旗昌，消灭一个强敌，减少一个对手，又能因此扩大自己，这正是完善的转弱为强的策略，正如孙子所云"策之而知得失之计，作之而知动静之理"，是一种高明的决策行为[2]。郑观应说"初则学商战于外人，继则与外人商战"，这正是总结了兼并旗昌的竞争实际。

（三）分工合作

兼并旗昌的过程中，唐廷枢、盛宣怀、徐润三人合作。盛宣怀到处求计求援，负责筹集巨资；当时唐、盛均不在沪，由徐润具体经办。根据原分工，唐、徐主管轮运、招商集股等事，唐为总办；盛与朱管漕运，盛为督办。所以，徐润在沪，虽然唐、盛均不在沪，但是徐敢于做主承办，正说明关于这一大事，总办、督办、会办在内部已达成一致。因此，兼并旗昌最终由谁签约已不重要，关键还是官商合谋，决策得当，这说明了招商局内部领导班子对于此商战的分工合作甚为到位，利之所驱，团结力量大。如此所形成的官商合谋的资本主义的运作模式，常见于尔后的中国社会中，直到1949年为止。

二　签订齐价合同，逐步壮大

"齐价合同"是招商局与英国的两家轮船公司——怡和、太古共同签订的以统一运价为手段，以均沾利益为目的的商业合同。这样的价格结盟最有利于市场主导者，也就是招商局，只要市场主导者能够管控好自己内部的成本，就最有可能展现价量相乘的优势。其中最有代表性的共有三次，分别发生在1878年、1883年、1893年。每一次签订"齐价合同"对招商局来说都有所得，当然其中原委又各有不同。

（一）休养生息

怡和、太古均是英国的轮船公司，分别成立于1873年和1872年，与招商局几乎同时成立，成立之初主要航线是香港—宁波—上海—天津一线，先期主营海运，后面才逐步进入内河，所以和招商局在内河航运的市场上虽有竞争但竞争不激烈。1877年招商局兼并旗昌以后，独占长江内河航运鳌头，几经发展，资产增加，营运范围从长江扩展至大海。招商局兼并旗昌后维护外海航行线路的战略，更多触及了怡和、太古的利益，因而遭到了这两家对手洋行的联手跌价倾轧。怡和、太古初始的竞争策略是，一方面想把招商局困在长江之内，不让其出海；另一方面又自己派船打入长江航运，想通过削价手段使招商局维持不下去，进而把新生的招商局扼杀在摇篮之中。怡和、太古两家更可以利用削价手段来扩大规模经济效应，进而增加市场占有率，也就是造成"大者越大，小者越小"的"马太效应"。招商局虽然有朝廷作为后盾，但毕竟还是一家商业性航运企业，仓促应战之下，为了生存下来只能咬紧牙关来低价运营。这也反映出，当时大而不倒的招商局有些大而不当，所以如果被迫跟着对手搞低价，也只能是苦撑硬拖。再者，招商局兼并旗昌之后还未完全消化其市场，而且旗昌原有设备陈旧，船小且设施落后，这些都是耗费成本的营业设备，即使跌价也吸引不到多少顾客。太古加码竞争，除了维持低价竞争，还在1877年添造两艘新船专走上海—武汉一线，直接打入内河市场争利，如此必定大幅增加营业成本，可算是险招中的险招。这样致使招商局在发展海运之时，内江航运又受到挑战，招商局"兼顾不遑，招徕难旺"，导致亏损严重。另外，1877年河南、直隶一带受灾，清政府命令招商局前往当地送米，而这次运粮一方面属义务性的公差，另一方面更有抵债、报效等性质隐含其中，官府差遣不得不去，这无疑对招商局形成巨大的财务负担。招商局在内压外挤的情况下应接不暇，导致负债累累。当然，怡和、太古两家也没得到好处，同样出现巨额损失。长此以往，出现了"三公司一日不和，则人心一日不合，谣言一日不息，血本亦不能不亏"的情况。怡和、太古也有"再斗下去，实难久支"的想法，于是三家在1878年元月签订了第一份"齐价合同"。这次合同的签订，是一次休养生息的极好机会，三方偃旗息鼓，不但可以避免价格割喉战，也都可以确保获利，毕竟商战不是只有你死我活，也可以你好我好大家好，各自分块市场"大饼"。整体而言，规模最大的招商局受益最多，它可以享受价量相乘的好处，反观其他两家，还得负担新购船只的庞大成本。

只是虽然第一份"齐价合同"已签下，招商局的处境仍没有根本好转，问题卡在资金层面上。当时"存款者闻风催索，入股者裹足不前"。在内受资金匮乏，外受竞争压力的情况下，虽然对外宣称只能择"新船小船费省者装货开行，将大船旧者暂搁勿用，借节糜费"[3]，实际上招商局营运既有的大小船队，在成本管控上便是一大挑战，因而身陷资金短缺、营运难以为继的困境。偏偏清政府于1878年还雪上加霜，派下"账捐"11.8万余两，使招商局深感压力。李鸿章为了让招商局恢复生机，坚持"不可半途而废，致为外人耻笑"[4]。他除了硬扛朝廷交代的账捐任务外，同时因势利导地向朝廷争取了一系列扶助优惠措施，不可不谓高招，其中主要有：

（1）加运漕粮、官物增加收入。主要是"苏浙海运漕粮照四五成一律加拨不准再短少"。据不完全统计，此项措施每年可为招商局增加 28 万余两收入。最有利的是"不准再短少"，官方若能如数付银，等于保障了最低进账的额度。另外，李鸿章又奏准，沿江沿海各省所有海运官物，均由招商局承运，这样每年就可直接增加七八十万两，招商局自此有了稳定的可观收入。

（2）缓交利息促进资金周转。李鸿章更特别恩准招商局缓交三年利息"借以休息周转"，并在三年期满后从第四年起匀分五期交还官款。这项措施使招商局避免了抽动流动资金，确实属于保本增利的行为，贵在休养生"息"。

（3）自开保险业务，增设渠道来增加资金。兼并旗昌后，招商局在长江内自设"江海轮船保险"业务并逐年生效，从中获益甚大。

以上这些措施使招商局得以养精蓄锐，外有"齐价合同"保收入，内有"特殊政策"保支助，经营状态立马见好。例如1878 年和 1879 年两年均有盈余，年净收入分别为 78 万两和150 万两。简言之，招商局靠着朝廷的优惠政策，随即站稳脚跟，进而发展壮大。

（二）寡头垄断

第一次签订"齐价合同"之后，在招商局连续两年形势好转的情况下，怡和、太古两公司再次挑起事端，在 1879~1882年展开了第二次竞争。只是招商局在特殊政策的惯性下，收入有增无减，据不完全统计，这 4 年其总收入保持在年均 190 万两左右。那么为何还需再次签订"齐价合同"？主要是因为自身的开支过于庞大，入不敷出，主要开支有：

（1）报效还贷支出 138 万两：1880 年还官款 35 万两；1881 年还清兼并旗昌的余欠 65 万两；1883 年向开平煤矿投资 23 万两；1883 年给朝鲜贷款 15 万两。

（2）官息成本支出占比高，达 83.2%：1874~1883 年营业总支出 375.7 万两，其中官息高达 312.6 万两，使成本额急剧上升。

（3）欠款、挪用款、分肥多不胜数，其中最大的计有会办徐润挪用局款在上海做私人房地产投机，破产后亏欠局款 16.2 万两等。

以上各项已大大地超过了招商局总资本，严重影响其营运，而这种抽、还、分、贪的情况实无止境。如同《水浒传》中"公人见钱，如蝇子见血"的描述，招商局好似一块肥肉，总办、督办、会办等人都想分杯羹。这些人安插亲信只拿薪不干事，再加上官风日靡，官员贪赃枉法、营私分肥，搞得这个企业有被瓜分之势。招商局在"虫蚁聚食"、经营不善，甚至可以说难以为继的情况下，只好由唐廷枢出面，凭着其与太古公司的关系，把怡和也拉了进来，签订了第二份齐价合同，为期八年，齐价合同中写有垄断条款，三家联合实行垄断性经营。也就是说，第二份齐价合同的签订是招商局因为缺钱被迫主动提出的，但是仍为维持三家垄断的局面，最后就是要消费者埋单，忍受联合垄断抬价的结果。

第二份齐价合同签订前后，郑观应辞去太古买办之职到招商局任帮办，表明招商局引进外人来积极整顿内部，加强了商业的营运模式。1882~1890 年，在唐廷枢、郑观应等人的主持下，招商局以完整的企业形象，展现出在行业中进行自由竞

争的态势。只是无论是战还是和，都是"商战"。就如第二份
"齐价合同"的签订，如果招商局财力雄厚，大可与洋舶独立
抗衡，无须求和。只是招商局实际上是"虫蚁聚食"，内部已
被吸食一空。原先承运漕粮等优惠政策，后来反而成了其崩坏
的主因，实在是祸福难料，所以企业要能够持续稳当经营，关
键在于自身的造血能力。为了维持经营，保全利益，只能主动
与怡和、太古联合签订涨价合同，这一市场勾结行为确实为招
商局挣回了不少的救命钱。

（三）转弱为强

第三次签订齐价合同则是在 1890 年第二份齐价合同期满
后，由太古洋行挑起的。太古原本想凭借自己的实力，占得更
多份额，扩大收益。但是，各国航运公司蜂拥而至，各显其能
来争利，而太古经过了三年拼杀，利润不增反减。太古无奈求
和，提出重订合同，即签订第三份齐价合同。这一次，招商局
可是被动接招了，这表示它已站稳脚跟了。此次谈判中，被动
的招商局在市场的地位已经发生了变化，在商战中，招商局
毕竟有朝廷在背后支持，已经逐渐稳定发展，并且逐步实现
了"转弱为强"。换言之，商战就是要比谁的气长，谁能笑到
最后。

总结三次签订齐价合同，可以看到：

（1）齐价合同是寡头市场的产物，是清廷官办企业与列强
的跨国企业联手操控中国内河航运市场的手段，齐价水平的高
低全然由供应方来决定，最后都要由消费者埋单。招商局虽然
有朝廷的各式优惠来扶持，但是只要一赚钱，官府就急着提现
取利，由于自身兼有官商双重身份，同时产生了许多的寻租空
间，内部弊端丛生。这样的情境常见于古今中外的国有企业

中，实属制度性缺陷。对此，通常有两种回应，其一是借助更多的优惠政策来延续企业，其二则是找外人来大刀阔斧地进行改革，招商局可是都经历过了这两者。

（2）招商局没能像兼并旗昌一样，把怡和、太古都吃掉，主要原因有两点：一是怡和、太古为英国在华公司，既然有"坚船利炮"在背后撑腰，清政府自然不肯与其反目；二是所谓的竞争，也就是求略占优势的显胜，而非泰山压顶的全胜。这种局面的好处在于避免别人进入市场，毕竟这块"大饼"已被分得差不多了，其他参与者再争取入市其实也没有太大赚头了。这三个公司谁也不能吞食掉谁，只好相互勾结。

（3）招商局所签订的齐价合同为三方共同协商而成的，这与唐廷枢、郑观应都曾在太古任过要职有关。所谓"人和"好办事，怡和、太古从买办到下属多是华人，在齐价合同的签订过程中，人际关系起了十分重要的作用。

（4）三次签订齐价合同的结果是招商局愈战愈强，之所以能够采取得当的策略，与唐、郑两位都曾在太古任过要职有关，他们早已不是传统的帮办或是买办了。所谓"知彼知己，百战不殆"，在商战中，唐、郑利用其对太古的了解，采取针对性策略，从而取得了商战胜利，可说是从摸爬滚打中胜出的第一线商战的佼佼者。

"师夷之长技"也表现在商务运作中，招商局边做边学，引进了通过招商集股来筹措资金的西方经营方式。只是"官督商办"的企业形式中，"官督"二字有利有弊，好处在于便于获得优惠政策，坏处在于阻碍加速改革，甚至导致贪腐丛生，毕竟是有官又有商的管理架构，其中的产权及权责划分问题，存在许多模糊空间，除非有明文界定[5]。

三 官企改制，重新出发

招商局成立之初的性质是"官督商办"，后改制为"完全商办"，实属不得已而为之。其间，该局经历了完全商办法定权利的获取、对商办权利的自保和完全商办的实现三个阶段，并伴随着官商两方激烈的权利博弈，最终在预备立宪和辛亥革命的有利政治背景下得以成功。研究这一过程，对于现代化企业如何处理官商关系有一定的启示意义。

甲午战后，中国兴起了一股实业救国的潮流，清廷也提出振兴工商政策，鼓励民间兴办实业，同时允许将一批创办于洋务运动时期的官办和官督商办的民用企业转归为完全商办的企业，因而涌现出近代中国第一次官企改归商企（民企）的潮流[6]。鉴于一些官员开始提出改官办和官督商办企业为商办企业的主张，1895年8月，清廷接受户部关于改归商办的建议，开始推行改制、劝商、保商政策，不但动员商人集资创办新厂，而且下旨明示旧有洋务派官僚所创办的官办和官督商办企业也改归商办，这样的重大政策宣示的确振奋人心。1903年，清廷议设商部，主管全国农、工、商、矿及铁路等事务，提出要"通商惠工"，"提倡工艺，鼓舞商情"，"扫除官习"，"保护"商务；1904年又奏定《商律》和《公司注册试办章程》[7][8]。这一系列措施均说明清廷要将振兴工商的途径从原先的以官为主转向以商为主，并允许各类企业根据具体情况界定性质、到部注册，保护商人集资创办企业，既宣告确认了朝廷的决心，也为后续的改革大开绿灯。

洋务派创办的企业势必与外资企业相互竞争，清政府财政拮据，无力给予直接拨款，加上企业本身也经营不善，大多亏损，难以为继，直到陆续改归商人承租经营或完全商办后，企业经营状况才得以逐步改善。在重工业中，有张之洞于 1890 年起相继创办的汉阳铁厂、大冶铁矿和马鞍山煤矿，以及李鸿章始建于 1865 年的江南机器制造总局的船坞及船厂等；轻工业中，有李鸿章发起成立的、当时规模最大的棉纺织企业华盛纺织总局，湖广总督张之洞在甲午战争前后创办的湖北纺纱、织布、缫丝、制麻四局，还有张之洞任两江总督时发起的、分别建成于 1896 年和 1897 年的官督商办的苏经丝厂和苏纶纱厂等。这些企业也未必都能如愿地走上自立自强的康庄大道，它们不断地尝试与改错，但还是不免受限于当时的社会环境与行政体系。

1912 年中华民国成立以后，政府继续采取以商办为主发展工商业的政策，并将官企改归民企的范围扩大了，制定并颁布了一些保护和鼓励商办企业的政策法规。南通实业家张謇于 1913~1915 年出任农商总长期间，特地将改革官企制度作为其施政的基本政策之一。他明确提出："凡隶属本部之官业，概行停罢，或予招商顶办"，除全国性特大公司外，"余悉听之民办"[9]。这一时期虽然民用官企改制并未包括全部官企，所改革者也并非一律改归商办，但是整体上，大部分改归商办的企业由于成效较好，改制被普遍认同为官企最主要、最有效的新生途径。自此，"以商办企，改官企为民企"，逐渐成为清末民初振兴工商的一种基本国策和发展趋势。

招商局就是在这样的氛围中走上改归商办之路的，其规模大、历史长、各方关系多、收益好，必须面对的内外问题更多、更复杂，导致改制更为艰难，可以说是一场激烈的官商博弈之战，幸好最后得益于大环境的改变，还是走出了一条生路。

（一）权利获得

郑观应认为要学习建立西方的商业环境与制度，这位实业家最先提出将招商局改归完全商办。在 1885 年，郑观应为招商局股东和帮办，他看到甲午战争后李鸿章被解除直隶总督兼北洋大臣职务，在清廷中的地位开始动摇，对招商局的保护力越来越弱。他又看到"政府不知恤商战以塞漏卮，只知勒商捐以济眉急"，遂向盛宣怀提出将招商局准归商办，避免日后政府采取强硬手段夺取招商局。只是盛宣怀转而寻求其他得势大员的保护，1902 年袁世凯接任北洋大臣后，不久便将招商局奏归北洋督办，并于次年 12 月派其亲信杨士琦总理招商局。此时招商局股东主张重新启动商办之事，认为实业为重的郑观应再次建议官场老将盛宣怀将招商局改为商办，但是意见仍未被采纳。只能说，招商局是个获利丰厚的企业，领导人们都想收到自己的手下，盛宣怀肯定得揣摩上意，不敢妄行改制。

1907 年，官府侵夺行为更加严重，招商局改归商办正式启动。1906 年 11 月 6 日，清廷设立邮传部，轮船、铁路、电报、邮政统归其管辖。盛宣怀及招商局股东们预感邮传部即将接管招商局，于是盛宣怀采取群众请愿的方法，于 1907 年 2 月授命股东陈焕文南下，策动粤港澳股东联合发起改归商办行动 [10]。股东们亦相继在广州、上海集会商量改归商办之法。同年 9 月，杨士骧接替袁世凯为北洋大臣后，更加强力干预招商局，造成招商局股东们人人自危，认为争取商办迫在眉睫。郑观应批评说："后任北洋大臣杨委派［招商局］会办至七八人之多，不特岁糜巨款，弊窦由此丛生"，因而引发股东"群起要求取归商办" [11]。同时，盛宣怀亦致函郑观应表明支持态度，认为："将轮船招商局改归商办，赴部注册，如有应禀之事，与部直接，毋庸官督。" [12] 1908 年 2 月，招商局在上海举行股东大会，商议改归商办之事，填写公司注册程式，正式起草《轮船招商局有限公司章程》。只是，1909 年徐世昌出任邮传部尚书后，对招商局用人之权"仍肆行干预"。换言之，官府虽然管不着公司自立管理章程，但是必要时还是要指指点点。招商局于 8 月 15 日举行股东大会，选举董事，成立董事会，并"遵照《商律》公司组织章程四十六节"。按照官方刚制定的法律办事后，先后向邮传部、农工商部分禀注册[13]。也就是说，一面禀请邮传部核准"立案"、"设立董事会"和所拟商办隶部章程；一面禀请农工商部"遵照股份公司律"予以"注册"。如此积极作为，就是希望早日坐实了商办，完成登记，成为正式的股份公司。

郑观应作为此次赴部申请注册的当事人，在 1910 年 6 月 12 日招商局第一届股东常会上，叙述了其申请注册的经过。总结来说，虽然邮传部从航运业务的角度对于招商局的章程是有批驳的，但农工商部核准了注册，并发给其执照，等于确立了其商业公司的地位。郑观应巧妙地利用两部各司其职，步调不一致的缝隙，于 1909 年向农工商部成功申请并且注册了商办的招商局。注册的成功标志着招商局已获得了完全商办的法律权利，从法定制度上确定已是个商办企业。只不过，这还不足以表明它已成为一个名副其实的商办企业，能否真正转型成功，还要看它是否在实际上获得了独立自主的经营管理权和财产支配权。

（二）权利自保

虽然招商局成功注册为商业公司，但是邮传部批驳了其商办章程，因此招商局开展了一系列反批驳行动，依法维权。邮传部对招商局商办章程的批驳，与农工商部的准予注册给照批文在同一日下发，可见官方已经连成一气了，企图依据官督商办制度，对招商局实行更为强势的控制。批驳中有四个要点：第一，名称中删去"公"字和"商办"二字，改为"轮船招商局股份有限公司隶部章程"。这样就是刻意不表明性质，好有运作空间。第二，设立董事会的理由应改为"现在《商律》早经颁布，本局虽系官督商办，仍应设立董事会，以助官力之所不及"，表示仍以官督为主，董事会只是陪衬。第三，对于董事会之权限，官方认定为"董事会仅系议事机关，而局为执行机关。股东议决后，仍应会同总、副会办方合"。有关条文须改为"公司遇有紧要事件，董事局可随时召集众股东举行特别会议。此项特别会议事件议决后，由主席、副主席抄录议案，移知总、副会办，呈部候示施行"，这样董事会虽是公司的决策核心，但是仍然听命于邮传部。第四，对于用人之权则明确要收归官府，认为"招商局奉旨归部管辖，系官督商办性质，自应由部派员管理，以期联络上下"。有关条文须改为"总、副会办，应由部选派。如有不胜任及舞弊者，董事局查取实在事迹证据禀部，由部查办确实，批饬开除，由部另行选派"[14]，也就是说，即使官府派下来的领导出错，也要官府来审查处置。这样的条文等于将人事主导权全然上交给官部了，如此也就失去商办的实质意义了。邮传部的批驳刀刀见骨，旨在剥夺招商局董事会的独立用人、办事之权，架空其商办实权，董事会形同部属机构，最终将招商局改为部属企业，继续保持官督商办之实质。从这场笔墨官司来看，企业抗争得更激烈，官部的批驳立场更为坚定。企业在意的是经营绩效，官部则是要牢牢抓住企业主导权。

民不与官斗，郑观应得知批文后，即与盛宣怀等商议，提出两策回应。一是"将注册照批驳章程石印遍送各埠股商，并求意见书"；二是"先具公呈，剀切婉言，使其动心，维持大局，勿露锋芒"，等待"转机"[15]。考虑到第一策较激烈，属于群众路线，恐易激怒邮传部官员，第二策则是走体制内路线，需要忍气吞声耐心等待。亦商亦官的盛宣怀审时度势，最终选择了第一策，认为民气可用。

各股东坐不住了，他们也一致反对和抨击邮传部的批驳意见。1910 年 6 月，332 名股东联合发表公启，向董事会提出应对邮传部的七点建议，并按照公启所言，公举郑业臣（郑殿勋，广肇公所董事，与时任邮传部参议梁士诒为至好）、王绳伯（王钰孙，1908 年去世的大学士王文韶之孙）二人为代表，希望利用他们的身份及其与官员的私谊，进京当面请愿，向邮传部呈送意见书，并召开第一次股东常会，专门商议应对之策。这些行动其实是董事会借众股东之力向邮传部施压，争取商办权利，但是却因此激怒了邮传部官员，主要是因为这样做导致其颜面尽失。邮传部尚书徐世昌明确表示没有商量余地，致使部、局关系趋于紧张。徐润为了恢复其在招商局的职位，竟然进京离间邮传部官员与盛宣怀的关系，使得部、局关系雪上加霜。

招商局股东们并未放弃努力，继续派代表进京斡旋。股东代表到京后四处活动，刚柔相济，再三力争。盛宣怀之侄盛文颐（当时任职于烟台电报局）以私人谋求新职名义也帮忙进京活动，拜谒徐世昌及左侍郎沈云沛，解释部中及徐润对盛宣怀的误解；同时，董事会坚持力争商办权限，三次具呈邮部[16]。随后，徐世昌才稍作让步，批准采取官督商办时期的"三员三董"老办法，即"三员部派司监察，三董商举办事"，也等于不理会要求，坚持重回老路上了。

面对邮传部如此的敷衍行为，招商局各董事和股东越发努力维权。主要行动包括：第一，郑观应陆续向盛宣怀致函，语气越来越强硬，第一次说"部执前说，由部委员三人，由股东公举三人……无异仍是官督商办。不能完全商办，未达目的，徒招人怨，殊属不值"。第二次说"今我商办轮船招商局，业已注册，准归商办，其用人行政，应照商律办理"，邮传部何以"拘守旧例，委员驻局干预用人行政之权，诸多掣肘糜费乎"？第二，董事会于8月呈文邮传部进行辩驳，力求减少部管之权，但是也退让一步，表示愿意接纳并供应官督人员，刻意安排了几个限定的肥缺来满足官府的任用需求；同时提出针对袁世凯接管以来招商局中所出现的种种弊端，整治之策只有"确守官督成案，实行商办主义"[17]。第三，董事会于9月第三次呈文继续坚持立场，提出现在由部委派之正副坐办、会办及委员共有5人，由商举的办事商董仍为3人，"是名为三员三董，实已五员三董矣"[18]。但是这些继续退让的行动均未成功，邮传部还是未动心。毕竟邮传部的成立是为了满足清政府自身统治的需要，虽然名义上是以推动交通发展为目的，但此一目的也是服务于维护统治的。

1911年初，盛宣怀升任邮传部尚书（后改称"大臣"），这无疑是个重要的转机。同年4月和5月，两次催促郑观应出面重新启动改归商办之事，看似盛企图利用自己执掌的权利，实现招商局改归商办之事，只是虽然二人是"老战友"，但是盛宣怀既然被朝廷升了官，也就得按照朝廷的要求办事了，他的态度也就跟着微调了。郑观应答复盛宣怀，将再次呈请确认商办章程之事，如此，改归商办一事方有进展。

1911年9月15日，邮传部将郑观应等所拟订的新章程奏请清廷核准。其奏折中只提出要对招商局"设法整顿"，"以裁冗员为先"，规范"特别输送"，划清"选派员董"权限，而只字未提对朝廷的"报效"之事，等于帮招商局减轻了官督的负担，同时实质上确立了商办的性质，并称："此次所陈各办法以及重加修改之章程，臣等再三往复，详加酌核厘定，似已周妥，应由臣部准其施行。"该章程名为《商办轮船招商局股份有限公司章程》，共 30 节，加了"商办"二字，明确了招商局的商办性质及官任监察、商任办事的官商分工。自此，招商局获得了明确的商办股份有限公司身份和基本权利，其与政府之关系只限于有关产业重大扩展和产权重大变更须报经邮传部核准，部派之员大幅度减少至两人，且只有监察之权无实际办事之权，如有不轨即可请部撤换[19]。招商局董事会所提减少部方干涉的要求，算是大体实现了。

整体来看，招商局虽仍保留了两位部派之员，专责监察，比较其完全商办的构想有明显的折中退让，但基本上已是一个产权明晰并能自主管理的商办企业，如此改革成绩正好为后续民国初年实现完全商办奠定了重要的基础。改革通常不会一帆风顺，过程中需要持续周旋协商。商战不只是对外的，有时候对内的部分也是工程浩大、相当耗费时日的，当然再多的努力也未必能保证成功。当时招商局的改革能够达到如此的程度，实属不易。

（三）权利实现

辛亥革命后，招商局更进一步地与官方展开了三次博弈，利用有利时机先后争得了完全自主用人、独立处置产权的权利，最终实现了完全商办的身份。1911 年，招商局乘辛亥革命之机，主动以自己已是完全商办公司为由，拒绝了新成立的上海军政府派员接管之企图，同时取消了清政府邮传部旧派人员，终于实现了完全自主用人、自主管理。招商局这一自主权的实现是与新政府博弈的结果，有三件事情体现了招商局已经完全转变为商办了。

第一件是 1912 年初抵制南京临时政府企图借用招商局财产向日本抵押借款。1912 年 1 月 22 日，南京临时政府大总统孙中山和陆军总长黄兴联名致电招商局称："军需紧急，即日将该局抵押一千万两，暂借于中央政府，即由政府分年偿还本息。限四十八点钟内回复。"虽然说新政府也是迫于财政困难，无奈提出此项要求，但是对招商局来说，产权受到如此巨大的挑战，自然是不容坐视的。董事会答复招商局，资产归股东所有，应由股东们自主决定，同时表示了对新政权的好意。随后又要求不但政府要有确实担保，还要给相当利益，力图保护自己的财产不受损失。但基础薄弱的临时政府只能笼统答复 [20]。随即董事会决议两手准备，一方面表示愿意由政府抵押借款的态度，在临时股东大会上，表示了对民国新政府的信任和支持；另一方面，则借用广大股东之力予以抵制，致电孙中山和黄兴称，因股东大会到场股东不及半数，所作决议无效 [21]。董事会亦随后全体告辞，表示覆水难收了。不久南北议和达成，南京临时政府宣告结束，原先的官样文章也就都不了了之了 [22]。

第二件是招商局抵制袁世凯政府交通部企图收归国有之事。在南京临时政府抵借日债风波结束后，为摆脱经营困局，招商局董事会于 1912 年 4 月开会讨论决定"另组（新）公司担任"，并规定新公司需出资 800 万两收购招商局原有的总价值为 400 万两的 44 万股股票，而且不准有外资加入，等于重新估价上市。两次股东大会均予以通过，随即就有旅沪粤商刘学询等组建的新公司要求接办，但因刘学询早已破产且有日本背景，被股东们及社会各界怀疑其为日资所谋，群起反对。招商局寻求政府出面协助，但是政府却想要直接收购，双方谈判以失败告终。与此同时，袁世凯政府也在图谋将招商局收归国有。1912 年 8 月 26 日，交通部向国务院提交《维持招商局意见书》，称该局"官督商办之性质，至今并未更改"，最好的维持办法是"仍由交通部按照官督商办成案全权办理"[23]，此举等于计划将官府的势力渗入商办企业。随后，总统府特派施肇曾前往招商局磋商办法，10 月，施肇曾向袁世凯提出建议，主张将招商局收归国有。熊希龄（时任热河都统，曾任财政总长、总统府财政顾问）也极力主张将招商局收归国有。不令人意外的是，这些官员都是按照上意办事的，都是同一个口径。

官方的收归国有计划，立马遭到股东反对和舆论指责。1912 年 10 月，张士记、杨冀如等 30 多位股东发起成立"股东联合会"，扬言抵制官方干预。当时国内影响较大的一份日报《民立报》发表文章指出，政府此举的违法性和危害[24]。然而，为了摆脱刘学询等人的继续纠缠，董事会经过商议无奈地决定与政府合作。董事会声明：接办招商局，先尽政府，以重航权。也就是说，同意与政府合作，接受官督商办，以保障不被外资侵食，还要保护招商局的航运本务。同时开出条件来保全股东利益，同时要求交通部必须以"四星期为限交出现银八百万两，并担任债款三百五十万两"[25]，以保护股东权益。这样，政府不仅要依照市价来买招商局，还要承接其现有的债务，如此才能完全改变产权。但袁世凯政府财政窘迫，且急于解决政局问题，交通部只得打消了收购招商局的意图，仅负责保障航权不被外资侵食，并允许招商局自行决定处置办法。之后仍有董事会与新公司继续开议售卖之事，直至 1913 年 8 月才完全停止。这整个过程体现了招商局对企业主权的有效行使，也持续维护了其商办的性质。换言之，不论是政府还是想要兼并、收购招商局的其他买方，都得要先行准备足够的款项才有可能。进驻方至少要先帮忙还清原有债务才能成行，毕竟招商局已经确定是完全商办的股份有限公司了。

第三件是招商局进行资产重组之事。在上述两次产权转移风波平息之后，招商局于 1913 年 6 月 22 日举行股东大会，选举了新一届董事会，并着手自行整顿局务，其中最重要的举措便是资产重组。新一届董事和股东们深刻检讨了以往官方和外资屡屡企图截取招商局的管理权和资产权之事，认为主要原因是招商局的产业增值过多，成了觊觎者眼中的肥羊。当时招商局额定股本为 400 万两，但实际资产已达约 1700 万两。谁能以原有股本获得此局，即意味着获得了 3 倍多的利润；即使按照招商局开出的 800 万两售价，亦仍有约 400 万两利润。如此显著的差额，自然会招致各方虎视眈眈了。所以董事会后来谈判售卖时，从原先 800 万两的售价，又增加了 350 万两的债务转承，以缩小买家的博利空间，如此的调整确实有效打消了买卖意图。1914 年 2 月 16 日的招商局股东特别大会决定更进一步地将产业与航业分离，分为两个公司。以房地产及所持的其他企业股票另立"积余产业公司"；以招商局资产转填股票的方式，将航业公司股本增至 840 万两，新设积余产业公司额定股本 440 万元。既充实了航运本业，又转移分割股份，成立了新的积余产业公司。其中新填的航业公司股票 400 万两和积余产业公司股票 400 万元，均按比例派发给旧股东，其余作为花红分发给办事人员。如此便保障了原有股东的权益，也就保证了资产重组的顺利进行。最为关键的是，这一做法促使公司股本与实际资产基本相等，既然缩小了议价与市价的差距，就可以"杜绝私卖私借"和"局外人之妄想"，有利于"保全资产"，亦使投资者和经营者得到应有的回报。

只不过这个过程并不是一帆风顺的，政府顺势出场干预。首先，交通部以"难保无变卖抵押辗转归于外人"为借口，禀请袁世凯对其进行稽查。袁世凯随即命令"杨士琦为督理、王存善为稽查"，对招商局进行调查；并批驳官文所称"产生于航，航倚于产，断无可分之理"[26]。坚持产业的业务来源于航业，航业的发展又依靠产业的发展，两者是不能分为两个公司运营的。这里所说的"产"系指新设的积余产业公司。但是招商局并没有受制于该批文，依旧依据商办企业的自主权利继续进行，两个公司各自发行股票并分开售卖。只是改组招商局事关重大，交通部啃不下这块硬骨头，最后只好先行妥协，改为限制招商局股票流通，将积余产业公司股票与招商局航业股票捆绑在一起，要求"不能离开招商局正股另售，准备等待时机再收回国有"，这样的做法旨在保护招商局的股票，使其不易被转售套利，只在集团内流通，不会有外流情事发生，也就避免了被恶意收购等可能，借以维护股权结构的稳定。只是所谓的时机，始终没有到来。这意味着招商局借力使力，稳固了资产自主权，完全实现了商办。面对各方的觊觎，招商局只能被动接招，而且见招拆招，就是不能放弃拼搏。

综上所述，招商局实现改制不是一蹴而就的，而是一个持续博弈的过程。此外，招商局实现完全商办的改制过程还体现出：

招商局实现改制是当时各官企改制中经历最为艰难、历时最为漫长的，主要原因是牵涉的利益庞大，引发官商激烈而且持久的博弈。为什么利益博弈如此的激烈和持久呢？究其原因，主要还是招商局业绩好，盈利丰厚，在各方势力的眼中，就是一棵摇钱树。最早得力于李鸿章时期制定的规则，其得到官方漕运和垫款等实质性扶持，但是所得利润须向朝廷上交两成，4万~8万元不等的北洋军费以及南、北洋公学经费等，等于被当作官府库银。到袁世凯接管时，招商局由于已无任何官方实质性扶持，自身经营利润急剧下降。官商双方都在寻求保全自己的固有利益。一方面，官方增派人员分取了更多的利润；另一方面，招商局力争减少给政府的报效，并积极提升经营效益。盛宣怀认为，唯一办法就是将招商局改归商办，否则招商局恐怕早晚会被蚕食鲸吞。到南京临时政府和北洋政府时期，虽无报效之制，但政府仍企图通过借用和接收招商局产权来获取经济利益。由此可见，不管谁执政，都是极力试图紧抓招商局的既得利益，甚至是变本加厉地收纳到自己的利用范围中。招商局本身则是力图摆脱官方的摊派与财产侵夺，这样的努力不曾稍减。双方纠缠不休，协调难成，致使招商局改制经历了漫长的博弈过程，在商办与官督之间来回摆荡。像招商局这样的绩优官企，改制成功与否的关键还是在于官商双方的利益能否妥善协调，而非单方面的施压可以决定的，毕竟时代在变，环境在变，潮流也在变。

招商局在官商博弈中，最终能让商办胜出，是时代大势所趋，主要还是得益于清末民初有利的政商大环境的变化。但是必须注意的是，商办胜出，并不表示官督全然退场，其只是消而不退。1902 年到 1927 年是商办（民营）企业发展的黄金时期，招商局改制赶上了这个时期，成为一个典型案例。一方面，体现了清末新政以来政府劝商、保商政策的实际效应，使商敢于依法向官要权，与官抗衡，保护自己的权利和资产。更直白地说，当时清政府自身的财政捉襟见肘，还要背负许多赔款，只能利用放权政策来积极引进民间资本，进而活络经济。清政府当时除了卖官鬻爵，以及新增"海防捐"等税赋外，只得开放民办，鼓励商办，唯有如此才能闯出活路，也才能笼络民心，当然势必要保护商办了。既然商办能够确定了，官方的权利也就要随着调整了，接着就会冲击政商关系。百姓依法维权的意识抬头了，改革也就没有回头路了，1911 年四川保路运动等也就不难理解了。

另一方面，也体现了政府经济政策的转变，官商关系的大调整，使商人的地位和权利得到了较大的提高和尊重。中华民国成立以后，政府的尊商意识更强，虽亦曾有乘机借押甚至想接收招商局的举动，但是招商局有效抵制，政府只得随即撤回。这主要还是因为政府根本筹措不出所需的配合款项，最后只得作罢，转而表示出对招商局主权的尊重。既然增加了兼并商业公司的难度，即使当权者拿不到手，政敌也无法染指。

招商局改制中的官商博弈本质上是体制性改革，并不只是某个官员和某个经营者之间的个体博弈。在官员方面，袁世凯虽是官方的代表性人物，但是并无法主导官府争夺招商局的全过程，他在任时曾试图主导过此事，但是在他不在任时，他并没有过问招商局的事。杨士骧接替袁世凯出任北洋大臣，则利用职权关系继承并加大了对招商局的控制权。后来，徐世昌出任邮传部尚书时，曾奏准清廷将招商局由北洋大臣管辖改为由邮传部管辖，之后北洋大臣也就不再过问招商局之事了，而是换成邮传部对招商局"肆行干预"。中华民国成立后，不管是在南京临时政府时期还是在北洋政府时期，控制和企图占有招商局虽然主要出自某一官员的主观能动性，但是仍然受制于制度和职权性关系。在招商局方面，虽然盛宣怀拥有该局最大的经营管理权和影响力，并是最大的股东和最大的获利者，但是整个争取商办的过程依旧还是由董事会做最后的决定。"亦官亦商"的盛宣怀角色重叠，对于清政府而言，不免有显著的代理人问题。也就是说，官商之间的利益博弈，其实暗藏着盛宣怀和一些官员的个人利益之争，贪腐情况也就难以避免了。起初清政府有意模糊处理，招商局的改制过程如此，其他争取商办的企业又何尝不是如此呢？如此也就注定了清末民初商办企业犹如雨后春笋般涌现的局势，进而随着自强运动而蓬勃发展。须知，即使清政府同意了"商办"，也绝不是让"官督"全面退出，最后的底线仍然是"商办官护"。不论双方占股比例如何，朝廷在上、商家在下的相对位置是不容动摇的。

关键就在于在税制不完善的情况下，清政府希望借由推动洋务运动来募集民资与外资以快速充实国库，只是推动以后就变了调。朝廷与权贵拥有了庞大的寻租空间，这些企业若是赚钱了，朝廷自要盘剥掠夺，若是赔钱了，企业则要自负盈亏。如此一来，百姓自然就会怨声载道，只是清政府依然故我，随后的"保路运动"等大规模抗争也就不难理解了。如此看来，司马迁《史记·货殖列传》所总结的"故善者因之，其次利道之，其次教诲之，其次整齐之，最下者与之争"，也就更具有时代意义了，毕竟要搞活经济、充实国力，肯定需要依靠民间这个活水源头。

参考文献

[1] 胡滨、李时岳：《李鸿章和轮船招商局》，《历史研究》1982 年第 4 期。

[2] 张光文：《轮船招商局成长策略及其现实意义》，《吉首大学学报》(社会科学版)1993 年第 1 期。

[3] 张国辉：《关于轮船招商局产生与初期发展的几个问题（续）》，《经济研究》1965 年第 11 期。

[4] 汤照连主编《招商局与中国近现代化》，广州：广东人民出版社，1994。

[5] 虞和平、吴鹏程:《清末民初轮船招商局改归商办与官商博弈》,《历史研究》2018 年第 3 期。

[6] 许涤新、吴承明:《中国资本主义发展史》第 2 卷《旧民主主义革命时期的中国资本主义》,北京:人民出版社,1990。

[7] 作者不详:《商律·公司律》,《东方杂志》1904 年第 1 期。

[8] 作者不详:《商部奏定公司注册试办章程》,《东方杂志》1904 年第 5 期。

[9] 中国第二历史档案馆沈家五编《张謇农商总长任期经济资料选编》,南京:南京大学出版社,1987。

[10] 陈旭麓、顾廷龙、汪熙主编《轮船招商局·盛宣怀档案资料选辑之八》,上海:上海人民出版社,2016。

[11] 夏东元编《郑观应集》下册,上海:上海人民出版社,1988。

[12] 易惠莉:《郑观应评传》,南京:南京大学出版社,1998。

[13] 作者不详:《轮船招商局股东大会纪事》,《申报》1909 年 8 月 16 日,第 2 版。

[14] 陈旭麓、顾廷龙、汪熙主编《轮船招商局·盛宣怀档案资料选辑之八》,上海:上海人民出版社,2016。

[15] 陈旭麓、顾廷龙、汪熙主编《轮船招商局·盛宣怀档案资料选辑之八》,上海:上海人民出版社,2016。

[16] 陈旭麓、顾廷龙、汪熙主编《轮船招商局·盛宣怀档案资料选辑之八》,上海:上海人民出版社,2016。

[17] 作者不详:《邮部批招商局董事会公呈文》,《申报》1910 年 10 月 14 日,第 4~5 版。

[18] 陈旭麓、顾廷龙、汪熙主编《轮船招商局·盛宣怀档案资料选辑之八》,上海:上海人民出版社,2016。

[19] 作者不详:《招商局董事会第三次呈邮部文——为力争商办事》,《申报》1910 年 10 月 13~14 日。

[20] 交通部交通史编纂委员会、铁道部交通史编纂委员会:《交通史·航政编》第 1 卷,上海:民智书局,1931。

[21] 陈旭麓、顾廷龙、汪熙主编《轮船招商局·盛宣怀档案资料选辑之八》,上海:上海人民出版社,2016。

[22] 聂宝璋、朱荫贵主编《中国近代航运史资料》第二辑上册,北京:中国社会科学出版社,2002。

[23] 朱荫贵:《中国近代股份制企业研究》,上海:上海财经大学出版社,2008。

[24] 作者不详:《交通部维持招商局之意见书》,《申报》1912 年 9 月 3 日,第 6 版。

[25] 作者不详:《招商局失败之真相》,《民立报》1912 年 9 月 7 日,第 12 版。

[26] 作者不详:《改组招商局之函电·交通部致董事会电》,《申报》1913 年 2 月 14 日,第 7 版。

[27] 张后铨编《招商局史（近代部分）》,北京:人民交通出版社,1988。

日升昌：金融先驱，优胜劣败

　　21世纪初，曾有一部反映晋商奋斗历史的连续剧《乔家大院》，该剧一出广受民众欢迎，还直接引爆了山西商人大院旅游热，同时把"晋商"这个略显陌生的名词带到千家万户。电视剧主人公乔致庸开拓进取，整顿商业秩序，开通万里茶路，引进股份制，特别是涉足票号，追求汇通天下，是该剧后半部分的主线，着墨尤多，也最为精彩。乔致庸疏通茶路，顺利将茶叶贩运到遥远的恰克图，大赚特赚。但是大量现金如何携带，成了问题。这个时候，通过相与的介绍，乔致庸开始接触票号，并了解到世界上还有这样一种业务，商人们居然凭着一纸凭证就能走遍全国，甚至国外，便利至极。剧中广盛源票号成老掌柜的精明、狡猾，与新涉足票号的乔家斗智斗勇，乔致庸与智囊孙茂才见招拆招，破解票号防伪、密码的秘密，建立自家的票号管理系统等精彩情节尤其让人百看不厌。不过影视作品毕竟是文学的艺术加工，为了情节的丰富性，杂糅了众多票号事迹，当不得正史。那真实的票号历史又是怎么样的？成大掌柜口中神秘的师傅"雷大掌柜"是什么人？"汇通天下"的招牌到底是谁家的？剧中乔家票号背后的历史原型之一就是大家公认的第一家票号——日升昌。

　　文化学者余秋雨在他的文章《抱愧山西》中说，山西的票号是中国银行的"乡下祖父"，而票号的创始者日升昌，则是最传奇的一个存在。谁能想到，200年前，山西一个颜料商人对业务的小小改变，居然写下了中国金融史上的光辉篇章呢？

一 意识敏锐，开拓商机

以山西商人为代表的传统商人群体，在长期的经营中积累了财富，为了便于经营及货物采购，一些大商人的商号分支机构遍布全国各地，商业网络已经形成。社会生产力的提高，交通网络的完善，使得商品流通速度加快，尤其是跨省甚至跨国的长途大宗贸易成为交易中的常态。

交易面临的问题是结算。中国在银行等金融机构出现之前，普遍采取的是现金结账，一年中端午节、中秋节及春节等节日是商人们约定俗成的结账时间。每到这些时间，商人们之间用真金白银进行债务交接；每到年终结账时，商人也要将所赚银两运回原籍收存。我们知道，中国在纸币出现以前，流通的主要是价值较低的铜钱，明代后期又出现高价值的白银。铜钱价值太低，大量的铜钱携带起来非常笨重。即便是白银出现以后，仍然面临着同样的问题。而且古代治安非常不好，在运输的途中遭遇强人打劫的风险非常高。同时运输的费用也非常高昂，元朝曾经有人计算过运送金属货币的代价，运输距离稍长一点，运费可能就高达所运输货币价值的百分之二三十，这对商人来说是非常不划算的一件事情。换言之，无论是铜钱，还是白银，在长途贸易及结算中都面临路途远导致的高运费及高风险问题。除了商人，民间一些需要出门远行的个人，或者经商，或者赶考，需要携带现银的，也面临这样的问题。这些类似的需求，促使市场上另一种更高效更方便的异地现金拨付方式出现。

实际上，异地兑银在中国历史上很早就出现过，比如有野史记载，南北朝时期就有人从茅山向南京附近兑钱，金额是十万枚铜钱，利用一个凭证向存款地取钱。这种行为我们姑且称为汇兑，它非常原始，只是零星出现，汇兑地点和对象也非常随机。甲在异地某一商人乙那有存款，或其他的财产。然后赋予第三方丙一个凭证，这一凭证是甲乙双方认可的信物。这种行为应该是后代汇兑的一个萌芽，但是这样的汇兑限制非常大，它必须存在于有存款关系的熟人之间，而且第三方丙的目的地必须与当事者乙的网点比较接近，这一交易才能进行下去。受限于如此苛刻的条件，能够成功汇兑的案例自然也非常有限。结果导致这种借助于熟人关系汇兑的地域很有限，基本都是点对点的单一汇兑，出现得很随机。由于市场做不大，所衍生的成本过高，所收取的费用也就降不下来了。唐代飞钱制度则必须借助官府，同样门槛相对较高，并不方便普通民众使用。可见，在票号出现之前，中国历史上曾经出现过异地兑钱，但是没有铺开，一个很重要的因素就是社会发展的条件不够。

从现在的经验来看，如果实现全天候汇兑，则需要先实现两个最重要的前提。一是在全国各地有足够的分支机构，也就是网点分布要达到一定的程度，这样才能方便顾客就近取款。这种分支机构，可以是自家商行的分号，也可以是合作伙伴。二是有雄厚的资本，保证随时有款可付，另外在客户需要大笔款项时也不至于因为挤兑而破产。要实现这两个前提可都是所费不赀的，所以只能靠扩大业务量来降低收费标准了。这两个前提只是保证了票号能够出现，但是如何进行安全的运营，还需几个更专业、要求也更高的条件。比如信用如何建立的问题，只有取得顾客信任，才能持久发展。比如专业技术问题，汇兑是非常精密的金融艺术，涉及各种货币知识、记账技术、度量衡知识、全国地理知识等，也包括更重要的安全防伪技术，这些都是保证票号持久发展的基本要素。

日升昌就在这种背景下登场了，进而在近代中国金融历史上树立了辉煌无二的标杆。日升昌的前身为西裕成颜料庄，是一家总号在山西平遥的大商家。当时一些来往于山西和京城的人，在进行异地现金运送时，虽然借助于以押送现金为业务的镖局等机构，但是携运成本高、安全性差、运输速度慢，实在无法满足大宗交易的需求，尤其在处理大量流动资金时，这些弊端更是很明显。起初，西裕成颜料庄为了便于采购优质原料及销售成品，在北京、天津、四川等地都设有分号，它们或接近原料地，或位于市场所在地，网点覆盖很广，这就为汇兑服务提供了有利的条件。一些商人更是愿意尝试利用大商家的商业网来帮忙捎带款项，等于通过搭上总号与分号之间结算的便车，给自己提供便利。例如在北京的西裕成分号就曾经为在北京的山西同乡，办理北京与平遥、四川或天津之间的现金兑拨。具体流程是，商人在北京把现金交给西裕成，北京分号就写信给平遥西裕成总号，让汇款人携带凭据在平遥领取现金。这种异地拨兑犹如现代的旅行支票（traveller's check），刚开始只限于在亲朋好友之间进行，并不收费，只是顺带用来巩固公私情谊，表现出"何必曰利"的儒家教养，以及"情谊大于利益"的社会认知。这种借助大商号进行异地汇兑的方法，较之镖局便捷得多，也安全得多，因此要求拨兑的人越来越多，甚至有人愿意缴纳一定的手续费前来委托办理，因为即便是缴纳一定的费用，也远比镖局押运划算得多。

如此一来，市场热烈响应，这样的尝试估计不只出现在西裕成，其他字号也有类似的尝试。不过西裕成的掌柜雷履泰商业意识更为敏锐，迅速意识到这是一个新的巨大商机，并且立即转型兼营汇兑业务。后来他说服东家，直接放弃了颜料生意，转而专门经营汇兑业务，大家公认的中国历史上第一家票号就在道光三年（1823）成立了。

西裕成改行票号以后，更名为日升昌，它利用已有的商业网点，积极攻城略地，在当时商人云集、对现金需求旺盛的大都市，比如天津、张家口、沈阳、苏州、上海、厦门、广州、桂林、重庆、长沙等山西商人贸易汇集的重地，开设汇兑分号招揽生意。随着业务步入正轨，日升昌把汇兑的对象从商人群体扩展到政府及官员群体。业务也从简单的汇兑发展到兼营吸收存款、发放贷款。随着市场热烈响应，日升昌的生意一派兴旺，迅速将业务发展推向了新的高潮。

二　曲折发展，竞争危机

票号能够出现，偶然中透露着必然。首先，日升昌拥有广泛的市场网点和雄厚的资本，这为它从颜料庄转型提供了足够的保障。问题是，18世纪到19世纪，类似西裕成这样的实力雄厚、拥有众多分号的晋商字号比比皆是，甚至不少字号实力远远超过西裕成；而日升昌票号改革后，经理人除了有敏锐的市场嗅觉，还有勇气有决心，抢占了市场先机，除此以外，其实并没有其他明显的优势。这样的业务一旦推出并成为社会上的一种潮流，巨大的市场需求加上高额的利润，肯定会使大量晋商字号效法它，追赶进入这个领域，试图来分一杯羹。那么，日升昌如何在竞争中活下来？如何一路被追，却不被超越呢？

日升昌勇闯票号行业，顶着风险与成本的显著压力，同时占尽了"先发优势"（First-mover Advantage），成为票号界的标杆，也就是展现了防伪防盗的科技领导力，可以在选定的城市中先行插旗，提升了顾客对自己的品牌忠诚度。正所谓"凡先处战地而待敌者佚，后处战地而趋战者劳"。日升昌独占先机。只是后来加入的竞争者也有其优势，例如可以直接模仿先发者的策略与做法，事半功倍。然后稍作调整则可塑造自己后来居上的改革者形象。如果先发者与后来者的服务或是产品相差不大的话，那么双方通常只能诉诸价格。除此之外，官府则处于主导地位。

（一）财东弃世，高层出走

日升昌百余年历史中，影响较大的危机有好几次，而道光六年（1826）大约是日升昌的灾年。雷履泰最有力的支持者、日升昌的东家李大全于该年二月辞世，时年 30 余岁。东家壮年辞世，继承人是年仅 16 岁的长子李箴视。他年幼无知，寡妇幼子无法主事，整个商号从上到下人心惶惶，可谓主少国疑。核心管理团队的分裂已经无可弥补，偏偏核心成员之一二掌柜毛鸿翙同年负气出走，同时还挖走好几位分号掌柜。多重打击让日升昌的处境雪上加霜，这是第一次危机。

日升昌成立初期，管理层实行掌柜负责制，总号一共三位掌柜，分别为大掌柜、二掌柜和三掌柜，此外还有辅助掌柜处理各种具体业务的管账先生、文牍先生及录信员等，另外有各种店伙、学徒若干人。虽然三位掌柜都是管理层，但是权力差别极大，大掌柜实际上是负责人，总揽大权。二掌柜和三掌柜各有职责，但整体上还是辅佐大掌柜，居于下僚的地位。为了争夺权力，内部几个掌柜明争暗斗，尤其是大掌柜和二掌柜的矛盾日趋激烈。作为创始人，雷履泰资格老，从业经验丰富，创立票号的功劳又大，但是为人难免有一些骄横的习气，平时与下属打交道时，也不可避免会行事独断、专横跋扈一些。因此他手下几个分掌柜，或多或少会有一些意见。二掌柜毛鸿翔，头脑灵活，办事不受常规制约，多有惊人之笔，早早就在商界闯出了名声。有个听起来非常传奇的故事，说毛鸿翔当年采购胡麻油，别的店铺都一窝蜂前去抢购胡麻油，毛鸿翔却大量囤积装油的油篓。最终的结果颇具戏剧性，抢到大量胡麻油的店家，却面临着没有足够容器运输货物的困境。而一大早囤积了大量油篓的毛鸿翔，趁机坐地起价，用极其便宜的油篓换回大量胡麻油，自此一战成名。这个故事未必是事实，但是却反映出毛鸿翔这个人惊人的商业头脑。年轻人有创造力、有胆识、有魄力，自然和老成持重的雷履泰在票号经营上的分歧越来越大。据说有一段时间雷履泰因病不能工作，按照日升昌的规矩，大掌柜退休，由二掌柜顺位继承，毛鸿翔就动了心思，有意取而代之。得到消息的雷履泰见招拆招，通过自己的影响力，向各地分号掌柜发信，要求大家一块儿辞职，逼迫东家在他与毛鸿翔之间做个选择。东家出于对雷履泰的影响力的忌惮，最终选择了他，这一行径使得毛鸿翔自觉上位无望，于清道光六年（1826）负气出走，这时距离日升昌成立，仅仅三年时间。只能说东家还掌不了舵，放任手下互斗，最后被迫在持店重臣与少壮干将之间做取舍，结果只能是三败俱伤，员工士气大乱。

（二）同行跟进，激烈争竞

巧的是另一大晋商侯家也在招兵买马，他欣赏毛鸿翔的才华，给予其顶双份身股的优厚待遇。毛氏为了感恩新东家，也为了报复，同时为了证明自己能力，他将蔚泰厚布庄改组为票号，不久又将侯姓商号中的蔚丰厚、蔚盛长、天成亨、新泰厚也改组为票号，一共五家，这就是山西票号中著名的"蔚字五连号"，这些都是此后日升昌在相当长时期内的主要竞争对手。

如此便打破了日升昌的垄断局面，出现了两大票号激烈竞争的态势。新的竞争对手由于经验不足，屡屡失误，最终在第一轮竞争中失败。

秦始皇统一中国的一个功劳是统一了度量衡，但是随着时代的发展，不同的行业之间所用的砝码逐渐又出现区别。在金融行业同样如此，不同的商人所用的砝码有大有小，不同的票商之间自然也有所不同。为了便于结算，票号在处理汇兑业务的时候，除了要熟练掌握各地的砝码大小，慢慢又发明出一套以自家的砝码为依据的体系，这种体系就是所谓的"本平"制度。一套公平的砝码，能够为交易的顺利完成提供不小的便利，但是在票号出现初期，为了拉拢客户、赢得竞争并抢占市场，一些票号会通过让利给顾客的办法来竞争。具体的措施就是在顾客汇兑的过程中，通过采用比较有利于顾客的砝码来让利，这相当于多给予了顾客部分的银两，这种情况基本上是对一些比较重要的客人的特别优惠待遇。但是天下没有不透风的墙，储户总会互相交流比较各自的利率及平码问题，以便寻求对自己最划算的票号。这种让利优惠的消息传出后，往往引起其他普通顾客的不满，这种区别对待最后导致顾客转投其他票号。很不幸的是，急于抢占市场的蔚字号恰恰犯了这样一个致命的错误，在砝码上的不公平，导致其迅速丧失了大量的客户，尤其是得罪了官府，一批大生意被报复性地交给了对手日升昌。蔚字号即便及时整顿，也无法挽回颓势。官府生意的丢失对蔚字号打击很大，使其在相当长的一段时间内不能缓过劲来。最严重的后遗症是，蔚字号的商业信誉受到影响，在相当长时间无法挽回，严重影响了其生意。令人感到惊讶的是，蔚字号竟然没把官府比照特别优惠客户来礼遇，可能是给的优惠不够，或是折扣没有达到官府心理预期，反正最终白白给竞争对手做了嫁衣裳。蔚字号后来花了很多的精力与成本来重塑企业形象，例如强调"宁可别人失信自己，自己从不失信别人"以及急公好义等。甚至在庚子之乱中，无论在北京、天津、上海，还是在山西、汉口等地，全部满足持券者兑现要求，即使造成蔚字五联号损失惨重，仍以赢得声誉为第一要务。

除了蔚字号这种掺杂了私人感情的竞争者外，日升昌还必须长期面对其他不断跻身该行业的竞争者。票号业如此赚钱，一定会吸引其他商户跟进，毕竟到了19世纪，在全国各地有众多分店的晋商字号不止数十家。当时多数生意比较大的晋商都是多种行业兼营，或多或少都会涉及当铺、钱庄等金融机构，犹如金融集团一般。转型到这一领域，在业务上基本没有明显的门槛，要想复制日升昌的经营模式并不困难。因此，日升昌出现后，短短的十几年时间内，晋中大商人就大量跟进，祁县、平遥、太谷等周边地区的晋商纷纷挤进票号业，要分得一杯羹。道光十七年（1837），山西票号中另一家代表——合盛元票号成立，并先后在北京、天津、太原、奉天、营口、西安、上海、汉口、安庆等地建立分号。尤其值得一提的是，合盛元票号是少数将业务拓展到国外，如日本和朝鲜的票号，实现了票号业务的跨国经营。至1853年，山西商人开设的票号已经增加到17家。随着需求的扩大，南方一些大字号也加入进来，形成所谓南帮票号，对长江流域及以南的汇兑市场形成挑战。大量新票号的出现，明显地分走了相当一部分市场，这直接冲击了日升昌一家独大垄断市场的局面，也造成了日升昌所面临的另一个竞争危机。

这一时期日升昌面临内忧外患，对内来说，东家离世后需要凝聚人心，并全力与出走的毛鸿翙所筹办的蔚字号进行商业竞争，主要目标还是抢占市场。道光十八年（1838），日升昌出资兴办日新中票号来对抗蔚字号的猛烈攻势，同时在竞争中及时改进各种管理不足，最终击败对手。这一次竞争的胜出，还是得力于日升昌注意改革，不断在防伪、员工认股、职工培训制度等方面创新。所以，商战中第一要务是考量如何提升自己，正所谓"善战者，立于不败之地，而不失敌之败也"，然后才有可能"胜兵先胜而后求战"。

（三）舵手陨落，家国动荡

道光二十九年（1849），创业元老、第一任大掌柜雷履泰去世，时年 79 岁。他为日升昌的创立、壮大付出了 20 多年心血，贡献极大。在他掌舵期间，由于其经验丰富、老成持重，日升昌经历过几次大风大浪，都能有惊无险，并继续保持旺盛的势头。如今，少东家已经长大成人，日升昌发展已经步入正轨，却突然遭遇元老陨落。

偏偏咸丰元年（1851）太平天国运动爆发，短时间内长江中下游数个省份局势一发不可收拾。不久之后甚至派出偏师北伐、西征，战火由长江流域一路蔓延到华北甚至京津。在战事爆发之前日升昌已经在南方开设有不少分号，它们多分布于运河沿线及长江沿线的商业重镇，如苏州、扬州、清江浦、汉口、常德、南昌、长沙等。这批分号几乎占据日升昌全国分号的半数（截至 1850 年，日升昌在全国可考的分号分布在 18 个城市），而这些地区恰恰是战火影响最严重的地区。接任日升昌总经理不久的程清泮面对如此空前的灾难和危机，面对南方分号"伙友人身不得安宁，财产银钱难以避险"的困境，为了保护资产免遭战火洗劫，在争取李箴视财东（财主）同意后，决定忍痛放弃南方市场，直接撤销成都、重庆、广州、汉口等分号，导致生意最旺盛的南方分号几乎全被砍掉，日升昌被迫放弃商业帝国一半的江山,同时被迫裁员,人数大约占各地员工总数的八分之一,这一劫难搞得日升昌伤筋动骨。在此之后15年的岁月里,日升昌几乎没有对外扩张,只能是卧薪尝胆,苦撑待变。除了1856年在湖北长沙市设立分号外,19世纪50年代在长江流域几无新设的分号。直到60年代末,太平天国运动已经式微,江南秩序逐渐恢复,日升昌票号才于1867年在上海、杭州和湘潭三地开设分号,勉强度过这次危机。不过这一时期的日升昌,由于内外环境都与雷履泰时代大不相同,发展势头明显有滑坡趋势了。面对这种不可抗力,这一时期的日升昌能够做的主要是守成保业,以图谋生存为要。好在这一时期举措得当,得以保留了日升昌的基本盘,为以后的翻身留下来底子。

(四)回光返照,最后辉煌

光绪年间可说是日升昌最辉煌的时期,从其整个历史来看,应该算是回光返照了。光绪十八年(1892)后,日升昌票号的大掌柜已经传了四代,时任大掌柜为第五任的张兴邦,而财东也已经到了第三代人,由李箴视过继的儿子李五典执领号东。洋务运动带来了所谓"同光中兴",其可算是一个虚幻的盛世。社会经济有了一个短期的繁荣,日升昌也步入它的鼎盛期。据史料记载,它的年汇白银总额为3000万~5000万两,存放款为2000万~3000万两,两项合计,年经手流水为5000万~8000万两白银。当时清政府财政收入额不过七八千万两,日升昌的营业流水几乎相当于将国家财政收入过手了一遍。随着业务的扩大,日升昌再一次大规模扩张,但这也是最后一次大规模扩张。光绪三十二年(1906)日升昌新设7个分号,分别在梧州、周家口、道口、芜湖、南宁、营口、沈阳。至此,日升昌票号前前后后有据可查的分号共计 29 处，覆盖了全国 35 个大中城市和商埠重镇。对于东家和有身股的员工来说，字号生意火爆对自己最现实的利益就是丰厚的分红。据光绪十一年（1885）的账簿记载，日升昌这一时期每一股能够分红 2800 两，30 股合计 8 万余两，对于拥有一二十股的股东来说收益相当可观，即便是顶一股或者数厘身股的各级员工，也可以收到一笔可观的分红。

然而看似辉煌的背后，实则蕴藏着危机。甲午战后，外国资本主义在中国建立新式银行进行资本输出蔚为潮流，一批有远见的近代中国商贾迅速跟进，纷纷建立仿效西方的中国近代银行，这些新型金融机构的出现极大地冲击了传统的票号业务。但是此时的日升昌已经步入暮年，决策者当初的进取心早已冷却，面对各方竞争者的磨刀霍霍，沉迷于安逸，最终在这一次的竞争中落败，导致日升昌无力回天，走向衰亡。可以说，日升昌最后的最大危机，其实来源于内部的因循保守，而不是外部竞争。

三　智慧结晶，管理创新

山西地区位于中原前往西北的门户，气候高寒，人多地少，土壤贫瘠，当地农产有限，民众很自然地投身于经商。该地区人民的首选不是读书中举，相对而言，能够在票号里谋取一个职务反而是好多人的梦想。出现这样的情况主要是因为票号从业者有丰厚的利润回报。更精确地说，一亩地每年的经济产出可能还不到一两银子，养活一口人可能需要四五亩地，甚至更多的土地。显然，农业是没有什么竞争优势的。读书中举又如何呢？我们看范进中举就可知一二。读书耗时极长，需要一个壮劳力全脱产至少 10 年，能不能考上也是个未知数，回报率偏低。清代的科举录取率非常低，山西又是全国科举水平最低的省份之一。即便侥幸考中进士，在清朝晚期获得一个外放的实职，也要排相当长的队伍。况且清代官员的待遇沿袭明代之制，可以说是苛刻。一个七品的县官一年的合法收入也不过四五十两白银，这可是数十年苦读所能获得的唯一合法回报了。

但是，票号的职工收入可就相当诱人了。从现存的资料来看，一个小伙计一年的收入就有十几两银子，如果能够熬成管理层，收入还能涨到几十两。假如再能顶上 2 厘身股，就是 200 多两白银的分红。当然，随着资历的加深，这一数额也会递增。清代末期，粮食一二两一石，一个成年人一年不过五六两银子的开销。这笔收益可以满足约 30 口人一年的口粮需求。相较之下，读书做官显然性价比没有那么高。正因如此，民间愿意从事票号者比比皆是，民间甚至有相关歌谣，大意是说，能够在票号做店伙，给个县官都不做。至少单就物质回报而言，这一说法相当写实。

（一）学徒管理，号规严苛

任何行业都是以人才为本，对于员工的职业训练与人员管理至关重要。首先，日升昌与其他山西字号一样，要求入门学徒先有担保人。通常担保人都是熟识的商家店铺，其写下担保文书，保证学徒家世清白，人品尚佳，如有问题，则要担保人负责等。这种"人保人"的制度虽然会限制人员进用的通道，但是稳当好用，一直到民国时期许多金融机构仍然维持这样的要求。对于顺利通过考察的学徒，还有严格的品性教育和业务训练。学徒要学习珠算；学习外语；还要学习银色平码，也就是权衡银两的平码与银色的不同，来解决银色与平码之间的差异问题；等等。这些都是票号从业者必备的基本技能。此外还有实践环节，学徒需要进行站柜、跑街等实际操作，考核合格者方可正式成为小店伙，并且随着业务的精熟逐步晋升。

在学徒阶段，日升昌是提供餐饮住宿的，还会发放一定的薪金，但是店伙的管理制度极为苛刻，甚至被批评为不够人道。比如规定票号分号人员，无论出门路途远近，统以三年为一个班期（间亦有四年者），除遇父母丧葬大事外，不得轻易告假。每月准寄平安家信，但不得寄银钱及物品。一切行动，都要服从总号命令。另外还特别规定：第一，不准接眷出外；第二，不准在外娶妻纳妾；第三，不准宿娼赌博；第四，不准在外开设商店；第五，不准捐纳实职官衔；第六，不准携带亲故在外谋事等。就是要学徒专心于业务，甚至断了后路。就现存档案看，还有一种"点验"制度规定，分号要对下班休假伙友所带衣物、银钱细列单目。伙友回到总号时，交上单目，由总号派人逐一清点验兑，多出的东西一概罚没，并造册入档，以杜绝任何发横财、走小路的想法。

当然日升昌也不是完全没有人情味的。日升昌的店伙，几乎都是本县或者周边县的人士，号规禁止员工携带家眷，对于留在原籍员工的家属，总号会给予适当照顾。但这种做法，也可以被解读为一种变相的人质控制，以此挟制职工不得有外心，就是要员工抱持"离此一步，即无死所"的心态。

（二）员工管理，股权激励

除了严苛的号规约束，日升昌还利用利益的刺激来增加员工向心力。股权激励制度是个非常现代化的公司管理制度，实际上中国的商界先行者在数百年前早已经自己研发并实践了这

种制度，并在 200 年前的日升昌被大力推行开来。清代以前的
商业模式是，伙计为东家做事，东家为伙计支付工钱，这只是
一种简单的雇佣关系。日升昌为了增强企业凝聚力，引入了人
身顶股制，即员工可以用自己的智力或者劳力折换股份，与东
家银股（即资本股）一起参与票号的分红。这与今天的股份制
极其相似，其实就如同今天所广泛流行的技术入股、智力入股
等。在这一体系中，"出资者为银股，出力者为身股"。银股以
货币入股，持有者主要是各位股东，他们有商号的所有权，这
群人类似现在公司的董事群体。这种股份可以继承和转让，同
时股东们对票号的盈亏承担责任。身股又称顶身股，是以人
力（其实也包括智力等）入股，主要是针对票号中管理水平高
的掌柜及业务能力强的店伙设置的，共分为 19 个等级，票号
根据员工的综合才能进行相应的身股奖励。不过这种身股并不
是一成不变的，而是具有弹性的。业绩好的员工身股会逐步增
加，业绩差甚至犯有错误的员工，身股会下调乃至取消，这就
形成一种相当有效的激励措施，哪怕为了经济利益，店伙们也
会努力工作。

此外，日升昌还发明了一些很超前的制度，如"故身股"。
顾名思义，一批优秀员工在亡故之后，其亲属还能享受一定时
期的分红，通常是由其子孙享有数次分红的机会。如大掌柜雷
履泰去世后，他的儿子还能享有三次分红的机会，日升昌 4 年
一次分红，至少在 12 年中，其后人可以衣食无忧，不至于陷
入困境。故身股类似今天的抚恤金或退休金，非常人性化，可
以使员工更努力地工作。

日升昌作为一家金融机构，追求盈利显然是重要目标之
一，因此员工的地位也与绩效有关。早在 200 年前日升昌就推
行了绩效管理办法，并且推行了类似今天末位淘汰的制度。每

到年终，全国各地的分号负责人回总号述职，在他们的团拜会上，排定座次的主要依据就是各自的绩效。为公司带来丰厚利润者，当仁不让要坐上席，加身股，可说是风光无限。而业绩较差者则只能退居下手，扣除甚至取消身股。同样，一年之终，也是决定部分成员去留的重要节点。日升昌有一个不成文的规矩，据说席间有一道必上菜是鱼，鱼头对着谁，谁就将被辞退。聚餐一毕，当事者自动离开，这种做法相对含蓄，不至于伤了被开除之人的面子。

这样有奖励有淘汰的制度有力地调动了员工的积极性，甚至一定程度上免除了员工的后顾之忧，使伙计的自身利益紧密绑定在字号上，二者利益共享，风险共担，内部凝聚力自然增强。晋商的票号在很长一段时间内能称雄于中国金融界，并将业务扩展到国外，其间身股制对员工起了很大的鼓舞作用。

但是，身为现代人的我们必须谨慎看待末位淘汰的人事制度。该制度是依照绩效考核结果对末段的员工按一定的比例进行调岗、降职、降薪或辞退，以提升公司的整体效率。曾任通用电气（GE）董事长兼 CEO 的杰克·韦尔奇（Jack Welch）还在个人所出书中解释并鼓吹该制度。中外一些企业也曾试行该制度，但是很快就发现其所引发的弊病远大于好处，所以都推动不下去了。根本原因在于绩效管理是个复杂的动态工程，有太多的内部与外部因素要考虑，只是没有哪个企业可以一劳永逸地找到完美的绩效管理制度。所以，光是靠最后评比分数来做人事重要决定，通常会导致内部关系异常紧张，在同级同事、不同部门干部之间等都会出现这种不健康的现象，员工本身的工作情绪也会受到影响。当然被淘汰的当事人会向外寻求法律救助，导致公司疲于应付劳务纠纷或是法务诉讼。诸多管理经验显示，采用比较人性化的处理方式，反而对于劳资双方都会较为有利，例如重新评估末位员工的本职学能，思考是否可以找到更为适材适所的岗位。

（三）管理创举，两权分离

有了好员工，还需要优秀的舵手。在中国传统的企业中，大多是谁出资谁负责，东家在字号的管理中具有非常大的权威。其余无论是经理人还是店伙，身份都是打工人。有一部分人虽然是从东家那里领取资本自己进行经营，但仍然逃不出资方的盘剥与干预。这种体系确实能够保证东家对于字号的掌控，保证产权，但是却无法保证字号良好运行。如果遇到经商不甚出色的东家或者后代奢侈堕落，通常很容易出现败家，或是字号中落的困境。日升昌对此进行结构性改革，首先设置了类似近代职业经理人的制度，实行经营权和所有权的分离。具体来说就是，票号采用东（东家）、掌（掌柜，字号实际的管理者）合伙制的管理形式，即经理负责制。作为出资方的东家经过前期考核，选择自己认为合适的经纪人，立下契约进行授权，一旦合约达成，东家就必须做到"用人不疑"。无论经营决策、分号设置还是职工录用、人员调配均由职业经理人自主决定。东家只能坐享红利，不得干涉字号的运营。甚至在字号的号规（类似今天的企业规则）中有苛刻的规定，即使贵为东家也不能在字号内住宿、借钱，不能指挥号内人员为其办事，也不能保荐学徒，更不能以票号名义在外活动。更让人匪夷所思的是，严格禁止学徒店员等私下与东家接触，以免传递信息，生出是非。这种制度有效杜绝了非专业人士的干扰，实现了经营管理的专业化分工。"权能区分"的结果让专业人才去做专业的工作，掌柜在任职期间能够充分发挥才智，取得最佳的经营成果。这种制度与现代的两权分离公司管理模式极其相似，可说是中国金融业自发的巨大改革进步。

（四）信息网络，料敌于先

商业竞争打的就是信息战，就如同"动而胜人，成功出于众者，先知也。先知者，不可取于鬼神，不可象于事，不可验于度，必取于人，知敌之情者也"。管理制度上的创新，保证了日升昌的战略航向；具体业务的创新，则是保障这艘大船准确航行的基础。在清朝中期，中国的金融市场已经非常发达，各地的物价变化以及白银价格的变化有比较频繁的波动，及时了解各地的经济信息，对于迅速而准确地掌握市场，并做出准确的判断非常重要。清朝的通信不像今天这样方便，但是借助当时的驿站系统以及民间的信局等传递系统，日升昌票号还是能够在总号和全国各地的分号之间建立一套严密的信息汇报体系。总号和分号之间、有业务往来的各个分号之间，通过定期的信件往来互相沟通信息。信件内容主要包括各地的商业信息，具体如各地物价涨跌、丰收或是遭灾、银钱市场情况及其他经济信息，甚至涉及某一地区的天气等信息。这些看似零碎的信息其实都是日升昌总号用来掌握市场动态的依据。天气好坏背后是物产的丰收歉损，物价涨跌背后是现金汇兑需求的增大缩小。春末上市的蚕丝和新茶、八九月间收获的棉花，以及夏秋两季的稻麦粮食，都是当时季节性非常明显且商人们大批贩运的货物。根据这些信息可以预测数月之后的市场行情，并提早调整银根，以应付兑款需求等，这些信息有助于料敌于先，更加精准地预测市场，进一步取利，则是水到渠成的事了。如同《孙子兵法》所总结的"道天地将法"，其中"天者，阴阳、寒暑、时制也"，并且强调"料敌制胜，计险隘远近，上将之道也"。

基于较为准确的市场预测，日升昌的市场经营更有把握地执行它的运作方式，概括来说就是八个字："酌盈济虚，抽疲转快。"具体做法是协调不同地区的现银量，实现银根平衡。由于日升昌主业之一是汇兑，日常处理的就是实银和虚票的关系。收取现银开出汇票，或者收到汇票兑出现银是日常工作，由于各地经济发展水平不一，对于汇、兑的需求也不一样。某些地区可能是汇入区，而另一些地区可能是汇出区。这就难免会出现某地方大量收取现银，而少有兑现，或者大量支取现银，而收取不足。这就是所谓的"盈、虚"。前者会导致现银存量过多，大量白银闲置，无法生息，而后者会导致需要支取的白银不能足额按时支付，影响字号信誉。无论是哪一种情况，对于日升昌而言都不是一个很好的结果。因此总号接到某地银根偏紧，兑现困难，需要增加现银存量的汇报时，就会下发指令，鼓励该地对外汇款，减少或免收汇费，甚至贴给利息，以增加当地票号的现金储备。对其他地区向该地的汇款，则提高汇费进行限制，以减少该地的提现压力。当然，对于大量向外地汇兑，导致号内存银过多，而支取兑换业务不足的地方则采取相反的措施。通过这种策略，资金得到了最大限度的利用，字号也获得了最大收益。

换言之，这样的现金管理制度是建立在假设市场本身会如预期的那样理智反应的基础上，总号可以总览全局、运筹帷幄，但是在战乱时期恐怕就不管用了。例如太平天国运动时期长江流域的动荡，就让这套制度不管用了，票号只能壮士断腕，直接取消那些分号了。更甚者，外商银行在晚清时期后来居上，动荡时局导致民众偏好存款，这些传统票号最后连业务量都保不住了，也就难以为继了。

（五）会计创新，四柱清册

"兵在精而不在多，将在谋而不在勇"，开枝散叶的日升昌，生意规模庞大，但是整体团队的阵容规模却是小而精、小而美。据资料记载，即便是人数最多的总号，也不过是三位掌柜外加管账、文书先生等，属于管理层的仅仅10人左右。其余伙计、学徒等顶多不过20人，整个总号也不过三四十人而已。即便加上全国的分号，总人数也不过百余人。整体平均下来，各地的分号不过两三人即可维系，令人不得不佩服其营运效率。

如此成绩基于一套严密的会计制度，其可以以如此少的人手操控遍布全国数十个城市的业务以及每年成千上百万两白银。以日升昌为代表的票号所使用的记账法是中国明清以来一种著名的记账制度，这种记账体系据说来源于明末清初的傅山，俗称"龙门账"，由中国传统的"四柱清册"记账法改进而来。这种记账体系通常把一个字号的资产分为四类，即所谓的"旧存""新收""实在""开除"，前两项相加，等于后两项。这相当于现在会计原理的期初额度（"旧存"，前期余额）加上本期增加额（"新收"），等于本期减少额（"开除"）加上期末余额（"实在"）。若金额持平，则账目无误，金额不符，则账目有误。

与之相配合的是一套复杂而严密的账簿体系。据现在保存下来的账本来看，日升昌票号的账簿至少有十几种。比如记载字号合伙人合同文书以及利益分配的"万金账"，按日记载各种生意来往的"流水账"，按月汇总的"月清账"，以及对全年业务进行总结的"全年总结账"。此外，各分号之间业务往来也有相应账目。其他各种具体业务也有各自的账目，比如

"存款账""放款账""开支伙食账"。甚至伙计们休假回家,携带的行李、从柜台上预支的金钱也要记账。票号的伙计们入职的时候,请人担保的保单也要专门列账。这种丰富繁细的账簿保障了严密的内部管控,如此也就没有营私舞弊的空间了。由此可见,金融机构要先求稳求立,否则很可能是镜花水月。

同时信件也可以看作一种业务的报告单和账簿的备份。各地的分号会定期向总号汇报当地的经营状况,等于定期的营业报告。总号的相关部门会基于这类信件誊录出该分号的经营状况,并且可以与当时的各种账本互相参照,形成一套严密的档案体系。万一有一份账簿损毁,凭借保留的信稿也能查找到当时的信息。这种双重保险的档案管理充满了智慧,就如同现在的电脑资料也要有备份处理。即使今天日升昌的大多数原始账本已经消失于历史中,但我们还是能对日升昌的细节了解一二,这都要感谢其留下的大量信稿资料。这样的双重保险在太平天国运动以及庚子事变等战乱时期,更是尤为重要。

(六)迎合市场,业务多样

日升昌的主要业务是汇兑,后来又涉足存放款业务。但是客户需求越来越多种多样,日升昌不拘泥,不刻板,主动迎合市场,急客户之所急,开发出一系列很有特色的业务。如关于汇票兑款的时间,不设定僵化的标准,由客户自由定夺,依据兑现时间,分为即票和期票。所谓"即票",就是见票就得付款,就像现在的旅行支票或是现金支票;"期票",则是按照汇票上所约定的时间给客户兑款,等于限期兑账支票。根据汇兑结算方式,又有所谓"顺汇""逆汇"两种方式。所谓"顺汇"是甲地先收款,乙地后付款。这种业务可以先拿到钱,没有什么风险,只怕付款分号的现金不足。如果商家遇到资金不足问题，需要票号为其垫付，就需要进行"逆汇"，由乙地先付款，甲地后收款，这等于结合了存款与汇兑。为了方便顾客汇兑的各式需求，票号后续发明出票汇、信汇、电汇三种汇兑方式。票汇（demand draft）是由汇款人向当地银行购买汇票，自行寄给收款人，由收款人凭此向汇票上指定的银行取款。信汇是汇款人向银行提出申请，同时交存一定金额及手续费，汇出行将信汇委托书以邮寄方式寄给汇入行，授权汇入行向收款人解付一定金额的一种汇兑结算方式。电汇是付款人将一定款项交存汇款银行，汇款银行通过电报或电话传给目的地的分行或代理行（汇入行），指示其向收款人支付一定金额的一种交款方式。

此外，针对不同情况，汇费也可以随行就市，存款可整存零取，利息本金可在异地分号间随用随取。最有创造性的是一种叫作旅行券的金融产品，类似现代的旅行支票。客户在出发地先将一笔款项存入票号，由票号开券一纸。旅行者就可以凭此券在沿途票号分次提款。款项提取完毕后，由最后一笔交易发生地的票号收取凭证。为保证安全，签发地的票号会将旅行者的名或字书面通知各联号。

随着各式业务的推展，日升昌票号的利润来源也就更加多元了。汇兑是日升昌最早开设的业务，汇费（专业的说法称作"汇水"）收入自然占了很大比例。收取标准大致根据"各地银色之高低，路途之远近，银根之松紧，汇兑之逆顺（指顺汇和逆汇），数目之大小"由双方商定。对于一些重要客人，可能会有让利行为，收取较低的费用。此外，日升昌利用各地白银成色及度量衡差异获取的平色余利，也是汇兑中获得的收益之一。

日升昌后来又涉足存放款业务，在汇兑中，有一个所谓"得空期收入"。这是票号在汇兑中获利的途径之一。所谓得空期，是客户将所汇之款在甲地交到票号之日至客户与票号商定在乙地取款之日之间的时间差，这个期限为一个月至百天不等。通常这个时间比款项汇兑所需时间要富裕得多。在资金闲置的期间，可以放贷谋利。

票号经营存放款业务是搞活票号的主要途径之一。经营存款既可吸收资金用于汇兑，缓解部分地区银根紧张的问题，同时还可以将闲置资金放贷，获取二者之间利息的差额。通常，放贷的利息要高于存款的利息。其中产生的利润也就相当可观了。

我们必须注意到，新的竞争对手——部分外商银行，例如汇丰银行，则是降低开设存款户的要求，努力吸引一般大众客户。但是票号则仍然一如既往，专做较为高端的客户以及官府的生意。后来清末时局动荡，民众也转而比较信赖外商银行，那些更为亲民的外商银行存款暴涨。尤其在庚子事变期间外商银行不但不付息，甚至还要收取存款手续费。"现金是王"，但是种种因素导致票号现金短缺，传统票号后来还须向外商银行紧急调头寸，整个金融市场发生了根本性变化，整体局势越来越不利于票号的经营，甚至冲击到其生存。归根结底，维持现金流比营收获利更为重要，企业的现金管理更是营运的重中之重，尤其要防范重要客户抽腿，或是业务戛然中断的情况。

（七）防伪密押，安全保障

我们知道，汇兑业经营的是银钱的生意，安全性第一。凭借一张凭信就能把真金白银交与陌生人寄存，这是需要极大的信任的，也是要冒着巨大的风险的。所以，如何建立信任，如何防伪，这些都是票号出现之前必须要解决的技术问题。中国有历史悠久的凭信文化，比如著名的虎符，就是将两个带有特殊记号的凭据，合二为一，实现千里之外的命令传达。晋商在这种文化的基础上，创造性地发展出一套严密的凭信制度，这里面最典型的就是印章防伪。票号根据民间常用的印章，发展出一套完整的用印制度。在一张汇票上至少有四种印章。根据现存的汇票实物以及印章实物来看，大致包括抬头章（也叫财神章）、押款章、落地章、防伪章，以及现在仍在使用的骑缝章。每家票号的印章各有不同，各自有其独特的密码。

除了印章，我们现在常用的签名在当时也被广泛应用于防伪。以日升昌为代表的票号，各个分号的掌柜彼此之间有签名笔迹的存档，对彼此的签名非常熟悉。今天到银行取款，实行票、证、人一致的制度，取款之前，银行要向备案手机发送验证码，这一制度实际上在票号时代就已出现。顾客在某一分店发生了业务，该店除了付给顾客一纸凭信之外，还会向兑换地分店发一封信函，在顾客的凭信与信函中都记载有该交易的详细信息，接收地的分店收到来信，与顾客的凭证核对无误后才能够放款出来，相当安全与先进。

对于某些对安全性要求更高的顾客，甚至需要进行类似今天"刷脸"的业务。票号初期实行"认票不认人"的制度，后来慢慢演变为认票也认人。某些情况下顾客会出现票据丢失或者被人冒领的现象，而且顾客可能因为种种问题不能亲自前去交易，而是需要代理人，因此票号会在票据上专门盖上一枚印戳"自寻保人"，或者"面生讨保"等字样。如此通过各式担保制度，保证双方交易安全进行。

密押文化是票号的又一项创举，这是票号为了避免其他竞争者仿造票据，所发明的一种利用汉字作为代码的保密制度，在著名的电视剧《乔家大院》中对这一情节有详细而精彩的表现。通常来说，这样的密押是利用人生格言、千字文、百家姓等作为内容，其要求是同一段话中，每一个字只能出现一次，以保证代表的数字不会重复。为了防止竞争者破解，票号会定期更换防伪密码，百余年中，日升昌换过不少密押，其中多数已经消失，幸运的是我们现在还能够见到一套保存相对完整的日升昌防伪密押，可让内部经手人员一眼便能分辨真伪，内容如下：

> "谨防假票冒取，勿忘细视书章" 12 个字，对应了每年的 12 个月。"堪笑世情薄，天道最公平，昧心图自利，阴谋害他人，善恶总有报，到头必分明" 30 个字，对应的是每个月的 30 天。"赵氏连城璧，由来天下传" 10 个字，对应的是银两的数目。"国宝流通"，对应的是银两的数字单位"万千百两"。

通过一系列防伪措施的组合运用，在日升昌百年历史中，据说从未出现过一例差错，这与经营者能与时俱进地改进、完善自己的经营手段关系莫大。我们只能说，中文组合的复杂性绝对远远超过英文字母与阿拉伯数字的组合。

四　时代局限，官商互动

晋商的成功与地方官府和朝廷有着密不可分的关系。从清初的八大皇商开始，晋商就和清政府的利益紧密地绑定在一起。票号成立之后，毫无意外，其业务的大宗也与政府有关。中国传统时代，社会风气重农轻商，商人虽然经济实力雄厚，但是社会地位并不高，经常受到各个阶层的欺凌，其聚敛的巨额财富也并不能得到很好的保证，它们经常会被朝廷和地方官府勒索。为了维护自身的财产安全，同时为了提升自身的社会地位，晋商热衷于花大笔的资金购买官爵，这是传统时代的一个特殊现象，即所谓的"捐纳制度"，说难听了就是"卖官鬻爵"。当遇到财政困难或政治腐败时，统治阶级多会开放这个口子，从民间敛财来救急。所售卖的头衔各有标价，此外还有出售各种考试资格的，也就是所谓的"功名"，这种捐纳的功名，和通过科举取得的功名具有同等的效力。这一时期民间一些有资本但是没有地位的群体，当然主要是商人，往往会跃跃欲试。这种"捐纳"具体的内容包括给祖先购买荣誉性封号、给自己购买荣誉性称号，以及给自己的女眷及后人购买各种头衔等，此外还包括购买科举功名等，不一而足，也算是"光宗耀祖"的门路。这种头衔虽然只是荣誉性的头衔，并没有什么实际的政治权力，但是购买者能够享受一定的特权，比如穿戴特定阶级才允许穿戴的服装，享受一定的礼仪待遇，这在一定程度上能够提升晋商的社会地位。同时，有了这种荣誉性头衔，除了宣誓效忠朝廷外，也利于出入官府和官僚阶层打交道，可以从多个途径来维护自己的利益，如此等于买了门票，进了重要圈子，因此包括票号在内的晋商乐此不疲。

（一）捐纳报效，自抬身价

"衣食足而知荣辱"，百姓如此，政府亦然，财政亏欠的现实让清政府后期不得不选择卖官鬻爵了。在当时花钱买官成为风气的社会环境下，日升昌也不能免俗。就传世的资料看，日升昌等票号的东家、掌柜都以捐官、捐功名等形式，和朝廷建立了联系。日升昌票号信奉"官无商不富，商无官不存"，并通过捐银买官获取政治上的特权。据不完全统计，至少日升昌东家李箴视曾经捐纳"知府衔加六级"，同时还为其父、祖父、曾祖父也捐纳了"荣禄大夫"（从一品）的荣誉性官衔，李府女眷也有很多被捐得"夫人""宜人"称号。

此外，就连一些掌柜也给自己捐一些头衔，如第二任掌柜程清泮，曾在咸丰三年（1853）"报效七百五十两"，"报捐监生，加捐布政司理问衔，并请封典，驰封其祖、父母"。日升昌的管理层花大钱买来这种头衔以光宗耀祖，一定程度上提升了社会地位。就这样，清政府通过虚实官职与票号商人建立了密切的联系，而票商也通过白银换得自己所要的封典，得到了政治特权，二者可说是互惠互利。

（二）承揽官款，献媚官府

日升昌票号毕竟有其时代局限，受制于封建道德、伦理准则的约束，媚事官府，同官府处好关系是其必然的选择。当然，商人图利，他们这样做的目的也是做朝廷的生意，比如能把官税、军饷等大宗汇兑业务承揽到手，获取更多利润，也算是放长线钓大鱼。

每年地方上交给中央的税收是个巨额数字。鸦片战争以后，清政府在对外战争中屡战屡败，国内大量白银外流，政府财政屡屡出现赤字。地方官府交付中央的款项或有不足，便请票号垫付，并汇解朝廷。而中央政府的财政也屡屡捉襟见肘，经常需要借款，借款的一个对象是外国的银行，另外一个就是国内的票号。日升昌作为票号中的翘楚，无疑承担了相当部分的官府垫款业务。在官府大量的财政开销背后，都有票号商的影子，在某种意义上，近代的半个多世纪中，票号是清政府实质的户部银行。比如在咸丰时期，为了镇压国内农民起义，清政府整顿军备铸造大炮，包括日升昌在内的票号曾经大力资助清政府进行军需备战。据档案资料，咸丰三年（1853）五月初三至十月初十，山西各票号以及账局为了资助清政府"铸炮"，

先后筹集白银 340000 两、钱 70000 吊，同年的十月下旬，日
升昌、天成亨等十三家票号再次捐银，共计 6000 余两。短短
两年时间内，山西票号所捐白银及铜钱折合白银高达 267 万两，
如此额度根本不只是不乐之捐，而是强取豪夺了。在清政府的
眼中，日升昌就是靠着朝廷做生意发财的，朝廷在紧要关头要
些回馈也是应当的。

在第二次鸦片战争到中日甲午战争期间，中国第一次大规
模进行近代化尝试，即著名的洋务运动，日升昌等票号也同样
发挥了重大的作用。清政府兴办的诸多项目，诸如从外国进口
军舰以及各种兵器、修建铁路、开办工厂等，款项不足之处，
皆有票号参与。至于各地向中央汇兑的银两，种种款项都要经
由票号之手。

洋务运动在全面开展过程当中，先后以自强及求富为口
号，所需大量经费依靠各省众筹摊派，比如以购买兵舰、巩固
海防建设为用途的海防经费"海防捐"就属于这种临时摊派。
但是中央财政空虚，经费大多数情况下是依靠各省来协济，而
各省的经费又通过票号汇兑甚至垫付。如 1881 年，李鸿章奏
请购买西方的铁甲船，1886 年四川省缴纳本省分摊的海防捐输
10 万两，就是日升昌等九家票号承领，汇解海军衙门。洋务运
动后期以求富为目标，具体措施是修路，造船，开设工厂，从
事一些民用建设，其中的重点就是修筑铁路，所需经费中需要
地方分摊的部分，也几乎都由票号进行汇解。在经手官府的这
些生意时，票号赚取了不菲的利润。

在国难当头的特殊时期，票号也会以赌徒心理押宝清政
府，比如甲午战争以后，战争的失败对国内商业造成了极大的
冲击，而日升昌等票号仍然站队支持清政府。在其他金融机构
停业观望，导致京城及各地的现金流紧张的状况下，日升昌等

票号冒着极大风险，对于清政府的资金需求极力予以满足，自然在危机过后迅速获得了清政府的高度信任。另一代表事件是庚子年间八国联军侵华，慈禧等人仓皇外逃，日升昌等票号又竭尽全力为流亡政府筹措费用，在慈禧、光绪西逃途经平遥时，日升昌积极参与筹款，为"两宫"孝敬盘缠数十万两白银，为此其被慈禧恩准汇兑官银，得到官府的保驾护航。

通过这些赌博一般的冒险，以日升昌为代表的票号获得了清政府统治高层极大的好感，获取了丰厚的政策回报。也正因为如此，甲午到清末的这一二十年时间，虽然战乱频繁，民不聊生，各项苛捐杂税与对外赔款增加，却奇迹般成了日升昌票号发展最鼎盛的时期。换言之，日升昌的业务兴衰主要是由清政府决定的，不是由民生经济情况所反映的，这样的情况也就从根本上决定了日升昌的营运方向与企业特质。

（三）投资官僚，结好当朝

在传统的帝制时代，完全就是人治社会。那么与官府的主要人物搞好关系就是开拓业务的重要法门。因此日升昌非常注意投资官场人物。其办法很多，一些比较有远见的掌柜会对一些暂时不得志的，但是未来很有可能会发达的读书人进行投资。更常见的一种办法，是在卖官鬻爵已经成为风气的清朝末期，直接开拓出一宗新的生意，就是专门针对买官的客户发放贷款，资助其购买实授官员，甚至还利用自己的信息优势为其打听消息，并助其打通关节，直接进行政治投资。通过这些运作，日升昌与上至中央王公贵族，下到地方政府的层层实力派都建立了密切联系。新官到任掌权之后，不但作为回报，也为了清账，往往会把该地区的业务交给票号代理。通过这样的利益交换，票号迅速扩大了业务范围，并赚取了滚滚利润。

此外，由于票号与政府官员的私交，除了官府的官银汇兑外，官员出于信任关系，其本人的合法收入，甚至是贪污的赃款也要通过票号汇往自己家中，有票号会愿意充当"白手套"，为官僚的贪污行贿充当中介或者代理人。

最后的结果是，通过种种途径，票号和各级官府紧密绑定为一体。票号的兴盛很大程度上是由于这个原因，可惜成也萧何败也萧何，票号的衰亡很大程度上也是由于过于依赖官府。当清政府摇摇欲坠之时，也是票号日落西山，走下历史舞台的时候了，可说是"菜虫吃菜菜下死"。

五　乱世砥柱，勇于担当

票号经营的成功，也要归功于自身注重信誉维护、践行社会责任，尤其是维护足额兑换的信誉对企业而言意义重大，即便在特殊时期，仍然如此。日升昌出现的时期，恰恰是中国帝制时代末期，战乱频繁，社会秩序混乱。尤其是清末庚子事变以后，京津地区遭遇战火，这一地区的票号或遭乱匪抢劫，或财产毁于战火，支持票号兑换的账本等档案全部失踪。按规矩，京津地区票号开出的汇票，是可以在各地分号兑换的。当时从北京逃往外地的官僚、贵族、豪商等，由于票号账簿损毁，面临着无可兑换的困境，但山西的总号却仍然选择给予兑现。其中可能会有浑水摸鱼者或恶意挤兑者，日升昌如果不顾一切全额兑现，风险与损失极大。但是日升昌仍然决意全额兑现，向世人证实了其信誉。战乱过后，日升昌的商业信誉如日中天，百姓、朝廷等对它的信任达到顶峰，纷纷把款项交由日升昌，其业务也在这一时期达到另一个高潮。

除此之外，面对天灾人祸，以日升昌为代表的许多票号也纷纷担起自己的社会责任，通过捐款、筹粮等途径救济灾民。清朝末年曾有一场波及华北数省的大灾荒——丁戊奇荒。这场灾荒从光绪三年（1877）开始，至光绪四年（1878）结束，波及华北数省，灾民无数。尤其是光绪三年（1877），山西的旱灾达到极致，可谓百年不遇。日升昌第二代东家李箴视捐白银17000两，妻李梁氏捐白银20000两。后来李箴视又捐铜钱3000千文（约合白银1700两），还以"李崇厚堂"名义捐银6800两，前后共捐白银约45500两。根据山西当地保存的受灾前后的粮价看，光绪三年（1877）小米每斗1600文（0.94两），麦子每斗1300文（0.76两），大米每斗1800文（1.06两），豆类每斗1200文（0.7两），玉米每斗900文（0.53两）。按照灾荒的生活水平，这4万多两白银，如果购买最便宜的粗粮，能够换取8.6万多斗玉米，可供2.8万多人生活一个月。即便买小米，也可以采购4.8万多斗，能救活1.6万余人。仅此一家捐资，活人过万，真可谓商人救国救民。时任山西巡抚的曾国荃，为此奏请皇帝奖叙，李家被"封赠三代"。

除了东家慷慨解囊，日升昌各地的掌柜等也都大力救灾。光绪三年（1877），第二任总经理程清泮捐白银2800两，又捐铜钱600千文（约合白银350两），合计约白银3000余两。后来继任第四任总经理的王启元捐银325两。当时还是号内员工的张兴帮则受山西巡抚曾国荃之托，从京津一带筹集钱、粮，救济灾民，被官府赏赠"急公好义"匾额，后来接任第五任总经理。总之，日升昌在这场天灾中的义举，即便在当今仍然有很强的现实意义。这些作为，充分展现出日升昌勇于承担企业社会责任，体现出企业不仅要赢利，而且要肩负相应的社会责任，在社会中扮演积极的角色。

六　乱世衰微，末日挽歌

日升昌发展到 19 世纪末，已经走入死胡同。之前那个充满生机、朝气蓬勃的日升昌已经"死去"，只剩下一个保守、自闭的日升昌。但是基于百年老号留下的信誉，人们不那么愿意相信日升昌会破产，因此在民国初年宣告日升昌倒闭的那一纸通告，瞬间震惊世人。

那么，日升昌为什么会倒闭？这个话题引起了官学界的热烈讨论。清末曾在北京任蔚泰厚分号掌柜的李宏龄曾经反思过。出身于山西，在民国金融领域叱咤风云的孔祥熙也曾派人专门调查，当代学者更是对这一问题倾注了无数心血。

不同专家视角不同，但是总体上看，各方意见归纳后，不外乎这几种原因。从宏观上看，清末民初的中国，已经被动地卷入工业时代。中国人自愿或者被迫向西方学习。政治上开始变法，实行新政，与之相伴生的是一批近代色彩鲜明的事物被引进，如近代的银行机构——包括中央银行性质的户部银行，以及各种地方上的银行——代表如中国通商银行。1905 年，在清末新政的紧锣密鼓中，户部银行成立。这是中国第一个国家银行，税银的汇兑收归户部银行。从此各省税银不必假手山西票号，可以直接上交朝廷。这一举措，直接剥夺了日升昌汇兑业务的大半，使得长期在业务上依赖官府，轻而易举赚取大量利润的日升昌措手不及。当然也反映出当时的票号并没有看清楚大时代的变局，只是安于现状，仍然依赖于官府生意，拉拢一般投资人的力度不足，终究难逃靠山山倒的颓势。

与此相伴生的是，近代银行法的颁布和中国近代币制改革带来的货币统一的运动。西方的银元，规格统一，便于流通，较之中国成色各异的银锭，先进不少。一些有志地方官呼吁政府开铸自己的银元，并提前在自己辖区进行试水。而外国银行在中国大肆发行纸币的现状，也促使清政府发行自己的纸币。最终清政府以 400 万两白银为准备金，采用西方印刷技术，发行西式的横版纸币（在此之前，中国市面上流通的是各大字号、钱铺等自己用雕版印刷术印刷的竖式票贴），尝试统一国内的纸币。白银货币及纸币的统一趋势，一定程度上解决了全国各地货币纷乱的局面，对于以平色余利为重要利润来源的日升昌，不啻一个釜底抽薪式的打击。

雪上加霜的是，清末新政中，清政府制定的《大清银行则例》对包括日升昌在内的山西票号来说，在法律上宣判了其死刑。《银行通行则例》明确将票号划入了银行的经营范畴，并且要求对票号进行验资注册。我们知道山西票号的法定资本金非常少，以认股合同为准，规模较大者如日升昌，也不过 30 万两白银。而且日升昌的模式是得利均分，不像现代企业会提取部分利润作为再生产资金，以致票号百余年内资本固定，不能扩大规模。在新法规实施后，票号可能达不到所要求的资本额度，那么后果就是不准营业，最后从法律层面就把山西票号摧毁掉了。

就微观层面看，物必自腐而后虫生，日升昌的管理层逐渐腐化，内部开始无序。两权分离的管理体系被破坏，东家与经理人之间猜忌日深。光绪十八年（1892）开始，由李二典执领日升昌，他是第三代东家，也是末代财东。李二典强势插手经营活动，以身股名义入股并参与管理，直接破坏了原有制度。这一时期的职业经理人专业素养也大幅下降，接任第五届总经理的郭树柄性格保守，守成有余，进取不足。在 1914 年，日升昌因合生元担保案受牵连时，他缺乏担当，畏罪潜逃，结果引爆日升昌被查封的连环反应，这一事件直接使日升昌倒闭。

　　商场如战场，求新求变才能生存，正所谓"兵无常势，水无常形"，视野狭隘、保守自满、市场意识淡薄是管理层一再失误的深层因素。日升昌总号偏居山西，信息闭塞，交通不便。随着票号业兴起，尤其是与官府建立联系后，轻易到手的利润使得日升昌从上到下只盯着大客户，而轻视普通客户，尤其忽视市场竞争。在雷履泰去世后，日升昌发展史上有一个很令人费解的现象：鸦片战争之后，沿海商埠大开，一批口岸迅速崛起，带来无限商机，可是奇怪的是，日升昌在撑过了太平天国运动后，重新在全国开设分号的时候，却有意无意地忽略了这些新兴富裕地区。直到 1867 年，日升昌上海分号方才设立，而此时距离上海开埠已经过去了 20 多年；营口分号，在 1861 年开埠之后 45 年方才开设；芜湖于 1876 年开埠，30 年后才设立日升昌分号，这距离日升昌破产只剩下不到十年的时间了。到底是无知，无能，还是无视？或是刻意避开列强势力范围？我们不得而知。总之这样的决定，使得日升昌直接丧失了在这些地区开拓市场，进行布局的先机，拱手将市场让与了他人。最后在外国银行、国家银行以及地方银号银行的激烈竞争中被淘汰，退出中国金融业的历史舞台。

　　"故善战者，求之于势，不责于人，故能择人而任势。"商业决策者更是要审时度势，做出明智的决定；否则逆势而为，则难免付出沉重的代价。当初清政府计划创办大清户部银行时，曾邀请各票号入股，并请票号提供人才支持，然而山西各票号不知出于什么心理，竟然一致拒绝了。在感受到金融行业的寒风即将来临之际，1907 年各家票号也尝试过抱团取暖，提议合组现代意义上的股份制银行，可惜这一时期的掌柜及股东思想保守，意识僵化，只看到眼前利益，已经失去进取心。出于"宁为鸡首，不为凤尾"的短视，曾经闯劲无限的蔚字号掌舵者毛鸿翙甚至动用了自己独裁的权力，一票否决了最后的一根救命稻草。辛亥革命后，与清政府的生意戛然而止，各家票号的处境更加艰难，日升昌业务也大规模缩水，此刻的日升昌似乎并未真正意识到末日到来，从上到下还是一片腐败，尽情享受末日狂欢。整个字号管理松弛，弊端百出，种种不合规矩的操作让日升昌最后的岁月风波不断，最终因为摊上官司而破产。票商一直标榜的道义，在清末民初的金融业寒潮中，最终没能带来同舟共济，而是落败于票商之间的玩弄权术、争名夺利。包括日升昌在内的票号都没有逃得过这一劫难，这不能不说是又一个讽刺。

日升昌在管理层面没有与时俱进，则是直接导致其倒闭的一个重要因素。现代管理规范的企业，基本上是责任有限公司，公司债务为法人债务，债务上限不超过公司资产总值。若是资不抵债，无非破产清算，通常与公司股东私人财产关系不大。我们假如把日升昌看成一个公司的话，很显然它并没有这种规定。日升昌法定的资本金很少，就入股合同看，大概是30万两银，分为数十股，资本的实力很小。即便是后来打补丁似的，发明出一些"护本"制度、"财神股"制度等，使得事实上的流动资金额度可能超过100万两，这一规模与外商银行相比也算不上有多大，根本无力与外国银行竞争。清代也并没有近代意义上的公司法，欠债还钱是天经地义的事情，日升昌一旦外债超过了股金，则只好连带股东家产一并折价抵债。最后的结局是票号直接破产清算，连带股东也一并万劫不复，即使票号本身还有一定的获利能力。换言之，票号犹如升级版的当铺，赚了大钱当年大家就直接分红了，也没有考虑增资、提拨保留资金、转投资、分散投资，或是其他扩充资本额度的规划，所以只要被债权人或存户大笔提现，现金流转稍有不顺，无法及时应变，就很容易发生类似银行挤兑（Bank Run）的现象，票号也就轻易地倒闭了，这种情况特别容易发生在时局动荡期间。

日升昌把业务从汇兑业拓展到存放款业务后，再一次凸显出管理上的弊病。中国传统文化是个重道德而轻法制的体系，在深受传统观念熏陶的日升昌管理层认知里也是如此。山西商人崇拜忠义无双的关羽，一向以道义约束自己。因此票号与其他生意伙伴关系的维系就是靠长期所积累的信誉，而非依靠法律约束。曾经票号流传着一句话——"万两银子一句话"，也就是说，票号实行"信誉贷款制度"，贷款只看重对方的社会信誉，而不是在法律意义上让对方提供足够价值的抵押物品。这种原则听起来很有人情味，然而生意场上云谲波诡，胜败难料。把巨额资金寄希望于虚无缥缈的个人信誉，实在是个很挑战人性的冒险，风险很大。也许在农耕时代，晋商做生意主要是依赖于熟人社会，这种原则还能发挥一定的作用，毕竟丧失了信誉，几乎相当于在一个圈子"社死"，这个风险没有谁会去背负。如此古雅的原则可以适用于普惠金融的小额借贷，但是到了人口流动性极大，陌生人比比皆是的工业时代则难以沿用了。这样高度依赖于熟人圈子背书的原则，极大限制了业务的拓展，使票号几乎没有生存的土壤了。相比之下，西方社会中注重的是法律和契约，而不是道德规范。在此基础上发展起来的现代银行靠抵押制度放贷，较之日升昌要规范得多，承受的风险也小得多。

虽然后来经过整顿后硬撑了几年，但是这已经是改组过的日升昌，不管是股东还是业务，都已经不是曾经的日升昌，市场其实已经有外商银行这个更好、更成熟的替代选择了。改革为时已晚，在近代内忧外患的环境下，日升昌彻底成为历史。

　　现在，我们回过头来再看票号的历史，可以发现，最初的票号之所以出现，是因为传统现银支付手段笨重、落后、缺乏安全性，以及全国各地货币不统一而带来的不便。帝制时代的中国，中央银行角色的缺位也一定意义上给予了票号参与税收的机会，并使其获得畸形腾飞的契机。说穿了，票号就是在清政府特许下，通过收集跟搬运真金白银来盈利的草根性金融机构。其本身造血的能力有限，完全仰仗清政府的首肯，以及传统商行之间的信赖关系，而西方金融机构可以通过存放款来获利，还有投资避险等金融操作。但是，在人类进入工业时代以后，现代意义上的纸币已经出现，全国统一的银元也在逐渐推开，货币杂乱的弊端在一步步被铲除。新型的银行也实现了各地自由汇兑，尤其是中央银行出现后，全国各地的财政大权全部收归中央，票号原来所承担的国家税收及财政职能就被剥离了。加上各种更快捷的交通工具的出现大幅度减少了调运现金的时间成本和安全成本，这些新事物无不在摧毁着票号存在的社会基础。票号以往的职能不断被分流，客源也被现代商业银行所瓜分，即使票号惊觉该与时俱进改革，但为时已晚，衰亡是迟早的事情，被外国银行所取代也是必然的事了。与其说票号错过了一次次的改革先机，倒不如说票号被近代工业文明的车轮所碾压。虽然赢得了先机，在战技、战术方面能够有所突破，但是如果战略失误了，那就极可能是全盘皆输了。

参考文献

[1]　陈其田：《山西票庄考略》，上海：商务印书馆，1937。

[2]　卫聚贤：《山西票号史》，重庆：中央银行经济研究处，

1944。

[3] 张国辉:《晚清钱庄和票号研究》,北京:中华书局,1989。

[4] 黄鉴晖:《山西票号史》,太原:山西经济出版社,1992。

[5] 史若民:《票商兴衰史》,北京:中国经济出版社,1992。

[6] 张正明、邓泉:《平遥票号商》,太原:山西教育出版社,1997。

[7] 王夷典:《日升昌票号》,太原:山西经济出版社,1998。

[8] 穆雯瑛主编《晋商史料研究》,太原:山西人民出版社,2001。

[9] 黄鉴晖等编《山西票号史料》(增订本),太原:山西经济出版社,2002。

[10] 孔祥毅:《金融票号史论》,北京:中国金融出版社,2003。

[11] 杜善学等:《山西票号对现代金融风险防范的启示》,《金融与市场》2000年第3期。

[12] 雒春普:《山西票号业的金融创新》,《晋阳学刊》2001年第5期。

[13] 王森:《山西票号的密押与现代货币的防伪——渊源、发展与比较》,《金融研究》2002年第8期。

[14] 李瑞芳:《山西票号:中国最早专门从事异地汇兑的民间金融机构》,《南都学坛》2003年第2期。

[15] 咸春龙、王浩:《山西票号治理结构剖析》,《经济体制改革》2004年第6期。

[16] 刘一勤:《从山西票号兴衰看传统商业诚信的近代变革》,《史志学刊》2005年第4期。

[17] 孔祥毅、张亚兰:《山西票号的风险控制及其现实意义》,

《金融研究》2005 年第 4 期。

[18] 周虹:《浅议山西票号的经营者激励机制》,《湛江海洋大学学报》2006 年第 2 期。

[19] 康均:《山西票号的会计制度与会计方法》,《财会学习》2006 年第 7 期。

[20] 燕红忠:《山西票号资本与利润总量之估计》,《山西大学学报》(哲学社会科学版)2007 年第 6 期。

[21] 王贤辉:《清朝票号创始人雷履泰》,《产权导刊》2007 年第 10 期。

[22] 林瑞焰、田朋:《山西票号的内部控制分析》,《新理财》2007 年第 6 期。

[23] 赵丽生:《明清晋商的历史地位与会计成就》,《会计之友》2008 年第 13 期。

[24] 魏文享:《山西票号之父——雷履泰》,《竞争力》2008 年第 2 期。

[25] 成艳萍:《纸币防伪技术与山西票号业的发展》,《科学技术与辩证法》2008 年第 3 期。

[26] 周子良:《山西票号习惯法初探:以号规为中心》,《政法论坛》2009 年第 3 期。

[27] 张丽云、郭睿:《浅谈山西票号的内部控制》,《会计之友》2009 年第 20 期。

[28] 周建波、祁超:《晋商票号兴衰再探——基于市场营销的视角》,《河北经贸大学学报》2009 年第 5 期。

[29] 冉平:《平遥古城的日升昌票号》,《兰台世界》2009 年第 15 期。

[30] 洪荭、余畅:《山西票号会计风险防范及启示》,《财会通讯》2009 年第 4 期。

[31] 李荔、刘秋月：《山西票号的会计组织机构及内部控制》，《会计之友》2010 年第 1 期下。

[32] 肖宇：《论山西票号的平色问题》，《濮阳职业技术学院学报》2010 年第 1 期。

[33] 桂露榕、严华：《山西票号的兴衰及其对现代金融的一些启示》，《知识经济》2010 年第 6 期。

[34] 郑石桥：《山西票号内部控制考略》，《会计之友》2011 年第 12 期。

[35] 刁美玲、刘建民、周卫荣、潜伟：《论晋商汇票的防伪手段》，《晋中学院学报》2011 年第 5 期。

[36] 燕红忠：《金融创新与山西票号的兴起》，《山西大学学报》(哲学社会科学版)2012 年第 4 期。

[37] 赵宁宁、邢晔：《从晋商雷履泰看山西票号的发展兴衰》，《兰台世界》2013 年第 4 期。

[38] 孔祥毅：《明清山西货币商人对中国会计制度的创新》，《金融会计》2015 年第 6 期。

[39] 赵晗：《论山西票号汇票的密押制度及对中国金融业的启示》，《中国集体经济》2018 年第 1 期。

[40] 陶宏伟、卢厚杰、杨志勇：《近代山西票号分号选址布局及影响因素研究——以日升昌与合盛元为中心的考察》，《晋阳学刊》2019 年第 6 期。

卢九家族：险中求富，贱中求贵

在澳门，有一条卢九街，它的设立，是为了纪念澳门第一代"赌王"——卢九，而澳门八景之一的"卢廉若公园"则意在纪念卢九的长子卢廉若。卢九的一生可谓跌宕起伏，他虽涉足鸦片贩卖，但却乐善好施，热心慈善事业，一生致力于办学，注重华人子弟的教育，积极传播儒家文化。对于这位对近代澳门社会的经济、政治和文化都做出了巨大贡献的华人商业领袖，后人用他的名字来命名澳门的街道，足见其在澳门人心目中的重要地位。

一 "猪肉大王"，出身贫寒

"莫欺少年穷，终须有日龙穿凤，唔信一世裤穿窿。"从幼童时期的食不果腹，年少时期的颠沛流离、背井离乡，到成年后的底层谋生，而立之时的功成名就，卢九前半生的人生轨迹用这句话形容，真的是再恰当不过了。

（一）生逢乱世，少时背井离乡到澳门 [1]

卢九，原名卢华绍，字育诺，号焯之，1848 年 11 月出生于广东新会一个贫苦农家。1840 年中英鸦片战争后，广东作为主要受害地区，可谓"一片狼藉"，社会动荡不安，当中国传统的小农经济与西方资本主义碰撞之后，不少"具有商业眼光"的人趁机干起了贩卖鸦片、苦力的勾当，令当时动乱的社会局势雪上加霜，社会的不稳定也加剧了人民的贫困。在这样积贫积弱的社会背景下，卢九从出生开始几乎就没有吃饱过，加之他本身头大身子小，所以乡亲们都叫他"卢狗"，家人也以"狗"的同音字"耇"作为他的小名。而在粤语中，"狗"或"耇"与"九"同音，之后由于避讳才有了"卢九"这个广为人知的名字。即使现在，新会在广东省也不是一个富裕的地方。遥想当时卢九的新会老家，应该是更加贫苦，否则他也不会在十几岁的年纪，即使面临艰难险阻，也要背井离乡，辗转去往当时已有300多年被侵占历史的澳门讨生活。

家中贫困的卢九自然没有受到过良好的教育，也没有任何可以营生的手艺。因此，初到澳门的十几年，他做过很多活计，而这些活计清一色都是不需要任何专业知识和技能的苦力工作。卢九在码头扛过麻袋，做过人力车脚夫，也"踩过线"替鸦片贩子跑腿、卖鸦片等。要说这十几年的收获，除了替卢九为之后要开展的事业攒下了第一桶金，更多的便是使他练就了能够与三教九流打成一片，灵活周旋于各类人群的社交本领，用现在的话来说就是极大地拓展了自己的朋友圈，同时使卢九在当时的澳门拥有了一定的江湖地位。

（二）乘风"经改"，专营发迹

明朝时期（即1553年）澳门便被葡萄牙占领。在香港经济超越澳门以后，葡萄牙人在澳门实行了"经济改革"。在鸦片战争中，清王朝大败于英国，当时中国因为向英国的巨额赔款已经元气大伤，澳门总督亚马留（João Maria Ferreira do Amaral，1803年3月4日~1849年8月22日）趁机侵占了凼仔（今澳门氹仔）和路环等地，扩大了葡占澳门的地理版图，又迫使清政府与葡萄牙签订不平等条约，彻底将澳门与清王朝版图分割并使葡萄牙的殖民统治合法化[2]。这样做的目的，是将赌博、鸦片这类虽然违法却拥有超额利润的行业合法化，以实现葡萄牙对澳门地区的经济掠夺。与此同时，澳葡政府将重要的民生必需品，如猪肉、牛肉、煤油、盐等列为专营项目，对该类行业实行"专营制度"。这种制度的提出与实施，使得当时经济高度自由的澳门又存在着非常强的商业垄断行为。这种制度的最大受益者就是政府本身，不但不必过度费心于市场经营管理，还可以保证坐收固定的权利金[3]。

澳葡政府推出的"专营制度"又称"承包制"，是在自由经济的背景下，实行高度的商业垄断，是指将某一类的贸易、服务的经营权进行拍卖，由竞得者进行排他性的经营。竞得者通过向其领照经营的网点收取"规费"，并按合同规定向澳葡政府（通常是公物会）缴交承包金（规银），这非常类似于现代商业的"入场费"或"加盟费"[4]。只是这样的制度很容易让承包人采取手段故意压低成交价格（例如伙同其他竞标者先行围标），致使政府遭受财政损失。我们在日常生活中经常乘坐的出租车，其运营模式便是缴纳"入场费"形式的。首先政府通过对拥有出租车运营资格的企业进行公开招标，中标的几个企业便可以拿到该地方的出租车运营权，之后它们再将这些运营权转卖给个体出租车司机。拿到出租车运营许可的司机每年需向出租车公司缴纳固定的承租费用，虽然其汽车上印有相应出租车公司的标志，在法律上也归属于该公司管理，但实际上却是需要司机们自负盈亏的，当然何时上班，何时收工也是他们自己说了算，其经营性质就是彻底的个体经营。其实，早期的出租车公司还是传统意义上的实业企业，拥有自己的汽车，之后雇用专业司机进行载客的商业活动。当然了，此时出租车公司虽然全数拥有每辆出租车的营运收入，但是也需要支付司机劳务费以及车辆本身的各种费用，包括日常的油费、过路费、修理费和保险费等。将运营收入与这些成本相减所剩余的利润其实就不是很多了，这样费力不讨好的买卖自然需要改革一下，因此才逐渐地从实业企业转变为中介性质的企业，通过销售经营权，压缩固定和可变成本来达到攫取更大商业利润的目的。

从古至今，中国人都非常热衷于置业，这个"业"除了最主要的不动产之外，便是实业，也就是一切具有商业价值并且能够进行买卖的实物。对于实业，民以食为天，在当时那个物资贫乏的时代，如果能够拿到猪肉的总经销权，无疑就是掌握了整个地区人民的"钱袋子"。关于不动产，中国人对于置业的热爱除了自身规避风险的性格，更是认为只有那些看得见摸得着的实物资产才能保值，才能让人放心。当年直接在洋人的手下挣钱，并不是一件容易的事，毕竟双方都在互相摸索，在澳门倒没见到过能够冒出头的。正如《孙子兵法·军争篇》所说："军争之难者，以迂为直，以患为利。"在经营上亦是如此，拥有长远的目光与冒险的勇气，将当下的蹊跷（迂与患）看作日后发展的机遇（直与利），敢于尝试，才能先声夺人，才能调控供给与需求。

卢九确有非凡的魄力与眼光，他拿出辛苦打拼多年的积蓄，孤注一掷地投入猪肉专营权的竞争当中，同时利用自己先前经营起的庞大人脉，最终与事业伙伴胡衮臣联手，于1883年4月出价银12300元（折合人民币约300万元），拿到一年期的专营权，成为澳门猪肉行业的承包人，即从政府处获得专营权之后，又向市场大众分发出售该权利的，类似于中介人的角色。在市场情况尚不明朗之时，也是大众普遍对此洋人的制

度缺乏信心的关头，卢九与胡衮臣便豪掷 1 万余两白银购买了
这看似"无形"的权益，这样的举动在当时看来着实是太疯狂
了，但是也反映出他们两人的市场远见。就在很多人都在替卢
九他们担心"专营权"随时可能会灰飞烟灭之际，他们却首先
成立了"猪肉公物会"，并顺势推出了相关的公物会合同，在
合同中明确规定了获得猪肉经营许可的个体摊贩需要向卢九缴
纳的"入场费"（每银百元扣除三元三毫），制定了澳门猪肉
市场的基本秩序以及违反秩序的处罚规定等。合同中还专门提
到，凡是加入猪肉公物会的个体经营者，都可以依照市场需
求自主定价，但不可肆意定高价而扰乱市场正常运行，等于确
定了公物会的市场主导权。更重要的是，卢九在合同中还对承
包人本身进行了约束，如不能随意抬高个体商户的"入场费"，
不能片面干预商户的正常定价等，以给予个体经营者信心。总
体来说，面对英国管辖下香港的强力竞争，葡萄牙政府急于从
澳门获利，并且减少管理成本，所以直接利用专营制度来牟利，
实质上就是集中权力，独家经营。鸦片战争后，澳门人口数量
增长显著，推升了猪肉消费。对于卢九与胡衮臣而言，购买专
营权是澳葡当局依据历史数据所订定的一次性缴费，但他们是
按照成长迅速的猪肉市场来获利，并且是按照交易总价来逐次
收费，等于狂捞消费者剩余（Consumer Surplus）。换言之，
猪肉价格若是走高，或是需求增加，卢胡二人都可以从中收取
固定比例的费用。再者，他们积极争取的态度，也等于表忠输
诚，这让澳葡政府看在眼里，喜在心里，毕竟之前华人对于专
营制度多有疑虑，市场普遍反应冷淡。

　　如此的公物会合同一经推出，立即受到了众多猪肉商贩和
屠户的赞成，大家纷纷踊跃入会，一扫"专营制度"刚刚出台
时整个行业颓败的景象。至此之后的十年间，卢九依靠着对猪

肉"专营权"的承包，牢牢坐稳了澳门猪肉行业龙头老大的位置，即使在他的名下没有一间猪肉档，整个行业的方向盘也始终在他的手中 [5][6]。卢九之所以能够垄断澳门猪肉行业长达十年的时间，原因除了在入行之前的锐利目光与远见卓识，还包括他对于整个行业规则的熟识，以及能够设身处地为个体商贩着想的举动。这种"善解人意"的行为也许并不是出于卢九混迹于社会底层十余年，了解劳苦大众的不易所做的善举，更多的可能是鉴于"水能载舟，亦能覆舟"的训诫。承包人虽然充当着连接政府与商贩的中间人角色，但是从商贩的角度来看，其是市场管理者一般的存在。一个良好的、有秩序的、健康发展的市场必定欣欣向荣，那么作为承包人的卢九，也可以持续且稳定地收取商贩们的"入场费"；相反，如果市场的管理者毫无作为，甚至是狐假虎威，那么这个市场离崩溃瓦解也就一步之遥了，若如此，还谈什么赚钱呢？这样明白的道理，精明的卢九怎会不知，在他承包澳门猪肉行业的十年间，整个行业平稳向前发展，而他也以平均每年 2 万余银元（约合人民币 400 万元）的承包收入，实现了个人资产的大幅增长，从打工仔一跃成为澳门富豪当中的一员。卢九充当扛把子的角色，也等于出面帮澳葡政府解决市场管理与营收问题；猪肉市场的逐渐兴盛代表着澳门经济的持续增长，百姓的消费对象也会随之调整。

二 澳门第一代"赌王"的崛起 [7][8][9]

提起澳门"赌王"，很多人第一时间想到的应该是已故的何鸿燊。很少有人知道，澳门"外来户"卢九在清末风起云涌的澳门是雄财一方的博彩霸主，他的发迹史更是跌宕起伏，体现着他与澳葡政府交涉的种种。

（一）澳门博彩业的发展 [10]

澳门博彩业一直都是澳葡政府另一个靠着专营制度增加财政收入的利器。虽然相比于香港，澳门被占领的历史更长，然而葡萄牙的国家实力与英国相比还存在巨大的差距，再加之澳门自身面积小、资源少，因此其经济活动十分受限，工业和商业无法大规模发展。这样一来，澳门逐渐成为一个纯消费型的畸形经济地区。唯有赌博、娼妓、苦力和鸦片等特殊行业异常活跃，久而久之，赌博发展成为澳门的支柱性经济产业。虽然在澳门赌博形成产业最早可以追溯到乾隆年间，但其一直只是"地下产业"，当局在明面儿上还是严令禁止的。直到 1844 年澳门与果阿（葡萄牙东方帝国统治中心）分开，澳门得到了葡萄牙的省级独立管制待遇，当时的澳门总督基马拉士（Guimaraes）为了创收，便合法化了跑马（一种当时在澳门非常流行的赌马），这一举动为赌博在澳门合法化开了先河。当时的澳葡政府为了满足其从澳门最大限度攫取利润的目的，在 1847 年公开宣布在澳门的各类赌博均为合法行为，赌场的经营者与参与者的利益也都受到官方的保护。并且公开招商开赌，向赌场征收"赌饷"，以此作为澳葡政府财政收入的重要来源。由于博彩业"空手套白狼"的运作特点，与其他特殊产业相比，利润极其诱人，因此澳葡政府大力发展澳门的赌博产业，使其在短时间内成为与美国的阿拉斯加和摩纳哥的蒙特卡洛并列的世界三大"赌城"之一。

（二）博彩业如何运作

赌博可说是在赌运气，也可看作以少换多、以小博大的经济交换行为。虽然明知久赌必输，否则赌场无从维持，但是这种经济行为其实是人性最本质的体现，就是希望在等待追寻好运的过程中取乐，也难怪从古至今，上至王公贵胄下至市井泼皮都有对赌博情有独钟的。穷有穷的玩法，富有富的玩法，博彩业为不同经济地位的人群提供着不同的服务，但无论是怎样的服务，经营者们都做着只赚不赔的买卖，借用已故"赌王"何鸿燊的说法"开赌场就是开动了印钞机"。这样创收的行业，在相关地区政府的眼里便也如"摇钱树"一般存在，当局鼓励都来不及，巴不得它更暴利些，怎么可能对其进行打压呢？博彩若是能与表演，甚至是色情行业挂钩，岂不是利上加利了？

其实博彩与赌博的本质并没有什么区别，都是"赌"运气来赢取更多金钱或物质的经济活动。要是真想将博彩和赌博区别开来，只能说博彩是国家政府所认可的正规行业，并且能够受到法律的保护，但是赌博是非法的，是国家明令禁止的。只不过当某一地区的聚赌规模庞大，赌法多样，尤其是赌博事业能够为当地的地区收入做出"喜人"的贡献时，那么这个之前非法的行业也会逐渐被政府加以利用，进而合法化。政府针对合法化的赌博行业出台一系列的政策及相关法规，使其看起来更像是一个正规的产业或行业，与工业、农业无异的正常经济活动。最后，为了充分"洗白"已经合法化了的赌博行业，当局便以"博彩"之名进行包装，使其摇身一变，成为地区的朝阳产业，如此便完成了赌博到博彩的彻底"蜕变"[11]。

虽然博彩的种类繁多，但是整个行业的经营和盈利手段非常简单，就是"抽水"，即赚取服务费。博彩业的经营者以类似于仲裁人的身份来评判参与赌博的双方中哪一方获胜，无论谁输谁赢，博彩业经营者都会抽取双方赌资的一部分作为服务费，借以盈利。当然，随着参赌双方赌资的增加，所收取的服务费自然是水涨船高了，而相较于其他在生产前先要进行资本投入的行业，比如实业、农业、运输业甚至是贩卖鸦片，博彩业可以说是绝对暴利的。通常行业的暴利行为是不会持续很久的，一方面是由于暴利行业的肥肉早已让未入场者垂涎三尺，个个摩拳擦掌等待或制造机会进入该行业从而分得一杯羹，若是行业中的商家多了，即使整个行业的利润不变，每个商家所获得的也终将断崖式下降。所以博彩业通常要避免开放竞争的局面，而是运用公权力来维持市场垄断。与此同时，暴利行业在面对消费者群体时应该避免充当商业关系中较强势的一方。特别是该行业所经营的产品并非人民生活的必需品时，垄断市场会缩小它的客户群体，直至最终固定在某些高收入的群体，比如爱马仕、LV 等品牌所形成的奢侈品行业。所以，当某一个行业过于暴利的时候，政府为了维持地区的经济和社会稳定，肯定会介入并采取必要的行政手段来进行干预或者调控，所以博彩业主必须主动维系好与政府之间的关系。

博彩业作为服务业的一支，专门为对赌双方提供评判服务，至多再提供一个可以开设赌局的场地，前期所投入的启动资金的裁量空间很大，有时还是一个入场门槛极低的行业，几乎可以说是人人都可以参与的行业。但事实绝非如此简单！如同香港电影《赌王》《赌圣》的赌片系列中，除了展现神乎其技的赌博手法外，更重要的就是那些在赌场中有着千丝万缕联系的黑社会的火拼，而那些跌宕起伏的剧情也让人印象深刻。在这些剧情的背后，执政掌权的政府高层才是"幕后黑手"。但凡有些势力的组织或个人都希望通过合法或非法的方式，或多或少染指一些，只是除非自己拥有绝对的势力和当权者的绝对支持，否则对于那些无权无势却妄想经营赌场的人来说，真可谓生命所不能承受之重。总而言之，博彩业的"入场费"是相当高的，其中包括争取政府的首肯以及排除其他可能竞标者的种种努力，没有丰厚的家底和广博的人脉以及通吃黑白两道的能力，想在这个行业分一杯羹无异于痴人说梦 [12][13]。

（三）创造机遇，称霸博彩

人类赌博的历史悠久，有些人偏好赌，古代赌博的种类也是形形色色，例如赛马、斗鸡、斗狗甚至是斗蛐蛐。赌博的杀伤力非常大，小到使赌徒倾家荡产，大到影响整个国家的繁荣稳定，因此中国历朝历代即使没有大举扫荡，但也都是明文禁赌，视赌博为洪水猛兽，但往往又都是屡禁不止的，清朝自然也不例外。

1840 年鸦片战争之后，清政府将香港割让给英国之后，香港的社会经济性质便发生了转变，经济实力也在短时间飞跃式地超过了澳门。这两个地区的殖民政府相继出台了一系列的经济措施，主要都是为了攫取当地的经济利益，却也间接地影响了当时整个广东地区的经济性质走向。1840 年后，历任两广总督看到了香港和澳门由于经济性质的转变，整个地区经济得以发展，特别是澳葡政府合法化博彩业之后，直接赚了个盆满钵满，便设法学习澳门，取消关于赌博的禁令，借以缓解广东广西两地的财政吃紧问题。然而，在中国儒家传统思想的影响下，赌博被视为不劳而获，以欺诈和不公正的手段获取他人财物，甚至扰乱了上下、贵贱、尊卑的秩序。凡此种种都违反了儒家所规定的"礼"，因此在仍然尊崇儒学的清朝，无论如何在台面上解除禁赌法令都是不能被接受的。一边是利，一边是礼，两广总督两边都要抓，那么唯一的办法就是时开时禁了。1852~1863 年、1866~1867 年以及 1879~1882 年这三个时期，两广地区禁绝一切赌博活动，但是 1864~1865 年、1868 年这几年，由于粤省财政紧张，郭嵩焘和李福泰暂时解禁了一部分赌博门类。到了 1884~1889 年，正值甲午战争失败，为了支付对日的巨额赔款，清流派要角张之洞力主解禁两广地区的闱姓赌博活动（猜科举考试中榜者的名字的一种赌博活动），并多次上书请求朝廷学习澳葡政府，开放闱姓的承包，但此请求最终却不了了之[14]。粤省政府这种用时开放、不用就禁的行政态度，很难给该地区的赌商们一个稳定发展业务的环境，与此同时，也迫使赌徒们依旧战战兢兢。如此一来，粤省地区的赌商和赌徒们便将目光纷纷转向了澳门，这股浪潮也就成为卢九日后称霸澳门博彩的最根本的原因。

最可能成为澳门博彩事业最大竞争对手的香港，其博彩业的发展则是蜿蜒曲折的，所以最后让澳门独霸一方了。当时香港社会充斥着各式地下赌馆，第六任港督麦当奴决定对赌博采取较宽容的态度，考虑进行赌博合法化，把它当作下"金蛋"的母鸡，利用从中抽税来增加政府收入。但是英国政府认为香港须维护英国的社会道德观念，因此明确表示反对。英国政府与麦当奴双方拉锯的结果是在 1867 年解禁了香港的博彩业。只是虽然政府获取了丰厚的赌税收入，但碍于赌博导致的种种社会问题浮现，香港市民特别是教会致函英国政府表示强烈反对，终于在 1872 年恢复禁赌。自此，澳门便没有竞争对手了，甚至还可以进一步地进军广东省。

与承包猪肉相同，澳葡政府在合法化了博彩业之后，也向社会大众出售博彩的经营权，包括番摊、闱姓、白鸽票等各种赌博门类。番摊是我国一种传统的赌博方式，在两广地区非常流行，它是一种需要多人现场参与的赌博，赌民越多，输赢金额越大，也就越刺激，人们在关于清末的电影中所看到的群聚赌博场景，大多是番摊。当时的澳门，虽说是澳葡政府当权，但民众都是中国人，番摊在澳门很受欢迎，所以当澳葡政府宣布使赌博合法化后，第一个便是承认了番摊的合法性，开放给民间竞标。在1882年，卢九以最高价得标，第一次在凼仔地区承包番摊，自此便开启了他建立博彩帝国的辉煌历程。其实澳葡政府宣布合法化番摊之后，随即便开放了澳门各个地区的番摊承包事务，其中包括澳门岛、过路湾和凼仔等地。澳门岛是澳门面积最大的区域，居住人口众多，经济也最发达，可以说是澳门境内开设赌坊，经营番摊的首选之地。然而，卢九却绕过了澳门岛，转而选择了刚并入澳门没多久，且面积狭小的凼仔村作为他开展博彩事业的第一站。

《孙子兵法·始计篇》讲道："兵者，诡道也。故能而示之不能，用而示之不用，近而示之远，远而示之近。"1882年，已在澳门打拼十几年的卢九积攒了不少家底，此时的他也已经有了自立门户的打算。卢九同时进行番摊以及猪肉的承包，凭借着超高的人际交往能力，在澳门好友众多，三教九流的朋友或明或暗，都在为他即将开创的事业"保驾护航"。相比于猪肉，承包番摊所获得的利润更大，因此当时许多人都认为卢九一定会动用自己所有财力来竞争番摊的承包，而且认定他的目标也一定是选定当时人口最密集、经济最繁荣的澳门岛区域。环顾当时的市场，华商们最热衷竞价的是获利较为丰富的番摊承包权，当然对于猪肉承包这块肥肉，大家也是虎视眈眈的。只不过澳葡政府分开处理，先行公开番摊承包的竞价活动，所以蓄势待发的华人赌商们便一窝蜂地踊跃竞标参加，大家暂时搁置了猪肉承包的事项。卢九则是志在必得，筹划要一举同时拿下番摊和猪肉的承包权，所以做了不同的战略布局。

权衡之后，他首先放出风声，以自己资历尚浅且财力有限为由，宣布退出澳门岛番摊承包的竞争，并且以卑微的姿态转而请求对凼仔村进行番摊的承包。这样"明修栈道暗度陈仓"

的请求在第一时间就被澳葡政府批准了，毕竟那时候的凼仔地区才刚合并进入澳门，在人口和经济方面都是吊车尾，况且有些资本的商人都不愿涉足。澳葡当局正苦于该地区的承包费如何解决之时，卢九主动请缨，简直是解了当局的燃眉之急，卢九等于先赢得了当政者的支持。他拥有了战略高度，当然这一举动也使原本打算竞争的对手们放松了对卢九的警惕，他靠着远见，赢得了全局，因为其他人只是盯睛在钱上，这正好为卢九向当局申请猪肉的承包权争取了宝贵的时间。最后，澳葡当局投桃报李，不但以8800银元（约合人民币160万元）的低价将凼仔村的番摊承包权给了卢九和胡衮臣，而后又将整个澳门的猪肉承包权交给了他们，直接打了其他竞争者一个措手不及，大家震惊之余，也对卢九这种以退为进、声东击西的手段佩服得五体投地。在这场没有硝烟的战争中，没有受过什么教育的卢九通过巧妙地运用谋略而大获全胜。经此一役，卢九便奠定了在澳门商界大佬的地位，大家也都开始尊称他一声"九爷"。

要说卢九承包凼仔村的番摊，除了资金方面的因素，还不得不提及他同时期所发展的另一项业务——鸦片业务。虽然当时清政府举国禁烟，但是鸦片在全国却是屡禁不止，在天高皇帝远的粤省地区更是猖獗，烟馆遍布大街小巷，许多地区终日笼罩着一层烟雾，其中就有刚并入澳门的凼仔村。当时的澳葡政府已经合法化了赌博、娼妓、鸦片和苦力这些特殊行业，加之在凼仔村内，烟馆同时经营着赌博的业务，因此澳葡当局将该地区的番摊与鸦片捆绑成同一个专营合同来进行承包。鸦片与赌博这两个行当虽然害人匪浅，但是却充满了让人难以拒绝的暴利，在当时的特殊政治背景下，谁拥有了这两个行业的承包权就如同拥有了两台二十四小时运转的印钞机，不久即可暴富。卢九深谙其中的门道，合同一经推出，他便凭借自身雄厚的财力与关系，在政府招标中胜出，在第一时间登上了这艘驶向财富彼岸的快船。

事实也证明他这样的旁门左道来钱确实很快，但是也所费不赀，1882年卢九为了承包整个澳门的猪肉和氹仔村的番摊，几乎耗尽了自己的积蓄。三年后（即1885年），他便可以豪掷13000银元（约合人民币260万元），从商人黎才手中夺取澳门岛的半壁江山，承包了其部分的番摊。当时他还以9320银元（约合人民币185万元）继续承包着氹仔村的番摊，并且以21200银元（约合人民币420万元）承包着整个澳门的猪肉。自1886年起，卢九联合林西与何连旺二位商人，彻底获得了澳门岛所有的番摊承包权，此后随着卢九财富的积聚，卢九与他的家族逐渐地彻底垄断了整个澳门地区的番摊生意，时间长达30年之久！

此外，他还涉足另一项当时在两广地区风靡的赌博种类——闱姓，并为此建立了"宜安公司"，专门用于经营该类赌博的生意。随着晚清废除了科举制度，闱姓的"开花"时间太短，相较于番摊，闱姓对于卢九及其家族财富并没有做出太多的贡献，不过也展现出他对博彩事业极大的企图心。也许有人会说卢九致富的手段并非名门正派之举，甚至批评其为歪门邪道，但我们若是关注他的经营策略以及竞争手法等，还是相当有可资借鉴之处的。他审时度势，随时调整自己的商业步调，又极善于把握和创造机会。他精确计算自己所走出的每一步，胸有成竹，在看似不利的局面中取得巨大的成功，正如《孙子兵法·军形篇》所说"故善战者，立于不败之地，而不失敌之败也"。

卢九不仅在创业时展现出锐利的目光和冷静的判断能力，

在守业时，他的管理经营才能也是值得一提的。仁慈堂（葡萄牙语：Santa Casa da Misericórdia）是葡萄牙人早期在澳门建立的慈善机构，主要承担扶助病弱的职能，于 1810 年发行福利彩票，目的是缓解澳门的财税困难。澳葡政府从彩票收入中抽取一部分博彩税，用以资助澳门境内的福利和慈善机构，例如长者饭堂、福利院等。仁慈堂虽然说是一家慈善性质的机构，但也承担着彩票买卖的任务，由于存在需要盈利的压力，该机构在一定程度上具有企业的性质。纵观仁慈堂的企业历史，从最开始的官办，到之后的官督商办，直至最后的完全商办，其间的演变正反映了当时的时代背景。然而，这个慈善机构的经营效果一直不甚理想，1860 年之后，其发行彩票的收入已经下降到了整个仁慈堂收入的 10% 以下。特别是在 1895 年，其彩票发行被揭发出舞弊，使得仁慈堂的经营雪上加霜。在生死存亡之际，卢九与他的儿子卢光裕，联合另一位著名的华人赌商柯六，共同创办了"恒和公司"来承包仁慈堂的福利彩票业务。

承包之初，恒和公司便与下游的加盟者订立合同，规定了"加盟费"、彩票的发行价和中奖概率等事项。与当初承包猪肉类似，卢九所定的"加盟费"非常低，这样做的目的就是吸引更多的人加盟，希望快速改变福利彩票销售困难的局面。由于当时的卢九已经名声在外，又推出了规范经营的合同，加上福利彩票说穿了也是博彩的一个类别，项目一开，加盟者便趋之若鹜。购买福利彩票到底是为社会福利尽一份力，还是促使自己快速致富，如今已经不是受到争论的话题了。此后的十年，也成为仁慈堂唯一的黄金十年。在 1897 年到 1907 年的十年间，卢九又一次凭借着自己的经商智慧，赚了个盆满钵满，也大大地帮助了仁慈堂。卢九甚至一度将仁慈堂的福彩事业拓展到广州，须知当时清政府禁赌，卢九能把这门生意从澳门做到内地，完全是清政府默许恩施的结果。只是直到 1902 年清政府开始在全国禁赌，这才又将在内地的事业撤回了澳门。据统计，十年间仁慈堂的彩票承包业务每年平均为恒和公司带来 70000 银元（约合人民币 1400 万元）的收入，至此第一代"赌王"非卢九莫属[15]。

卢九之所以能够在博彩业取得巨大成功，除了争取当权者的青睐、自身的商业才能之外，与他广博的人脉也是分不开的。人们常说"要做事，先做人"，卢九为人豪爽，仗义疏财，即使在刚到澳门那几年，自己没什么钱的情况下，如若朋友有难，他也必当尽全力相助。即使之后他自己的社会地位日渐提升，面对昔日一起打工的苦力同伴，依然没有任何架子。在商场中，卢九也秉持着"和气生财"的经营哲学，从不恶意打压竞争对手，必要时甚至会做出让利的行为。中国人看重的江湖侠义精神，在卢九身上得以充分体现，这也成为他在日后成功道路上不可或缺的宝贵财富。毕竟商场竞争往往不是殊死战，闯荡江湖还是要给人留个好名声。

澳葡政府的承包制度，是澳门财政收入至关重要的来源，对澳门地区的发展和运作起到了强力作用，承包人大发横财，所以利之所驱，争取者不绝于途。该制度之所以能够运行顺利，得力于澳葡政府与承包者相互尊重合同的守法精神。一方面，承包者按时缴纳费用；另一方面，澳葡政府遵守契约，不会自行加价，或征收其他的苛捐杂税，这样的局面在当时的中国是很难能可贵的。政府公开招标的方式，很大程度上减少了舞弊腐败的情况；政府也不宜过度抬高起标价，否则可能会助长走私。只是承包人几乎都是清一色的华人，有些甚至是家族式地经营这些特定生意，所以很难避免围标或是事先协调好的情况。但是，澳葡政府只关心拿到从特殊行业（猪肉、鸦片、白鸽票、闹姓、番摊等博彩活动）中想要的钱，也就无心去深究这些内幕了。这样的环境下，结果就是承包人多是澳门的头面人物，与澳门的商界、政界维持着密切的联系，因而对澳门社会也产生了诸多影响，形成澳门社会的特殊风格。

三　转战金融，充斥危机 [16][17]

虽说卢九在博彩业上成就辉煌，成为当时澳门的第一代"赌王"兼澳门首富，可以说博彩业是卢氏家谱当中应该浓墨重彩的部分，然而翻阅《卢氏族谱》，关于此项的记录却是少之又少。毕竟在正统儒学影响下的中国人，对于赌博、鸦片，甚至是走私等类行业还是有所保留，他们虽能靠其暴富，但始终多有避讳。因此要有一个正当行业才能维持家族的名声，也好多积阴德，幸好帮仁慈堂经营福利彩票，可算是善事一件。

其实检视古今中外许多大企业或大财阀的发迹，有些是始于暴力且肮脏的交易，比如现在依旧活跃在世界舞台上的太古集团，当初依靠着鸦片战争时期向中国走私鸦片，积攒了开展其航运事业的第一桶金；还有日本三菱集团，在两次世界大战中靠军火大发战争财，之后转型为日本国内的重工业和金融业龙头。这些企业以其强大的财力做后盾，转型起来并不困难，转型之后又依靠自己之前已经积攒下来的名气和地位，不但平稳过渡，并且迅速在新的行业站稳了脚跟。卢九和他的家族当然也不例外。他们在博彩和鸦片行业赚了钱，便转身投入到当时的金融业——钱号的经营中，一方面可以帮助家族"洗白"部分黑历史，另一方面可获得更多的利润。

当时的香港和澳门分别被英、葡两国殖民统治后，成为中西贸易及中西文化的交汇点，中外商人、旅者络绎不绝，对于交易便捷性的追求，催生了两地的银钱汇兑业。其实在卢九还未涉足博彩和鸦片之前，便用自己的积蓄于1881年开设了一家小型的"宝行钱号"，"业钱银找换"。与现代银行的兑换业务相类似，当时钱号所进行的银钱找换也是通过根据汇兑银钱数额的多少，收取相应的"手续费"而赢利的。反观现代银行，它的主要收入来源在于核发贷款以及收受存款的再投资。换句话说，只有能够进行资本放贷和投资的中介机构，才有资格成为银行，并正式归属于金融业。所以，当时只有银钱找换业务的钱号根本不能称为金融机构，只能赚取"手续费"这种蝇头小利，宝行钱号自然也不例外。即便如此，卢九也没有想过将它关闭，次年卢九打算承包番摊和猪肉，正值用钱之时，他宁愿借外债也坚决不卖宝行钱号这个"现金机器"（cash machine）。厉害之处在于，此时在卢九心中，对此早已有了规划，换言之，卢九就是要更深一层规划如何活化银钱找换的现金，进一步发挥其流动性价值。

他只是在静待资金的到位。1884年，他已经基本还清当时承包时所欠的外债，卢九要利用他手中剩余的资金对宝行钱号进行业务改革，并且增加了其他钱号还没有的新型项目——放贷与储蓄。这样一来，宝行钱号已经实质上具备了现代商业银行的功能，也算是加入了金融业。刚改革的前两年内，由于服务项目的增加，同时凭借着卢九的声望与实力，钱号的生意异常红火，又由于地处澳门，赌商赌民每日银钱流水存取量巨大，他单凭存取款手续费这一项业务，就能制霸澳门整个钱号业。然而，成也萧何败也萧何，也正是因为地处澳门，赌红了眼的赌民，为了赌资而进行抵押贷款，卢九也就顺势想要一条龙赚赌客的钱。虽说宝行钱号扩充后以贷款为主营业务，但是卢九的经营思想过于固化，偏偏完全照搬了中国传统典当行的一套办事机制，接受大量有价无市的物品来作为抵押并进行放贷。贷款的赌民未必有能力赎回，最终导致卢九受困于这些五花八门却又难以流通的物品，钱号的资金流因而枯竭，这是宝行钱号最终失败的根本原因。也就是说，当时到澳门的赌客之所以会去点当，就是因为急缺钱死当抵押品，根本无力或是无意赎回典当品。加上当时澳门社会无法对过往典当的客户进行征信约束，最终不免造成如此的惨剧。当初卢九若是将放贷与储蓄业务独立出来，不将其与钱号的典当业务搅和在一起，参照西方商业银行的经营方式，专做澳门居民的生意，其实还是大有可为的。至于开发典当品市场，只能与香港市场联手了，这恐怕就麻烦了，而且不切实际。

1895年澳门葡资所创立的大西洋银行，是澳门第一家西式银行，其管理和经营完全使用西方模式，特别是在商业汇兑方面具有很大的优势。加之又有澳葡政府做后盾，可说是澳门的正式官方银行。在客户看来，相较于私人的钱号，其安全性更有保障。更重要的是，大西洋银行也提供贷款服务，不同于卢九的宝行钱号，大西洋银行只接受变现极快的"承包权"为抵押物，这一点确实比卢九高明许多。换言之，这是在缺乏完善征信系统的环境下，比较务实的做法，即先要保证抵押物的变现性。所以说，顾客是需要选择的，与其冲量，倒不如先确保稳当，能够如愿地将现金入袋才是。

宝行钱号由于资金链的多次断裂已经元气大伤，加之其管理模式落后，内部人事斗争加剧，最后于1908年关门歇业。宝行钱号的倒闭是卢九一生中为数不多的重大失败，主要还是因为其保守地选择了典当的抵押模式，致使钱号最终招致灭顶之灾。从卢九一生闯荡的经验来看，他绝不是墨守成规之人，他有魄力，而且思想超前，他率先改革钱号，丰富服务内容，并在短时间内为其赚得丰厚利润。只不过他的改革不够全面，他对钱号的改革只是触及表皮，未能深入骨髓；他没有根据当时所处的社会经济环境，以及所面对的不利局面做出必要的改变；他很清楚中国人传统的那套，但是却没有在逐渐西化的社会中，去深入了解学习西方的商业制度。他的改革搞半套，尤其没有改在关键点上，那么结果可能就不乐观了。在大浪淘沙的环境下，这种不彻底的转型终究还是会被时代所淘汰，只不过相较于完全不改革、不转型的那部分企业能够稍微多拖点时间而已。宝行钱号的倒闭证明了西方商业银行营业模式的优越性，这也是当时中国许多票号没落所印证的历史教训。诚如《孙子兵法·虚实篇》中所说"故兵无常势，水无常形，能因敌变化而取胜者，谓之神"，这就是改革的最高原则。做生意还是"现金为王"，钱滚钱的金融界尤其如此。

四　投资房地，再创辉煌 [18]

房子大体上是中国人愿倾毕生积蓄去换取的刚需品，李嘉诚曾说："如果你有钱，就去买房；如果你有足够多的钱，就去买好地段的房，如果你有非常多的钱，就别买房了，买土地吧。"其实早在他发表此番言论前近 100 年的时间，卢九就已经看透这其中的奥妙并加以实现，这样的投资策略特别适合用在经济起飞的土地上。卢九在 1882 年承包了番摊和猪肉之后，其个人财富呈现爆炸性的增长，几年之后，已经雄财一方的卢九便有意涉足房地产行业，进一步扩充他的商业版图。经过一番考察之后，卢九并没有像其他华人富商一样去入手澳门岛已经建好的，或是随着葡商势力在澳衰落而被出售或拍卖的洋房洋楼，而是对华人的丧葬墓地沙岗有着浓厚兴趣。沙岗一带之前一直是澳门有名的乱葬岗，一些因战乱或饥荒逃难到此的国人，死后便随意被掩埋于此，到 1894 年，该地区已经是坟墓丛密，蒿草疯长。又因其临近马路，这样的乱葬岗着实影响市容，同时也有碍于邻近区域的经济发展。整治乱葬岗的问题，并非只要政府出台相关的治理方案和新的规划布局，工程队一开工就能从根本上解决。对于当时的澳葡政府来说，这是个大难题，难就难在沙岗是个以华人为主的乱葬岗。虽然葡萄牙早在明朝开始就侵占了澳门，并在鸦片战争不久彻底将其殖民并视作葡萄牙省级级别的地区，但是居住在澳门的人口 98% 以上是中国人，澳葡政府虽有执政权，但终究没那么容易获得人民的认可，整个地区的民族局势还是比较紧张的。如果此时澳葡政府强行介入沙岗墓地的改建项目中，势必会引起当地华人的反感；如若以行政手段进行强压，又恐引起民愤，进而招致起义或暴动。但是，澳葡政府并不想让沙岗及相邻区域一直维持原状，因为这样一来就等同于将该片地区实质上拱手送还给中国人，葡萄牙政府可是不能答应的。

权衡协商的结果是，澳葡政府决定寻找当地的华商作为承包人，代为出面与墓地埋葬者的亲属进行沟通，商谈沙岗改建的事项。当时正在寻找合适的房地产项目的卢九，通过内部人士得知澳葡政府这一计划，在喜上眉梢的同时，于 1895 年 1 月主动申请成为沙岗项目的承包人。其承包项目包括整治乱葬岗，兴建廉价屋铺（类似于现在的安居房①）并拓展街区，然后在此基础上进一步美化地区的市容市貌，以达到改善居住条件和整

---

① 安居房，即安居工程住房，是指直接以成本价向城镇居民中低收入家庭出售的住房，优先出售给无房户、危房户和住房困难户，在同等条件下优先出售给离退休职工、教师的住房。

治环境相得益彰的效果。澳葡政府的执政者是葡萄牙人，自然不了解中国人对祖先深切的崇敬之情以及"逝者为大"的生死态度，卢九趁势向他们表明碍于这样的传统文化，此次承包项目必定是得罪人的差事，并以退为进，适时表现出了抽腿的意思。澳葡政府急于解决这个棘手的老问题，当即便给予了卢九非常优厚的承包条件：十年之内地租全免，十年之后永久维持"每年银五十三元二毫六"的超低水平的地租，之后又将优惠政策调整为九十年不收地租。这样的条件等于拜托卢九出面了！

澳葡政府自成立以来，一直视澳门为其海外的"摇钱树"，更不惜畸形化澳门地区的经济来达到其创收的目的。可以说凡是能变成钱的项目，澳葡政府一定会在第一时间抓在手里，但此次却一反常态，主动送出免费大礼包，其目的是"以夷理夷"，借华人之手，不费一针一线便能实质地掌握更多的中国领土。沙岗乱葬岗虽在澳门境内，却都是华人坟墓，澳葡政府对该地区的控制其实是有名无实。若是强行拆迁，不但容易引发民变，拆迁后的重建费用也是一笔不小的开支，澳葡政府若以这种方式将土地"收回"，可谓是"赔本的买卖"。但是，假若将拆迁重建的事项全权交给华人，政府与承包商签订土地归属葡国所有的协议，即使加上土地租金减免，看似在土地承包上无利可图，但是澳葡政府却可以几近于不费吹灰之力地将沙岗地区的土地尽数实质收回，这也算是了却一桩治理大事。当然，在澳葡政府利用卢九为承包人的同时，卢九也在利用澳葡政府为其提供特别优待政策，借以飞速扩张自己的商业王国。卢九所凭借的就是自己平日乐善好施、仗义疏财积攒下的好名声以及之前所结交的各方好友的鼎力相助，所以在整治乱葬岗这件事上，并没有如预期的那样困难重重，反而是比较顺利地解决了。于是他在乱葬岗原址兴建"无数小屋，纵横行列，俨然为一平民区"。相比于当时中国国内的太平天国运动、大饥荒等天灾人祸，澳门虽小，但却相对安全平静，因此大批难民、官绅纷纷涌入澳门避难，澳门人口飙升，因此对房屋、商铺的需求骤增。卢九在沙岗开发了安居房，这些蜂拥而至的人口正好极大地拓展了安居房的市场需求，于是卢九决定将这批房屋完全市场化，不管购买者或租赁者是澳门人还是难民，只要想买就能买，卢九也乐意卖给他们。尤其对于难民而言，卢九个人的牟利行为，倒是被当作"及时雨"的社会福利举措。卢九这样的举动，在当时受到了民众的高度赞许，该平民区的一条街道甚至以其名来命名，以纪念他对难民的帮助，更重要的是他自己在这个项目上大赚特赚！"故善动敌者，形之，敌必从之；予之，敌必取。以利动之，以卒待之。"来自《孙子兵法·兵势篇》的这句话恰如其分地形容了此次卢九与澳葡政府之间的博弈。他利用澳葡政府不熟悉中国文化的弱点，夸大实际操作中的各种困难，换言之，卢九掌握了主动权，是他创造了形势，扩大了自己的优势，使得澳葡政府陷于被动。然后又以退为进，经过几番协商后，最终换得超长时期的免租协议，再一次为自己积聚了大量财富。卢九之后，其长子卢廉若继续从事房地产事业。但与他父亲租地建房的经营风格不同，卢廉若更倾向于买地皮建房。1905~1925 年这 20 年的时间里，卢廉若累计向澳葡政府购买约 10000 平方米的土地，这在弹丸之地的澳门，实属很大面积了。买地肯定比租地更有赚头，尤其随着澳门经济的逐步起飞，"有土斯有财"，更是价值大爆发。卢廉若囤积了大片土地之后，不仅推升了卢氏家族在房地产行业的事业，也使自己提升到了新的高度，他不仅盖房造楼，还是实实在在的大地主了，后人称其为"澳门皇帝"并不夸张 [19]。

晚年的卢九希望通过贿赂李鸿章，来达到将自己在澳门的事业拓展至粤省地区的目的，项目主要包括番摊、钱号和房地产三大项。但是李鸿章反以此提议为筹码，要求卢九将承包番摊的钱拿出来，填补当时已经摇摇欲坠的清廷的国库。其实卢九已经所费不赀来打点前前后后的门路了，却弄了个打水漂的结果，因此，他不甘心被李鸿章摆了一道，选择仗着自己的葡籍身份，请求葡萄牙政府与清政府打官司，帮自己要回清朝政府拿走的承包费。只是不料当时葡萄牙希望与清政府合作，来共同修建中国内地铁路，也就直接无视卢九的请求。况且卢九曾经捐盐运使，两广总督岑春煊认为捐官就等于自动放弃葡萄牙国籍。在当时的社会，世人皆知"民不与官斗"，在朝廷的眼中，卢九既然买官在先，之后等于挟外人自重，甚至是反告朝廷，这些当权者肯定不会给卢九好果子吃。况且卢九能在广州有些特殊生意可做，本来就是出自清政府的默认，当权者怎能坐视一个特殊商人坐大了还来反咬朝廷。经过如此一番折腾，卢九彻底搞臭了自己在清朝当权者面前的名声，加上其粤省赌业巨亏，又因窝藏罪犯被清政府纳入黑名单等，最终于1907年悬梁自尽，终年60岁。叱咤风云的一方富豪竟然落得如此下场，真是令人唏嘘[20]。

五 人死留名，虎死留皮

纵观卢九的一生，前半生何等精明，后半生就何等糊涂！前半生的卢九，叱咤澳门商场，拥有诸般豪情壮志，"猪肉大王""赌王"的响亮名号纷至沓来。然而在他的后半生，或许是对财富的贪婪，或许是对成功的眷恋，更或许是旁人的吹捧使他迷失了自己，让他做了整个人生中最错误的决定。自古以来，中国商场上民不与官斗，否则迟早是要吃亏的。他前半生极力迎合澳葡政府，偏偏后半生要与清政府打官司，还试图挟外人自重。他如果专做澳门的生意，不扩展版图到广东，不去卖官鬻爵，事情倒也简单了。他在晚年成为世人的笑柄，最终了断了自我。

金钱不是万能的，但是赚钱可以方便行善。对于事业发达的企业家，赚钱与乐捐这两件事同等重要，不容偏废，否则意义有限，事业恐撑不久。捐就要捐得甘心乐意，唯恐不足，那是自发性的社会责任；要从对方的角度出发，捐得有智慧，捐得有系统，捐得及时，捐到要点上；捐得不求回报，因为众人在看着，历史在记着。如果可以的话，那就以商养善，与其给鱼，不如让对方有钓鱼的竿，让捐的动力自己持续下去；并不局限于以善养善，因为光靠善意，难免节外生枝，终究走不远，毕竟"通往地狱的道路是由善意铺就"（the road to hell is paved with good intentions），不可不慎。

卢九家族中卢廉若对澳门所做的贡献最大，他除了继续经营商业，更是积极参与公共事务，努力积德行善，勠力于重新塑造家族的形象，可算是为企业集团善尽社会责任，树立典范，也为自己维持可持续的金融发展。他尤其致力于与葡萄牙、澳门、清政府、革命团体、南方军政府等各方政治势力维持良好关系。例如，获清廷诰授资政大夫、花翎一品顶戴、浙江补用通禀贡生；清末时与同人筹资，创办澳门孔教学校，招纳贫苦少年入学；支持孙中山革命，曾于1912年、1913年两次接待孙中山访澳，1920年捐献飞机，帮助孙中山组建空军，当时仅有的三架飞机中一架便是卢廉若捐的；1913年被选为澳门商会主席，1913年、1919年、1921年及1923年被推举出任澳门镜湖医院总理，建立镜湖医院慈善会并开展赠医施药、安置病残、停寄棺枢、修路、救灾赈济、平籴（旧时指官府在丰收时用平价买进谷物，以待荒年卖出）、施茶施棺和兴学育才等慈善工作；1913 年获葡国三等嘉章，1925 年获葡国政府基督一等勋章[21]。这些努力使其成为澳门著名的慈善家和教育家，在卢廉若的出殡日，全澳门下旗致哀，澳督夫妇步送，送葬者超过千人。

参考文献

[1]　林广志：《卢九家族研究》，北京：社会科学文献出版社，2013。

[2]　叶农：《澳葡殖民政府早期政治架构的形成与演变》，《暨南学报》（哲学社会科学版）2004 年第 4 期。

[3]　林广志：《澳门之魂：晚清澳门华商与华人社会研究》，广州：广东人民出版社，2017。

[4]　赵新良：《鸦片战争后澳门财政管理制度的若干变化（1844—1849）》，《华南师范大学学报》（社会科学版）2017 年第 1 期。

[5]　林广志：《卢九家族研究》，北京：社会科学文献出版社，2013。

[6]　林广志：《澳门之魂：晚清澳门华商与华人社会研究》，广州：广东人民出版社，2017。

[7]　林广志：《卢九家族研究》，北京：社会科学文献出版社，2013。

[8]　林双凤：《澳门博彩业发展的社会问题分析》，《广东社会科学》2012 年第 2 期。

[9] 林广志、吕志鹏:《澳门近代华商的崛起及其历史贡献——以卢九家族为中心》,《华南师范大学学报》(社会科学版) 2011 年第 1 期。

[10] 黄少群:《风雨澳门回归路(六)——殖民统治下的畸型经济与虚假繁荣》,《党史文汇》1999 年第 8 期。

[11] 孙强、郑重:《赌博与博彩概念界定》,《吉林公安高等专科学校学报》2011 年第 4 期。

[12] 子强:《赌博、相面揭秘》,太原:北岳文艺出版社,1993。

[13] 萧亮:《澳门赌王》,北方文艺出版社,1997。

[14] 周国平:《晚清广东赌饷探析》,《广东史志》2001 年第 3 期。

[15] 郑宏泰、高皓:《澳门两代"赌王"的家族财富与传承(上):"第一代赌王"家族的崛起与衰落》,《家族企业》2021 年第 C1 期。

[16] 林广志:《卢九家族研究》,北京:社会科学文献出版社,2013。

[17] 林广志:《澳门之魂:晚清澳门华商与华人社会研究》,广州:广东人民出版社。

[18] 林广志:《卢九家族研究》,北京:社会科学文献出版社,2013。

[19] 林广志:《晚清澳门华人赌商的产业投资及其特征》,《华南师范大学学报》(社会科学版)2009 年第 6 期。

[20] 蒋志华:《晚清中葡交涉中的国籍问题》,《岭南文史》2015 年第 2 期。

[21] 谭世宝:《孙中山早年与澳门的一些历史问题考辨——兼与林广志先生商榷》,《历史研究》2013 年第 2 期。

太古集团：明智入行，步步为营

　　1793 年生于英格兰北部约克郡的约翰·斯怀尔（John Swire）不会想到，他所建立的商业帝国——太古集团，历经200 多年的风雨洗礼依旧屹立于世，更扎根中国大地，在航空、房地产、食品领域硕果累累，可谓遍地开花。

　　清朝末年的中国，虽然国门已经被打开，西方国家与清政府或民间的商贸活动日益增加，但却还是很难满足西方商人的交易需求。对英国商人而言，与中国的距离遥远，中国代理商在做生意方面的懒散和低效，使他们急于寻找优质高效的代理商来进行与中国的贸易。嗅到这一商机，1866 年，约翰·斯怀尔的长子约翰·塞缪尔·斯怀尔（老斯怀尔）与生意伙伴理查德·沙克尔顿·巴特菲尔德（Richard Shaekleton Butterfield）合资，在上海开设了一家进出口公司，起名为太古洋行（Butterfield & Swire Co.）[1]。当时的中国刚经历过鸦片战争，西方国家通过签订各种不平等条约，从中国攫取利润。众多商品中，鸦片的贩卖最为暴利。在特定的历史条件下，作为英国贸易公司的太古洋行自然加入到了向中国运输和贩卖鸦片的队伍中，从而在短时间内获取了高额利润。有了初始资本，太古洋行才正式开始了它的商业版图的扩展，第一个要发展的便是航运。

一　与旗昌洋行在中国内河航运的博弈

　　鸦片战争之后的中国，国库被掏空，人民极度贫困。但是被迫开放的国门却促使南方经济在一定程度上得到了发展，特别是长三角和珠三角地区，已经成为当时清政府国库资金最主要的来源地。那个时候铁路尚未普及，因此水路是南方地区进行货运最为快速而广泛的方式。鸦片战争之前，中国的内河航道属于清政府管辖，但是经过两次鸦片战争，清政府被迫将内河航道向外国开放，这进一步促使西方各国扼住了当时中国的经济咽喉。工业革命将英国直接送上了当时世界头号强国的宝座，凭借着新式的蒸汽船速度更快、载货量更大的优势，迅速地将西方其他国家的航运商船比下去，逐渐垄断了中国南方的内河航运。在这样的历史背景下，太古洋行再一次利用它敏锐并准确的嗅觉，果断出手，开始了航运事业。

早在 1865 年，太古便在香港设立了省港澳轮船公司；1867年成立中国航运有限公司；1890 年设立太古造船厂；1904 年设立天津驳船股份有限公司。这些公司的主要业务都集中在上海，因此在上海也分别设有子公司或分公司，其目的显而易见，即进一步控制中国内河以及内海的航运。到 1934 年，太古在长江航运线上的轮船已经发展到 15 只，共计 3.45 万吨位，全年货运量高达 34 万吨，在当时来说，已经是航运界的"天花板"了。同时，太古在上海的码头长度达到 1400 米，允许同时停泊三艘大型轮船；码头建有 60 个仓库，拥有多台起重机，每日的装卸能力高达 3600 吨。当时与太古集团有密切贸易联系的国家有 30 多个，它们来华的船只由太古代理，因此太古上海港也成为当时中国最繁忙、吞吐量最大的货运港口。太古洋行在中国航运巅峰时期的规模不亚于现在中国铁路总公司在中国铁路运输中的规模[2]。

（一）对手的恶意低价导致濒临歇业的困境

太古洋行在中国航运的发展并非一帆风顺。早在太古之前，由美国人塞缪尔·罗素（Samuel Russell）在广州创办的旗昌洋行便已经展开了中国内河航运的业务，在 1862 年开办了中国第一家轮船公司——旗昌轮船公司，建造了"金利源码头"，开通上海至汉口的航线并逐渐控制了长江航道，1867 年又开辟了上海至天津的沿海航线 [3]。当旗昌洋行控制着长江航道，成为唯一提供中国内河航运服务的洋行时，垄断就形成了。旗昌洋行以高于平均市价数倍的价格开展航运业务，足以吓退绝大多数中小型商户，这些商户或与相邻地域的贸易商进行交易，造成区域性的商品过度饱和与全国性的商品短缺；或改为陆路运输，在交通极不发达的清末中国，交易时间的延长对于水产品或其他生鲜类产品供货商来说，无疑是毁灭性的。另外，那些可以承受得起高额航运费用的商行只能通过提高自己货物的售价来增加利润，这一举措所导致的最直接后果是商品需求由于价格的上升而减少，回收的货款并不足以抵销成本。利润逐年下降直至入不敷出使得供货商们叫苦不迭，"得时无怠，时不再来，天予不取，反为之灾"，太古洋行抓住商机，正式开展中国内河航运业务。

面对已经控制了中国内河航运的旗昌洋行，虽然有英国政府的支持，但 1866 年才成立的太古洋行想瓜分中国内河航运这块肥肉的时候还是显得底气不足，无法直接攻其核心，一招制胜，拿到航运的垄断权。那么，就从外部突围吧，薄利多销是个好主意。凭借着之前运输、贩卖鸦片所积累的丰厚家底，太古洋行以极低的价格很快地挤入了长江航运的市场。起初，旗昌对于太古这种低价的竞争行为不以为意，毕竟自己在中国内河航运事业中开展时间最长，客户量最大，客户群体也最为稳定，所谓被太古以低价"抢走"的客户本身就不是自己的客户，因为他们根本负担不起旗昌高额的运费；最重要的是，此时中国内河航运事业的绝大部分还被旗昌牢牢地握在手里，除了长江航道，它还控制着中国沿海的航海运输事务。但是旗昌好像忘记了商人都是趋利的，直到太古开始抢夺它的实际客户，旗昌才意识到问题出在它过高的运输费用上。价格战一触即发，最开始双方还保持着绅士的战斗精神，虽然是低价竞争，但是谁都不会触碰那根底价的红线。就这样，旗昌洋行和太古洋行在底价之上的低价竞争局面持续了比较长的一段时间，同时，旗昌对中国内河航运业的实际控制也在慢慢减少，所获得的利润必然缩水。

了解宏观经济学的读者们都知道，此时旗昌洋行和太古洋行在中国内河航运业形成了双寡头垄断的局面，虽然说旗昌相比于之前它的完全垄断时期所获得的利润减少许多，但是仍然处于盈利的状态。然而，旗昌不甘心就这样被成立晚、资历浅的太古在它的地盘上分一杯羹。终于，旗昌触碰了那根红线。依赖于当初对航运业垄断而收获的巨额利润，旗昌洋行率先开始了恶意的低价竞争，也就是说它以低于市场底价的价格承接货物的运输，目的很明确，赔本赚吆喝，夺回丢失的市场，让太古彻底离开中国内河航运业 [4]。太古当时的做事风格与现在无二，不主动攻击但也绝不往后退缩，既然旗昌已经打响了恶意低价战争的第一枪，太古如果想继续留在中国内河航运业，除了迎战再无其他的选择。然而，初入行业时太古便在航运工具、码头和仓库等方面投入大量资金，加之为了打破当时旗昌的垄断局面，太古设置的低廉运输价格，也只能刚好抵销运输的人工成本，即可变成本。投入的资金还未完全收回，又要面对恶意低价竞争带来的更大现金流的损失，没过多久，太古便已经察觉到如果再不快速找到资金回流的途径，它将输得血本无归。

（二）挖掘客户，扭亏为盈

如果要问当初的洋行现在是谁发展得最好，谁还有后劲继续发展，相信有很多人都会不假思索地回答太古集团。的确，纵观太古集团的发展历史，它在任何一个时期都不能算作商界的耀眼明星，因为它保守、低调，从来不会特立独行地去探索未知领域，但却又善于分析、灵活而冷静。它的创新只不过是充分研究自身已经发展成熟的领域之后，在其中发掘新的业务，拓展新的客户群体，所做的一切都必须是在安全的范围内进行 [5]。这样的经营理念来自它第一次与旗昌的航运博弈。太古非常明白，在与旗昌的恶意低价竞争中，自己一定会先败下阵来，毕竟旗昌财大气粗，这样的局面熬个三五年还是有可能的，而自己元气还未恢复，能不能支撑半年都还是个未知数。怎么办？如果现在放弃航运，变卖已经购买的轮船、建造好的码头和仓库，不仅可以及时止损，说不定还能有少许盈利，这未尝不是一个好方法。然而，太古研究之后做了一个大胆却务实的决定：继续以低于旗昌的价格进行承运。只不过这次的决定将它的承运客户范围从西方商人拓宽到了中国本地商人，之后更进一步延伸至中国本地的小商小贩。在此之后，太古的货轮总是被塞得满满当当，不夸张地说连针都插不进去。"不积跬步无以至千里，不积小流无以成江海"，中国本地商人和小商户虽然货物托运量不大，但是却胜在客户数量非常庞大，太古率先开始承运这一部分人的货物，同时继续西方客户承运业务，短时间内便扭转了濒临歇业的局面 [6]。此时，价格战的另一方——旗昌洋行却还是继续坚持只对固定客户进行低价承运，丝毫没有考虑其客户群体的拓展，这样固化守旧的思想已经注定了旗昌最后的惨败结局。

暂时摆脱困境的太古并没有松懈，它很清楚与旗昌的价格战是反复并且长期的，因为在行业中，寡头垄断并不稳定。任何一方都希望更大程度地获取市场份额，即使太古和旗昌由于本次恶意低价竞争出现亏损，为了恢复元气而暂时握手言和，达成某一承运价格，但一旦缓过劲，难免再次进行新一轮的价格战来攫取市场利润。解决这个问题最好的办法就是乘胜追击，打对方一个措手不及。当旗昌还在苦恼于是否要和太古进行谈判，形成卡特尔（Cartel）的时候，太古又一次地发挥了它灵活而冷静、善于分析当下形势的优点，率先拓展了航运的周边业务——保险，这项业务的开展直接决定了与旗昌这场博弈中太古的胜利。

（三）涉足保险业，集团扭亏为盈

现代保险可以说是从英国起源并传播开来的。早在 17 世纪，由于英国的资本主义迅速发展，加之又处于大航海时代，殖民热潮突起，经过对殖民地的大规模经济掠夺，英国逐渐发展成为垄断世界贸易和航运业的"日不落帝国"。海上航运，最容易发生由海洋灾害，例如台风、触礁、碰撞等，造成的轮船沉没，出现人员及货物损失；或者在航运过程中，由火灾等造成损失。为了保障英国商人开展世界性贸易活动的生命及财产安全，英国海上保险业务便应运而生，经过两个多世纪的发展，到 19 世纪，英国的航运保险已经发展得相当成熟[7]。当时垄断中国内河航运的两家洋行，分别是美国人建立的旗昌洋行和英国人建立的太古洋行，虽然在 18 世纪 20 年代美国已经开始了海上保险业务，建立了第一家海上保险公司，但相较于英国还是有着 100 多年的差距，所以在航运保险的普及和认知上与英国商人的差距是可想而知的。因此，太古在中国率先开设航运保险也就不足为奇了。

除了太古作为英国商行，自身对保险的认可与需求这一原因之外，它在中国开拓航运保险业务，还有更重要的历史和地理原因。19 世纪末的中国积贫积弱，民不聊生，为了生存，土匪、山贼层出不穷，他们的眼睛都盯着航运河道上的货轮。被这些土匪、山贼抢劫的商人旅客不计其数，太古的商船自然也是受害者之一，并且损失相当惨重。然而，太古却在这些被抢事件中看到了无限的商机，既然大家担心自己的货物因为抢劫而受损，何不直接在承运的时候给客户提供航运保险呢？只需要在承运费的基础上加收微薄的保险费，如果没有遇到抢劫，平安抵达目的地的话就当花钱买个安心；如果在运输途中遇到了抢劫或者其他意外事件，货物受损，那么太古给予赔偿，保费缴得越多，太古的赔偿金就越高。这个想法刚被提出，便一呼百应，客户在托运的同时便要求加保。旗昌却在托运业务上停滞不前，这直接导致了它的"老主顾们"纷纷转向了太古。最终，旗昌在这场博弈中败下阵来，同时由于之前恶意低价竞争让自己元气大伤，旗昌已经无力在航运业继续发展。清点之后，将主要资产于 1877 年出售给了李鸿章当时新设立的轮船招商局，至此之后，旗昌逐渐地被人们遗忘了[8]。到 1891 年，旗昌将其在上海开办的旗昌丝厂出售给法国人之后，便彻底消失在历史的长河中。

与旗昌洋行的"战役"，太古获得了全面的胜利，不仅获得了中国内河航运的垄断权，还在中国开展了保险业务，甚至一度垄断了当时中国的保险业。如果说旗昌的失败是由于它的激进、固化；那么太古的成功就得益于它的审时度势、保守却不失灵活的经营理念。正如《孙子兵法·兵势篇》中所说"故善战者，求之于势也，不责于人，故能择人而任势"，也正是这一经营理念，使得太古稳扎稳打，逐渐壮大。

二 与轮船招商局的经营比武

1862 年第一家专业外资轮船公司——美国旗昌轮船成立，在之后的一年之中，单在上海至少就有 27 家洋行开始经营轮船业务，随后多家外国轮船公司在上海、天津、广州和香港等地相继成立。外资对中国航运市场的争夺异常激烈，从 1862 年至 1872 年中国内河航业云谲波诡，接连不断上演着成立、歇业、大鱼吃小鱼的戏码；历经十年风雨而屹立不倒的最后只剩下旗昌、太古和怡和这三家航运业巨头。也是从那个时候开始，英美完全控制了中国的内河航运。

鸦片战争之前，中国内河的航运交通依赖于传统的木质帆船，不论是从装载量大小还是从航运速度方面都无法与轮船抗衡，因此英美在鸦片战争之后通过轮船运输对中国内河航运进行垄断和控制也就在预料之内了。不过，外国轮船公司在颠覆了中国传统木质帆船航运的同时，也为中国近代民族航运业的产生提供了客观的条件和机遇，进而刺激了当时的洋务派和民族资本家，使其适时地抓住了发展中国航运的机会。

（一）轮船招商局在行业中后来居上

19 世纪 70 年代，虽然英美已经对中国内河航运进行了实际的控制，但是清政府还是掌握着中国境内河流的主权。为了防止中国的航运业完全落入外国人的手中以至于政府的漕运受制于人，依靠清廷内部洋务派的支持，在李鸿章的倡导和组织下，中国近代第一个民族航运企业——轮船招商局 1872 年在上海成立 [9]。因为是当时清政府扶持建立的第一个民族资本企业，自然得到了政府各项优惠政策，包括获得官款资金的低利息贷款，并且在清廷默许下垄断了当时政府救济粮、食盐等的运输业务，同时由于爱国民众的支持，轮船招商局在短时间内便得以迅速发展，其业务也稳步拓展。

前文已经提到，旗昌与太古争夺中国航运垄断权的竞争异常激烈。随着轮船招商局成立，这两个英美洋行又很快地联合起来，共同对付这个新生的中国第一家近代资本主义企业。1874 年 2 月，这两家外资轮船企业达成协议，每月发船次数相等，平分水脚收入；另外，旗昌又与怡和在 1873 年新设立的华海轮船公司（China Coast Steam Navigation Co.）相互勾结，制定了统一的海、河航线运费，并且它们又一次地使用恶意低价竞争的策略，将上海至各口岸货运的"各项水脚减半，甚至三分之二"，目的不言而喻，即联合倾挤轮船招商局的航运份额 [10]。

面对行业中老牌龙头的打压，在洋务派还有爱国人士的支持下，轮船招商局的经营者们采取了积极应对的态度。他们首先要做的便是增加运营航线的数量，延长运营航线的距离，1873 年初，便开辟了如下航线：上海—厦门—汕头—香港—广州，上海—长崎—神户（—吕宋）[11]；在 1874 年 3 月，即英美三家轮船公司订立垄断运价合约的第二个月，招商局即着手降低长江航线的运费，最初定价是英美垄断定价的 70% 左右，到当年夏季削减至旗昌与太古定价的一半。另外，招商局还积极扩大航运船队，从 1874 年 8 月至 1876 年 6 月，购买了 8 艘轮船并且包租了华商公司的 3 艘轮船 [12]。刚成立四年，轮船招商局便已经达到了"分洋商之利"的效果，由此可见轮船招商局充分利用当时的社会政治和经济环境优势，极力扩张商业版图，打开航运市场的经营活动，已经展现出相当的成效。

也就是从那个时候开始，英美各家轮船公司在华的营运利润逐年减少，其中称雄一时的旗昌轮船公司情况最为惨烈，截至1973年初，旗昌拥有江海轮船18艘，总资产达到330万两。自1873年轮船招商局成立并加入中国航运业的竞争中，旗昌轮船公司便止步不前，它的力量也没有得到进一步的发展；到1874年，旗昌的资本总额便下降至225万两，轮船数减少至17艘，到1876年底又减少一艘。时值南北战争后美国国内经济开始大繁荣，旗昌的所有者开始将资金转向美国国内；同时，旗昌已经不愿意投入更多资金进行轮船等其他设备的更新换代，来应对其与其他轮船公司在中国航运业的激烈竞争。于是在营业不景气的情况下，急于将在华公司盘出，从中国航运业的困境中脱身，真所谓两害相权取其轻，两利相权取其重。"急流勇退谓之知机"，旗昌退出中国市场并不表示它自身经营不善，而是着眼于自己的国际市场布局，所做的策略性调整。"当断则断，不受其乱。当断不断，必受其难"，这样的重大举措反而更彰显出旗昌不仅有备而来，更是有准而退，充分表现出权变的商业智慧。总之，旗昌考虑的主要依据在于边际成本与边际效益，当时中国市场对于旗昌而言犹如"鸡肋"，食之无味，弃之可惜，继续坚持留在中国市场，收益不高，但是却要锁住相当大的资金成本，加上放弃美国蓬勃市场的机会成本，如此重大决策的结论也就呼之欲出了。

轮船招商局成立六年之后，即1878年2月12日，与旗昌轮船公司正式订立合同，以200万两收购旗昌的船队和在上海的码头、船坞以及其他各项资产，又以 22 万两收购旗昌在汉口、九江、天津等中国其他各地的码头、洋楼和栈房等资产。由于对旗昌的收购，轮船招商局的船由之前提及的 11 艘增加至 27 艘，到 1880 年增加至 31 艘。但是中国外资轮船公司的船总共只有 23 艘，轮船招商局一跃成为当时中国航运业规模最大的企业，特别是在长江航线，已占领市场份额的 60%，一举扭转了外国人对中国内河航运的垄断局面，当时举国倾力支持轮船招商局，外商和民营企业均感受到了前所未有的压力。当然，这也成为后来与太古和怡和订立"齐价合同"（通俗来讲就是一种共同对运费定价，根据签订合同各方的经济实力，划分各方营业份额的经济合同）时谈判的最重要筹码。

（二）重视人才，共度困境 [13]

轮船招商局一经成立，便表现出迅猛的发展势头，加之清廷明里暗里的扶持和当时中国广大爱国民众的支持，虽然面临外资轮船企业的联合打压，却越战越勇，仅仅三年时间便在航运业站稳脚跟，分得 1300 余万两营业额。招商局在短时间内的发展壮大使得太古与怡和感受到了前所未有的压力，太古当时的掌舵人老斯怀尔敏锐地察觉到已经没有任何一家外资轮船公司有能力将轮船招商局赶出中国航运业了，既然对立带来的只有损失，那么在带来金钱损失和招致敌意之前就达成一致，是最明智的选择。《孙子兵法·虚实篇》中有最好的解读："兵无常势，水无常形，能因敌变化而取胜者，谓之神。"识时务者为俊杰，也可以说太古基于当下实际情况，理性判断，合作共赢的经营理念从老斯怀尔时代便播种了。从这个角度出发，这三家轮船企业在 1878 年订立了第一份"齐价合同"，1883 年又订立了第二份"齐价合同"，此后又签订过多次。老斯怀尔判断的没错,"齐价合同"确实为太古带来了明显的利益,在 1879~1882 年这三年时间里,太古的力量得到了迅速的发展,利润呈几何式增长,顺利地度过了创业的艰苦阶段,进入了日益繁荣和在中国进一步发展航运的"黄金阶段",巅峰时,几乎与轮船招商局势均力敌。然而到 1892 年,新订立的"齐价合同"规定以各家所拥有的船只数量为依据,划分三家公司的营业额比例。轮船招商局在并购旗昌之后,船数超过太古与怡和所拥有船只的总和,因此获得的营业额最多,太古次之,怡和最少。

差一点就可能扭转中国航运业垄断局面的太古集团,为什么在之后与轮船招商局的竞争中败下阵来?第一个原因还是卡特尔,即垄断利益集团具有相当的不稳定性。具有卡特尔性质的三家轮船公司所订立的"齐价合同",对于共同抵御外来者,例如日资大阪商船会社、德资汉堡亚美利加公司等进入行业可以起到非常显著的作用;然而,一旦涉及核心或敏感利益,这种"齐价合同"便脆弱无比,不堪一击,卡特尔内部企业擅自脱离合同约束的事件时有发生,这就是所谓的"齐价合同"自 1877 年至 1902 年间多次订立的原因。另外,自从太古打败旗昌之后,在中国航运业的主要外资竞争对手就只剩下同为英系资本的怡和集团,这两家英资企业的明争暗斗即使在轮船招商局出现之后也未曾停歇。不过清政府以及民族资本家们却对这样的情况再欢迎不过了,"以夷制夷"正是发展民族资本的最好时机,毕竟这些外商企业都有自己的小算盘。

其实早在轮船招商局与旗昌商讨并购事宜的时候,怡和已经意识到自己在中国航运方面的发展会受到越来越多的阻碍,便开始有意识地减少对华海轮船公司的投入,转而联合汇丰银行在 1878 年 1 月 22 日于香港湾仔成立了中国制糖公司（China Sugar Refinering Co.），将其一部分业务重心转向制糖业，并与太古在该领域展开了激烈竞争。因此，随着怡和在中国航运的间接性退出，太古在航运业的最大竞争对手便只剩下轮船招商局。而那个时候的轮船招商局从公司规模、轮船和码头数量方面都可谓一家独大，最重要的是当时中国国内反帝国主义情绪高涨，爱国民众与民族资本家空前团结，一致对外，天时地利人和使轮船招商局得到了最大限度的发展。与之相反，太古集团却在中国刚经历了辉煌发展的黄金时期，又开始了漫长的寒冬。

看过经典电视剧《大宅门》的读者们都知道，百草厅这一百年老号之所以从清朝开始直至新中国成立后，依旧在北京城拥有业内最高声望，与二奶奶白文氏知人善任有着密切的关系，也正是由于她对人才的珍惜与爱护，才能够成全百草厅在艰难的环境中，在动荡的社会背景下依旧屹立不倒。优秀的企业家们总是具有相同的品格，太古集团第一代经营者老斯怀尔便是英国的"白文氏"。在太古集团刚成立不久，老斯怀尔便看重了威廉·兰能掌握稳妥又切合实际的方法对企业进行管理这一出众品质，很快发展其成为集团的第一位合伙人。之后为了拓展中国的航运业务，通过兰结识了精通华语，又全面了解中国航运业各方面问题与中国人航运心理的新英格兰人晏吉尔。晏吉尔的优秀不仅限于理论层面，他与中国的托运人和租船人长期保持良好关系，同时掌握着当时中国航运市场的时事动向，更是轮船方面的专家。面对这样的人才，老斯怀尔没有片刻的犹豫，直接聘请晏吉尔为太古轮船公司的总负责人。就这样，一个由老斯怀尔、威廉·兰和晏吉尔三人构成的第一届太古集团领导班子就成立了。这个精明务实的领导班子齐心协力，在相当长的时间里掌握着整个太古集团，对它的发展起到了重要的推进作用，也形成了太古集团在此后 200 年间的经营理念，奠定了它历经动荡岁月而不倒的雄厚基础。

《大宅门》中使笔者印象最深的一场戏便是百草厅面对詹王府以及行业内其他对手联合打压而无力支撑门面，将其尽数盘出，小工悉数遣散，却唯独对几位配药师傅仍以高额佣金聘请，即使白氏家族吃着腌萝卜度日，过年过节也必定赠送名贵贺礼给几位配药师傅，目的非常明确，留住人才以备来日。类似的桥段在太古集团也上演过，自 1882 年后，轮船招商局在中国航运业占有的份额越来越大，太古的盈利状况每况愈下，集团经济情况也越来越艰难。老斯怀尔在与集团合伙人订立合同之初，便许诺以固定的利润份额为酬劳或者分红，集团有困难时，老斯怀尔即使放弃自己所有的利润份额，也要保证每一位合伙人能收到当初给他们的许诺。这一举动带来的回报超乎想象，合伙人们与老斯怀尔上下一心，在困难面前团结一致，齐心协力，找出路，想办法，集团很快地便渡过了难关，继续在中国航运业与招商局同台打擂。另外，清廷 1878 年停止对轮船招商局进行政府贷款，并对招商局进行经济勒索，加之招商局内部管理腐败，人才流失严重，逐渐地，招商局从积极竞争变为了退让依存。而太古从困境中解脱出来，了解到人的重要性，采取有效的管理策略，积极扩大经营范围，一步一步缓慢而稳定地前进，再一次回归中国航运的垄断地位。从老斯怀尔那一代开始，太古对于人才的珍惜与爱护从未改变。时至今日，人才培养与发展依旧是太古集团的核心工作内容之一 [14]，其对于人才极度珍惜的态度使笔者联想到《孙子兵法·谋攻篇》中的"夫将者，国之辅也，辅周则国必强，辅隙则国必弱"。古往今来，从亚洲到欧洲，对人才这个话题的结论都是那么的一致。

三 拓展制糖业务，出品闻名中外的太古糖 [15]

前文中提到，自从轮船招商局并购了旗昌之后，怡和公司便有意减少对在华航运业的投资。时值东亚机制精糖业的兴起，在其他有能力的企业还未完全了解制糖业趋势之时，怡和看准时机，果断联合同属英资的汇丰银行建立制糖公司，快速垄断中国乃至东亚的精糖市场。在当时的中国航运业，太古与轮船招商局的竞争日益疲软，盈利能力下降，利润额逐日减少，这让经营者们苦恼不已。

道德在原生资本面前一文不值，只要利润足够高，资本就会想方设法介入。虽然早在 1807 年，英国就已经通过了废奴法案，然而在中国航运业损失惨重却又控制着中国部分航线的太古集团，开始打起了苦力贸易，即变相奴隶贸易的主意。太古在汕头设有 15 家"猪仔①馆"，这些"猪仔馆"将通过拐骗、绑架等方式集中来的中国苦力，使用特制加固的船只，武装押运到马六甲海峡、曼谷、西贡和德里等地，然后转运至南非、南洋群岛和加勒比海一带。太古每开出一艘苦力轮船，便可获取 2.5 万墨洋（1823 年发行于墨西哥的一种货币）的轮船收益。每船运送的苦力人数众多，船舱内空间狭小，加之运送工人在途中对苦力进行侮辱、折磨与迫害，以至于苦力经常群起暴动，放火烧船，在海上与奴隶贩子同归于尽，这促使太古又增设了一种新的保险名目，每船再加收 2.5 万墨洋的保证金 [16]。贩卖苦力这项不光彩的贸易使得太古在短时间内又一次实现了资本积累，为其之后进军制糖业提供了充足的资金保障。在这门生意上，

---

① 即中国苦力。

太古集团与同时期的欧美列强在其他地区进行的殖民剥削并无太大的差别。

（一）太古车糖公司

太古的经营理念就是充分适应市场需求，不断将利润进行再投资。不论是原始资本积累时的贩运鸦片，赚得第一桶金后涉足中国航运业，还是贩卖苦力进行资本的再一次累积，之后加入制糖业，在特定的历史环境下，太古确实是始终贯彻着自己的经营理念。对于投资，太古只有一个信条：不熟悉的领域坚决不涉及 [17]。这里的不熟悉只不过是说明太古坚决不做第一个吃螃蟹的人，比如最开始的航运，也是因为太古看到了旗昌在该行业的巨额利润后才决定加入的，而这一次开展制糖业务，同样源于商人老斯怀尔趋利的心理。他于 1881 年之前就开始深入研究制糖的最新方法、所需的原材料价格以及精糖的市场潜力，更了解了建造制糖厂的成本，包括最先进的机器设备的使用寿命、成品的口感和成色等是否与一般设备具有明显优势等方面的细节。在充分评估了制糖业的发展前景和前期投入成本与后期可能的利润之后，老斯怀尔于 1881 年 6 月决定在中国香港成立太古车糖公司（Tai Koo Sugar Refining Co.），公司业务包括原料糖品的购买、成品精糖的售卖和分运等。1884 年制糖厂建成投产，以来自广东和爪哇的甜菜、甘蔗这些廉价的原料糖品为生产的原材料，使用了当时最先进的制糖设备，通过骨碳过滤法和硫化法对炼制的精糖进行漂白，每周生产的精糖高达 700 吨。太古车糖公司当时的糖成品主要分为四类：第一类为五温，即粗砂糖；第二类是次五温，即相较于粗砂糖颗粒较小的砂糖，在次五温中又按照颗粒大小进行由甲到辛的八个子分类；第三类是冰糖；最后一类为绵砂糖。直至今日，我们在市面上还能够买到太古的这四类砂糖，一般的消费大众也是很自然地将糖与太古联系在一起。

（二）日本制糖业的兴起 [18][19]

在 1894 年中日甲午战争之前，日本国内的糖品原材料大部分来自琉球群岛，自给率仅有 18%，大部分糖品需求依赖于中国香港、台湾等地的甘蔗以及德国和匈牙利等国的甜菜；在精糖需求方面，横滨地区的 54% 以及神户地区的 40% 都依赖于太古和怡和两家制糖公司的供应。日本每年在进口糖品原材料及成品上的花费高达 2000 万 ~3000 万日元，这对于当时从天皇到平民都克己节俭、发展军队的日本来说无疑是天文数字。

前文中提到，随着轮船招商局的出现并扩大，中国内河航运业的竞争越发激烈和残酷。虽然签订了"齐价合同"，但是规模最小、实力最弱的怡和在评估了自身在航运业务的竞争优劣势之后，果断转移产业重心，涉足当时新兴的制糖业，利用其在鸦片战争前后通过向中国贩卖鸦片以及英美垄断中国内河航运时期所获得的丰厚利润，在香港成立了制糖公司，迅速垄断了中国乃至整个东亚市场。看到怡和如此轻松地在制糖业获利，老斯怀尔也决定开展精糖业务，目的是通过在制糖业获得的利润弥补来自航运业的竞争损失，更重要的是打破怡和当时对东亚食糖市场的控制与垄断。他不甘心，不能接受昔日比自己弱小的对手竟然垄断了中国的制糖业。

然而，与怡和还未分出胜负，半路却遇到了日本制糖公司的激烈竞争。日本由于在 1894 年的中日甲午战争中胜出，长驱直入侵占台湾，对台湾蔗糖业进行殖民掠夺，迅速发展制糖业；同时通过提高精糖的进口税率以及对进口原料糖品返税这两项关税保护手段，弥补其在国际糖品贸易市场上的短板，并使其机制精糖迅速进入中国市场。

其实在日本国内，其精糖业的发展并未给太古和怡和带来显著的运营影响，也很难蚕食这两家老牌制糖商的利润额。毕竟，不管是太古还是怡和，它们在东亚最大的市场都是中国，并且中国市场对精糖的消费数量呈一定的上升趋势。随着日本对本国精糖的自给份额的剧增和扩张商业版图进入中国，本来就激烈的太古与怡和的精糖竞争变得更加白热化。

孙子曰："昔之善战者，先为不可胜，以待敌之可胜。"面对激烈的竞争，首先，太古严阵以待并谨慎且充分地评估了当时的市场环境，依靠买办，推出"在地化"的营销方案。所谓"买办"，是指那些在近代中国的特定历史条件下，帮助西方与中国进行双边贸易的中国商人；而"在地化"经营指的是直接将太古的精糖委托给上海、天津等的销售中心出售，这样可以避免因将糖品委托给中间商人而产生长时间销售停顿所带来的损失。其次，太古利用自己之前已经建立好的庞大航运系统，在各个港口城市开设分支销售机构并积极搭建网络式的营销体系。最后，依赖于企业的名气与声望，太古公开发行债券，获得大量的资金支持，为上述开展的一系列活动保驾护航。由此可以看出，通过之前的努力经营，一路稳扎稳打的太古已经有了一定的市场信誉，在关键时刻便可以轻松收割它的丰硕成果，进而扩张集团业务。这一系列的营销策略不仅帮助太古稳住了中国市场，更化腐朽为神奇，使它在 1902 年开始的世界原料糖品价格急剧下跌导致精糖售价极低的行业寒冬中获得巨额利润。1902 年爪哇原料糖品的交易价格仅为 2 英镑 10 先令，致使精糖价格暴跌，香港地区除太古之外的其他制糖商损失高达 49000 英镑；而太古逢低买入爪哇的原料糖品，使精糖制造成本维持在一个较低的水平，共计生产精糖 81717 吨，销售

84286 吨，年度利润达到 262987 英镑，成为当时精糖业最大的赢家。这个事例充分反映出太古集团在市场经营中的胆识与卓见，而非慌乱地盲从于市场趋势。

相较于太古的成功，日本制糖业最终没能在中国市场扎根的原因，除了当时中国民众在中日甲午战争后反日情绪高涨之外，更重要的是日本制糖商人的销售模式仍然采用传统的中间委托人形式，并且从精糖的生产到销售都没有建立起完整而有效的供应链条。从而在开局，太古这个老牌英资企业在运输和贩卖渠道上轻松碾压了新兴的日本制糖公司。

（三）审时度势，转型期货

在日本制糖企业进入中国之前，英资两大洋行已经垄断了中国精糖的市场；即使之后日本制糖商以低廉的价格与精美的品质，逐渐蚕食太古及怡和在华的市场份额，导致这两家洋行于 1906 年在汉口滞销 7 万担，在上海滞销 10 万担，但两家洋行拥有雄厚的经济实力、得宜的营销策略以及系统完整的运输链，这个来自新兴东亚小国的挑战不足为惧。并且，在精糖质量方面，太古糖最大的优势在于存放时间长，即使在梅雨季节也不会变色发霉，而日本糖在这方面却存在严重缺陷。因此，即使在巅峰时期，日本糖在中国的市场份额也只有不到 40%，剩余的 60% 多都被牢牢控制在太古与怡和这两家英资制糖企业的手中。

20 世纪 20 年代，中国局势动荡不安，长江上游地区相继出现抵制英货的运动，在这样的大环境下，太古和怡和的生存极为艰难。另外，日本糖再次以它极低的售价，在当时积贫积弱的中国受到了疯抢，积累了实力的日资糖商们开始与太古和怡和打起了价格战。怡和首先抵挡不住，于 1928 年 4 月 24 日决定结束其中国制糖公司，并开始清算工作。然而不服输的老斯怀尔却并未放弃对日本糖商们的反击，他与太古集团的合伙人们积极调整营销策略，同时一反常规思路，加大对制糖工厂的投资，引进当时最先进的制糖设备，从而降低生产成本，并利用自己在船运方面的优势，夺回丧失的市场份额。首先，在精糖售价的制定方面，太古根据不同区域市场的特点设定不同的售价。比如当时中国的糖类售价按区域大致分为三类：华北及东北地区的价格参考日本糖；华中地区的价格完全以上海糖为导向；华南地区的价格则按照爪哇糖的售价来制定。同时，太古的决策者们还充分考虑到了不同区域之间的价格差异对糖品运输成本的影响，进行价格的再调整。这样细致地划分市场，也从侧面反映出太古掌握市场的能力和研究经营策略的能力，因此太古能够在制糖业持续称霸。

了解太古的人都知道，这个庞大的商业帝国以实业为核心，几乎不涉及金融业。太古集团在建立之初，为了发展的需要，短暂地涉足了保险之后，便一心一意只做实业，所有对金融的涉及只是对实业的辅助，但绝不会成为集团的核心。毕竟对于不熟悉或者无力操控的行业，勉为其难地迎难而上，这种"勇敢"所带来的风险也许太大，以至于理性的太古经营者们心照不宣地放弃了这种形式的业务拓展方案，即使新业务有可能为集团带来井喷式增长的利润额。

经历过两次鸦片战争的清政府，特别是以李鸿章为代表的洋务派，相较于其他欧美国家，对英国这个强大的敌人反而是最信赖的。特别是当李鸿章接到慈禧关于颐和园的修整工程的命令时，面对同样急需资金的北洋水师，他第一个想到的便是向英国怡和银行以 3 分利进行 70 万两白银的借款，借款期为 10 年。连带着贷款的附加条件，经过怡和的斡旋，清政府又向英国高价购买了两艘军舰。这一次借贷着实让怡和赚了个盆满钵满。面对中国当时特定的政治经济环境，清末政府国库空虚，不惜以高额利息进行借贷来满足统治阶级的私欲以及清朝海防工程的建设需求，太古集团决策层未必看不清以钱生钱的经营路径。也许是老斯怀尔家族发迹于贸易，发展于实业，即使明白向清政府放贷赚快钱是生财的捷径，但面对摇摇欲坠的清政府，太古又一次采取了谨慎的态度，还是掌握看得见摸得着的砖头厂房、轮船码头最让人安心。在经营中对可能发生的风险进行预判，谨慎投资是商人必备的商业技能；但是成功的商人也应该具有一定的冒险精神，如果在经营活动中过于谨慎，对外部环境过分敏感，反而会错失赚钱的良机。在这一次对清政府的贷款事件中，太古集团便过于瞻前顾后，拱手将钱生钱的大好机会让给了怡和银行，这也使得怡和在后续发展制糖业时储备了充足的资金。

也许是之前在对清政府贷款活动中错失良机给集团高层带来了不小的挫败感，他们更加不愿意涉足非实业的领域，因此在面对 20 世纪 20 年代的集团困境时，太古经过慎重考虑，否决了以糖品期货交易制度代替糖品现货交易制度的改革方案。虽然期货交易可以最大限度地减少固定成本和可变成本，还能够将一部分的固定资本变现，充实集团资金，扭转困难局面，然而，着眼于长期利益的集团经营者们认为糖品期货交易虽然解了燃眉之急，但是在之后的糖品交易中，售价将会完全受制于糖品销售商，这些商人会以自身利益最大化为出发点与太古协定价格，更有可能以各种名目恶意压低售价，最终导致太古无利可赚。另外，对实业执着的太古高层们，视不动产为太古最后的盾牌，如果不动产被变卖，那意味着太古集团也将跟着消失。因此，从各方面考虑，太古集团在 1929 年至 1930 年一直坚守着自己的实业路线。但是，这次所面对的困境貌似已经超出了集团领导者的预期，如果太古依旧坚守着自己的经营理念，面对来势汹汹的日本糖商们，它最终会像个战士一样耗干最后一滴血，然后倒下，那么当初在怡和清盘之后的坚守就变得毫无意义了。着眼于当下，灵活变通的经营思想跃然纸上。太古在充分分析了集团内部情况、外部政治和经济环境，以及交易方的投机心理之后，决定从1930年开始实施糖品期货交易制度。事实证明，这一次的审时度势为太古带来了不俗的收益。1931年5月22日，太古洋行在给伦敦总部的年度工作总结中指出"1930年最大的特征是销售政策的变化"，从侧面肯定了期货制度。

（四）定位受众，开拓市场

在时代的多重因素的冲击下，怡和集团的中国制糖公司在1928年宣布破产。太古集团虽然坚守下来，但是巨大的行业竞争和生存压力迫使它不得不快速地拓宽渠道，打开潜在市场的大门。于是，1929年太古派遣公司高层对东南亚进行实地考察，积极推销自家糖品，目的是开拓由爪哇糖品垄断的东南亚市场。然而绝大部分东南亚当地的代理商们对于太古糖品并不了解，少数几个对太古糖品感兴趣的代理商也因为其价格过高而最终放弃试售。对此，太古集团聘用对东南亚糖类市场非常熟悉的科林·斯科特深入地对该地区的糖类供需情况进行考察并如实向集团进行陈述。由于地缘关系，处于东南亚地区的爪哇成为糖品原料产地，爪哇的制糖商们很早便垄断了该地区的糖品市场。虽然爪哇糖商们对东南亚地区的市场进行了垄断，但其垄断商品仅限于品质较差的爪哇晶糖。因此，若以高端的太古方糖为主打产品，无疑是开拓东南亚糖业市场的绝佳策略。另外，根据科林·斯科特的陈述，在马来西亚富裕的华人社区，业主们是愿意为了高品质的商品支付更高的价钱的。太古的决策者们捕捉到了这一重要信息，决定对方糖进行零售包装并售卖，并结合精明的广告手段，包括在马来西亚主要商店投放宣传小册子，正式进军东南亚市场。与此同时，太古集团看到了印度市场上方糖的空白，毅然决然地对印度市场也进行了拓展。在营销方面，太古采取了与中国买办方式截然不同的策略，它直接将集团高层派往东南亚和东亚的营销基地，通过实地勘察和沟通，与当地的销售商建立直接联系，推销太古糖品，截至1934年，零售糖品已经达到5000担。太古大胆开拓新市场，使用新方法对产品进行营销，获得了巨大的成功，扭转了集团从1928年就开始面临的经济困境，并且为之后开拓中东、非洲等市场提供了丰富的营销经验。

（五）抗战爆发，太古退市

从1906年开始，太古与日本糖商们便没有停止过占领中国市场的较量。随着日本殖民朝鲜并建立了日殖朝鲜精糖公司，日本所生产的精糖不论成色还是品质都完全可以与太古糖媲美。之后，日本占领中国东北地区，日产精糖便自然而然地流入中国市场。与此同时，由于日本官方支持的华北走私活动日益猖獗，日本精糖以极低的售价，几乎倾销似的抢占中国市场。面对这种疯狂的低价竞争局面，太古之前在糖品运输上的优势也逐渐消失了。因此，借鉴之前太古与轮船招商局、怡和轮船公司订立"齐价合同"的经验，太古开始尝试与日本糖商进行接触。自1933年至1937年，日本始终以各种理由拒绝与太古商讨所谓"齐价合同"的相关事项。直至1937年5月《国际砂糖协议》完成，才稳定住制糖行业供大于求、削价竞争的局面，同时使糖品价格部分回涨。同年 5 月 14 日，日本方面放出风声，日本糖业不满足于中国市场的日糖价格，认为具有进一步的上升空间，因此考虑与太古合作，共同制定精糖的售价。然而，1937 年 7 月，随着抗日战争的全面爆发，日本改变了之前与太古垄断竞争的合作意向，决定全面垄断中国市场。尽管当时的中国市场仍然是太古最主要的市场，但是由于抗日战争的爆发，市场行情大幅波动，极其不稳定。因此从那个时候开始，太古减少了对华的实业投资，经营重心逐渐转移到了中东，从而降低了对中国市场的依赖程度。1939 年 2 月，日本占领了广东之后，便立即敦促日本糖商恢复广东六个制糖厂的生产，此举的目的在于将整个中国变为封闭的市场，不允许外糖的输入。此后，太古糖在中国的销售便逐年缩小范围，最后只剩下上海、天津、青岛、厦门等几个口岸城市，所占的市场份额逐年减少，最后只占到 0.4%，可见太古糖几乎退出了中国市场。1941 年，日本占领了当时的英属香港，太古车糖公司被侵占，太古集团将太古洋行迁往伦敦，其在华的部分业务也转移到了澳大利亚，太古集团暂时退出了中国的历史舞台。

在 1884~1925 年这 40 余年的时间里，太古快速发展，一时间成为东亚地区最大的精糖制造商，获利颇丰。即使后来面对外部动荡的社会环境、行业内部恶意的低价竞争以及集团内部的经济困境，太古也能从容面对，迎难而上，积极拓展新的销售渠道，开辟新市场，尝试新方法，秉承着集团以实业为核心的经营理念[20]，坚守航运事业，开发出中东、非洲的糖品市场，及时弥补了由中国动荡环境而产生的巨额亏损，为太古应对二战时期的经营危机打下了坚实的基础。

历经 200 余年风雨的太古集团，在中国的发展也超过了150 年。它的长寿不仅基于务实严谨、以人为本的经营理念，也依靠它长远的眼光和多元的经营活动，主要集中于地产、航空、饮料及食物链、海洋服务和贸易及实业这五大板块。正是这种多元化的经营思维，帮助太古在两次世界大战中，通过业务对冲（即同时开展不同业务，利用各项业务获利周期不同的性质，以一项业务的利润来弥补另一项业务的损失，以达到平衡经营的目的）的方式，稳定集团经济，屹立于世界。现代社会科学技术的日益更新与发展，特别是电子商务的普及，可以说是颠覆了传统的消费与经营习惯。然而太古这种过于谨慎和务实的经营理念——"不熟悉就不做"，直接关闭了其涉足电子商务的大门。正如100多年前它对待李鸿章的贷款请求一样，明知是赚钱的大好机会，但是非实业、不熟悉的业务判断使其错失良机。这种延续百年的经营做法，或多或少会制约集团的发展。处事谨慎确有必要，然而过度谨慎和毫不谨慎这两个极端态度皆不可取。《孙子兵法·火攻篇》曾曰："明主虑之，良将修之，非利不动，非得不用，非危不战。"放在企业经营上，则意在提醒管理者注意权衡利弊得失，不打没有准备之仗，而非固守不变的经营态度。富有远见卓识的太古经营者们必然会看到时代列车前进的方向，相信他们也会适时地调整经营思路，务实地搭乘这趟高科技的时代列车，带领集团收获更丰硕的果实。

参考文献

[1] 罗声:《太古系200年低调》,《英才》2010年第6期。

[2] 蓝天照:《帝国主义在旧中国"投资"的特征》,《学术月刊》1958年第3期。

[3] 聂宝璋:《从美商旗昌轮船公司的创办与发展看买办的作用》,《历史研究》1964 年第 2 期。

[4] 刘广京、李荣昌:《太古轮船公司的崛起及其与旗昌轮船公司的竞争》,《上海经济研究》1982 年第 8 期。

[5] 杨婧:《隐者太古》,《中国企业家》2009 年第 15 期。

[6] 崔美明:《八十二年的盛衰史——评〈太古集团在旧中国〉》,《近代中国》1993 年第 0 期。

[7] 陈磊:《论 18 至 19 世纪中期英国保险发展的多样性》,《人民论坛》2016 年第 17 期。

[8] 何思兵:《旗昌洋行与 19 世纪美国对广州贸易》,《学术研究》2005 年第 6 期。

[9] 董贵成:《略论清政府经营轮船招商局的成败》,《河北师范大学学报》(哲学社会科学版)2001 年第 4 期。

[10] 〔美〕刘广京:《英美航运势力在华的竞争(1862—1874)》,邱锡镁、曹铁珊译,上海:上海社会科学院出版社,1988。

[11] 朱国强:《西方航运资本的入侵与上海的近代海运业》,《中国航海》1995 年第 1 期。

[12] 陈潮:《轮船招商局盘购旗昌轮船公司述论》,《史林》1988 年第 1 期。

[13] 张仲礼:《略论旧中国外资企业研究中的几个问题》,《上海社会科学院学术季刊》2002 年第 4 期。

[14] 谭洪安:《问"道"太古》,《中国经营报》2016 年 6 月 20 日,第 32 版。

[15] 赵国壮:《太古洋行糖品营销活动研究 (1884—1941)》,《中国经济史研究》2018 年第 6 期。

[16] 李建国:《百余年传统:着眼于长期——访太古(中国)

有限公司总经理袁力行先生》,《中国外资》1997 年第 7 期。

[17] 赵国壮、乔南:《近代东亚糖业格局的变动（1895—1937）——以中日糖业发展竞争为中心》,《教学历史》（下半月刊）2013 年第 8 期。

[18] 赵国壮:《日本糖业在中国市场上的开拓及竞争（1903—1937）》,《中国经济史研究》2012 年第 4 期。

[19] 刘永刚:《另类的"太古系"》,《中国经济周刊》2014 年第 37 期。

[20] 鲁瑾:《太古"慢"赚钱揭秘》,《创新世界周刊》2021 年第 2 期。

英美烟草公司：善接地气，因地制宜

　　1902 年 9 月，在经过长期的谈判协商之后，英国帝国烟草公司、奥格登公司、美国烟草公司、统一烟草公司、大陆烟草公司和美国雪茄公司等六家大企业合资 600 万英镑在伦敦创立英美烟草公司（British American Tobacco Company），专营英美两国以外地区的烟草业务。该公司的成立，有效缓解了英美两国在烟草行业的对立竞争，使得双方的利益逐渐达成一致，从而更好地集中资源开拓业务，占领市场。同年，刚刚成立的英美烟草公司便在上海设立分部，标志着这家新成立的巨型外企正式进军中国。

　　在从 1902 年进入中国到 1952 年退出内地市场的半个世纪里，英美烟草公司长年垄断着中国这个世界上人口最多国家的烟草市场，市场占有率常年保持在 60% 左右，有些年份甚至接近 80%，因而获得了丰厚的利润。该烟草公司创造财富的密码，除了先进技术、雄厚资本及政治经济特权等因素外，也离不开领导者们努力经营，敏锐地把握市场行情，实施正确的销售策略。在面对竞争者挑战与品牌危机时，甚至在排斥洋货的动荡期间，该公司恰当处理，化险为夷，化凶为吉，业务蒸蒸日上。

一　因地制宜：初步占领中国市场

　　烟草原产于美洲，明代经由吕宋（今菲律宾）传入中国，此后吸烟的风气慢慢在社会上流传开来。清末中国人吸食的普遍是旱烟，需装烟丝及清洗烟斗，十分不卫生。方便干净的卷制香烟传入通商口岸上海时，很快就受到大众的追捧，"纸卷香烟广及时，年轻争买口含之。沪商多学洋人款，知己相逢赠一枝"。《马关条约》《辛丑条约》的签订使帝国主义在中国的侵略由商品输出逐步转向资本输出，英美烟草公司便在此时来到中国。该公司来华投资时的资本仅为 21 万元，它所经营的卷烟厂仅为上海浦东的一间小厂，员工不过 100 余人，它先是收购了自己股东美国烟草公司的在华资产，借以打入十里洋场。站稳脚跟的英美烟草公司立马开始了扩张之路，凭借雄厚的资金先后建立了老晋隆洋行、英国纸烟公司、上海大英烟公司、四川拱石烟草公司等一系列产销机构，搭建起属于自己的销售网络系统。又通过收购俄资老巴夺烟草公司、日资村井公司等企业迅速占领市场份额，大力拓展市场。在这个过程中，该公司进行了广泛的市场调研，逐渐摸索出一套适合中国市场的销售战略。

（一）市场调研：准确及时掌握行情

"知彼知己，百战不殆"，市场信息瞬息万变，企业要想在市场竞争中立于不败之地，必须掌握市场和对手的信息，以便及时做出适应市场变化的决策。中国人口众多，市场广阔，地方之间存在着巨大差异，民众喜好也不尽相同，对于浓淡口味、包装设计与行销方式等也有不同的偏好。为了及时准确了解中国市场，该公司十分重视市场调研，设立相应的调查机构，雇用专门人员进行调查，并制定调查制度，规定调查内容，以保证有效地掌握市场行情及人群的消费习惯。毕竟对于消费者而言，抽烟不只是抽烟，其中所代表的意涵是多重的。

英美烟草公司市场调研机构分为总公司、部、区、段、分段五个等级，每个等级负责调查本区的情况，掌握卷烟市场的动态，了解其他烟企的产品质量、价格、销售渠道、生产和销售数量等，可谓巨细靡遗。调查表单包括每周报告表、每月报告表、销售数量日报表、贸易统计表等，内容涵盖农作物的收成及上市的情况、同行的状态、市场情况、卷烟和主要商品的市场价格、经销商和经销店的各种情况，甚至包括军阀战争、捐税增减变化、地方军政长官调动、地方势力等情况，地方人口数、当地生产烟叶情况，本牌烟销路数量及价格、购买者对烟的评价、敌牌烟牌名及销路数量、某字号经理推销方法情况等[1]。英美烟草公司调查表单的科学性、有效性将同时期的竞争对手远远甩在身后，调查人员通过这些表单将各地情况源源不断地汇总到上海总公司。上海总公司在研究了各地状况后，做出更加科学、更贴近市场的销售竞争策略，进而向各区各段下达精确指示。明显的例子如，1918年河北芦汉地区的一份周报显示出英美烟草公司对当地情况的精准掌握，该周报建议上级派遣一名外国推销员来视察此地，顺便重新组织经销商，开展推销工作，并建议在此地特别要提供"鸡牌"香烟，因为当地贫困人口很多，他们只能吸用便宜的香烟，目前他们用烟管吸土烟，英美烟草公司的产品将会大有市场。

通过高效的市场调研，英美烟草公司能够迅速而详细地了解各地的经济情况。因此英美烟草公司的管理从来没有出现过混乱和背离市场的情况，总是能牢牢把握住整个中国市场行情。当时中国烟草界盛传该公司里有英国的特工，所以才能准确预判中国的政治经济变动。此事不管是否子虚乌有，至少从侧面体现了英美烟草公司市场调研的有效性。

烟叶供给的本地化过程中也体现出市场调研对英美烟草公

司的重要性。最初，英美烟草公司的产品除了进口的成品烟外，多以美国的烟草为原料，依靠中国工人进行加工。但高额的进口费用使得利润减少，作为一家被列入道琼斯可持续发展指数名单的企业，英美烟草公司历来"十分重视未来的可持续发展"[2]，上海总部的高层觉得现有的供销体系必须做出改变，于是开始寻求在中国本土种植美国烟叶，以降低产品成本。这样的战略转变也帮助英美烟草公司成功度过历次抵制洋货运动，避免了原料货运在港口被拦截进而断货的困境。1904 年，该公司开始在全国范围内调查烟叶种植和产销情况，寻找美国烟叶的适种区域。截止到 1914 年，英美烟草公司先后在全国十几个省份的近 50 个地区进行了深入调查，东北、华北、中原、江浙、华南、西南、西北都有涉及[3]，撰写了详尽的调查报告，内容包括当地自然环境，烟叶生产、运输、市场，甚至地方官员对外企的态度。例如 1911 年 6 月英美烟草公司关于云南地区的报告，其中详细列出了云南不适合种植美国烟叶的原因，"第一，当地的土壤和气候条件不适宜美国烟种的栽培。第二，当地的烟叶价格太高，因而我们不能期望中国人用美种烟籽培植之烟叶，所花的费用会低于他们土种烟种植的费用。第三，我们必须支付高额的铁路运输以及关税、厘金和通行税等费用。总之，到现在为止，所有本地种植的土种烟叶均供当地消费之用；其次，因有高山峻岭贯穿全省，本省可供种植的面积为数很少；再者，本省人口密集，因而农民几乎不得不在所有可耕的土地上种植稻谷"[4]。正如《孙子兵法》中所言"知彼知己，胜乃不殆；知天知地，胜乃可全"。又进一步指出"天者，阴阳、寒暑、时制也；地者，远近、险易、广狭、死生也"，并且强调"多算胜，少算不胜"，就是要求打好基本功，做好实际调研。英美烟草公司正是经过了这么多耗时费力的实地调查，考虑到土壤、气候、交通等方面因素，最终确定山东、安徽、河南三地作为美国烟叶的种植基地，从而为后来大规模收购烟叶、扩大生产奠定原料基础。

（二）入乡随俗：本土化的销售策略

作为外来的"和尚"，考虑到语言文化、用人成本、工资薪酬等方面的差异，同时为了减少本地社会对外来资本的抵触排挤，英美烟草公司采取入乡随俗的本土化销售策略。曾执掌该公司在华业务近20年的詹姆士·唐默思提起自己的管理策略时说："我坚信我应该尽可能地按照他们的方式与他们做生意……我知道穷我毕生之力我也不可能教会他们中的一小部分人按照我的方式行事；我必须适应他们的方式。这就是香烟一词或文明一词中所包含的启示——适应性（adaptability）。"

英美烟草公司的本土化销售策略内容广泛，包括销售机构、销售人才、销售手段等，几乎囊括了销售的各个要素。与众多踌躇满志的外来企业一样，该公司刚进入中国时也试图将西方近代历史中产生的商业经验复制到中国，但由于中国的商业习惯、风俗、人情与欧美完全不同，再加上行帮组织以及激烈变动的政治形势，还有各地的动乱和排外运动，英美烟草公司面临很多历史中没有经历过的问题。有感于应接不暇，英美烟草公司认识到与其自己直接承担营业上的风险从事销售，不如付出若干佣金委托华商代销，于是该公司开始了销售本土化的尝试。其中最明显的便是建立了督销制度和15号甲级仓库制度，它们融合了近代西方与古老中国的商业智慧，成为英美烟草公司本土化销售的典型代表。

英美烟草公司建立了由总公司、部、区、段、分段五级组成的一整套管理销售机构，在全中国成立了5个部17个区90

个段。刚开始，英美烟草公司将自身国际化的销售机构、销售经验全盘搬到上海，企图在中国复制其在欧美市场获得的成功，但该公司销售情况却不容乐观。可见市场调研是一回事，销售则是另外一回事。几番尝试下来，"穷则变，变则通"，英美烟草公司决心转变销售策略，尝试与中国本土商人进行合作，寻找优秀的经销商来帮助销售。最开始，英美烟草公司与广东著名烟草商人郑伯昭合资成立了永泰和烟草公司，委托永泰和将从英国进口的香烟和中国制造的香烟运销全国。一段时间下来，永泰和推销香烟的数量竟然比英美烟草公司自销机构推销的还多。

获得初步成功后，英美烟草公司开始到全国各地去物色人选担任推销工作，几乎每个省都有一个人负责，名为督销（Distributor）。督销制度整体来说就是：分割市场，各自经营，分而治之，因地制宜，择地生财，精准行销，由中国人经营，由外籍人督检。有的地方成立公司，有的地方设立号子，英美烟草公司不投资，完全由中国人经营。结果就是中国人出资卖洋货，但是洋人负责经理统管。英美烟草公司的分段缩小业务范围，单管与督销联系，负责运送货物，并收集业务情报。各个省份督销的主要任务有推荐本地区大小经销商，设立或变更经销店，开拓本地区的市场，赔偿本地区大小经理的坏账和其他损失。既然市场分割了，各有其负责区域与营销策略，督销不能在本地区以外营业，不得销售其他牌号香烟，不得擅改香烟定价，当然每个分割地区中负责行销的中国人也不可以私自跨区串联。此外，英美烟草公司一般会派一名外籍人员担任督销顾问，承担监督检查的职责，并且避免有人跨区偷跑市场的情事。通过督销制度，各个地区英美烟草的销量与督销收入直接挂钩，这也促使督销竭尽所能，努力增加各自负责区域市场的销售量。英美烟草总公司则是总揽全局，尤其是掌握烟草的原料供应与生产。督销制度是英美烟草公司销售的重要创新，它能够使督销和经销店彼此都获得相当的利益。这个方式使英美烟草公司减少了直接销售与投资的成本，甚至陆续被其他烟草及其他行业所效仿学习，还曾经受到英国公使馆的称许，被认为是西方商业制度活力的例证。但是，换个角度来看，英美烟草公司精准掌握中国市场，中国消费者则是待宰羔羊了。如此所带来的厚利，不免引起觊觎。

英美烟草公司机构本土化的另一重要体现是 15 号甲级仓库的设立。中日《马关条约》规定日本臣民可在通商口岸开设工厂、购买房产，英美各国虽可援引最惠国待遇如法炮制，但对于广大未成为通商口岸的内地来说，外国人仍不许占地经营。对于香烟销售来说，物流运输直接关系市场的开拓与巩固，是考验英美烟草公司商品服务的重要环节。为方便出售货物，英美烟草公司与中国经销商们签订 15 号甲级合同，简单来说就是经销商们出房，用于储存英美烟草公司货物并负责看管；作为报酬，英美烟草公司按照每箱 0.75 元的价格支付租金。据不完全统计，截止到北伐战争前，该公司已在主要地区建立 250 多个仓库。通过这样的方式，英美烟草公司成功绕开了中国法律的限制，在全国获得存放货物的仓库，从而建立起自身的物流传送系统，保证自身商品快速投放市场，同时避免了自己兴建仓库的庞大投资。

（三）以人为本：优秀人才助力快速扩张

如果说创新是英美烟草公司发展的第一动力，那人才就是英美烟草公司发展的第一资源。为了更好融入中国市场，英美烟草公司十分注意招揽吸引中国本土人才，使其为公司服务。

首先，各个地区的督销必须是本地人，且多是望族富绅，英美烟草公司充分利用中国本土旧有的商人或地方官绅，吸引他们成为英美烟草公司的经销商、代销商。江苏邳县人尹占鳌，已有自己的商号瑶湾祥记，在成为英美烟草公司的经销商后，"设经理于瑶湾，设小经理于乡镇，推销邳县全境。盖因地处僻隅，民俗未开……是以营业之始，不甚发达。嗣由尹君苦苦经营，竭力提倡，不惜巨资，屡次送烟开彩，为推销之方法，致各购户欢欣鼓舞，以故不数年间，每月销路大增"。辽宁利顺合德总经理刘金声，自1905年起代售英美烟草公司产品，"其时辽阳地处偏僻，风气未开，吸纸烟者寥若晨星，开设创办，实非容易。刘君昼夜筹划，竭力提倡，雇用小儿沿街叫卖，乡间小贩寄顿出售等等进行方法，不遗余力，嗣后销路渐见畅旺"。总结来说，英美烟草公司正是利用这样一批具有商业眼光和经营才能的本土人才对当地风俗习惯、市场动态、政府法规的掌握，成功在各个地区站稳脚跟，开拓、占领了市场。

其次，英美烟草公司的促销方式也考虑了中国市场的喜好，极具中国特色，所以其广告部门里中国人占据了绝大部分。近代著名广告画家胡伯翔21岁时就受聘于英美烟草公司，为广告部绘制广告画和月份牌画。近代著名画家张光宇也曾在英美烟草公司广告部任职多年，为该公司绘制黑白广告、香烟画片。除了广告制作人员，英美烟草公司的广告内容也是针对中国人的喜好。英美烟草公司的广告经常从中华传统文化中寻找灵感，利用中国传统的书籍、诗歌、俗语做宣传。例如，大前门香烟的广告词是："作文时节神昏昏，眼暗心疲欲断魂。借问名烟何处有，画僮笑指大前门。"该广告词借助了杜牧

《清明》的影响力，改编词幽默诙谐，提高了大前门的知名度。这样的广告不仅接地气，还附庸风雅，自然地创造了需求，开创了市场，提升了消费者的档次。

为了扩大销售，英美烟草公司专门推出了中国本土化香烟品牌，其中"大前门""哈德门"广为人知，在晚清、民国时期的影视剧中常常出现，成为那个时期较为常见的商品。"前门"是指天安门广场南端的"正阳门"。1916 年起英美烟草公司在青岛、天津、上海三地生产"大前门"香烟。"哈德门"原是北京内九门之一"崇文门"的俗称，1923 年英美烟草公司开始在青岛生产"哈德门"香烟。经过几十年的销售，大前门、哈德门几乎达到了家喻户晓的地步，成为该公司产品的代表，这些品牌同时让人弄不清其是洋烟还是国货。

二　如鱼得水：游刃于政府势力之间

在中国，与政府的关系是任何企业都必须积极对待的最为重要的关系之一。英美烟草公司在华经历了晚清政府、北洋政府、南京国民政府等的统治时期，以及抗日战争时期。近代中国的市场不是"完全自由"的市场，而是一个受到各种合法与非法的干预，甚至非经济因素影响的市场。作为一家外企，英美烟草公司即使尽量不参与政治局势的变动，专注业务发展，但还是要利用各种正当或不正当的方式主动来与当局搞好关系。借由与政府稳定的联系，英美烟草公司争取到优惠的政治待遇，从而有利于实现营利增值的目标。

（一）避开纷争，利用特权，专注业务发展

鸦片战争之后，国门渐开，西方商品大量涌入，晚清政府

也从各种商品中抽取税收，但烟草作为在华洋人日用品，在较长时期内一直处于免税状态。在英美烟草公司成立的1902年，晚清政府终于与各国修改了进口税收条约，将烟草划入税收商品之列。彼时刚刚进入中国的英美烟草公司便积极与政治实权人物建立联系，以寻求更为优惠的税率条件。1905年，英美烟草公司向外务部大臣奕劻写信，争辩称自己的香烟并不应该和烟丝同样纳税，"正如外国布是由棉纱制成的，不能再称其为棉纱一样"[5]，希望清政府给予自身低税权利。当时的通商条约规定外国商品进入内地免征关口税，但是本土香烟运销内地反要缴纳厘金，历经层层盘剥，相形之下，英美烟草公司就节约了更多的成本，也更有底气与本土香烟争夺市场。

民国初年政治动荡，政府财政窘迫，就把算盘打到了洋烟厂商的头上了，财大气粗的英美烟草公司看准机会，向北洋政府提出可以予以借款缓解困境，条件是北洋政府要订出英美烟草公司在华商贸的具体税款，之后以应缴税款抵销北洋政府的借款。故意将税款、借款两者挂钩无疑是用一时的借款换取长久的免税，英美烟草公司则可以大举在华扩张而不用担心税收过高的问题。在与北洋政府的谈判过程中，英美烟草公司的代表表示卷烟税收每年征收一两千万两也不足为奇。这样的表述充满谈判时的虚高艺术，不免夸张，但从中可以看出该公司高层对于中国市场的乐观估计，以及影响政府政策的决心。对于北洋政府而言，财政困难当然急需借款，所以也就愿意用之后的卷烟税收来换及时雨。

英美烟草公司十分注重利用自己的外国公司身份，当合法利益受到侵犯时，它往往会利用政治经济特权，寻求外国驻华使馆的帮助，通过引入外交层面的力量实现自身的目标。1915年，北洋政府为扩大税源，决定实行烟酒公卖制度，对象不限于本土企业，在华外企也需要缴纳公卖费用，将商品上交，由政府专卖行统一出售。此举等于是实行中国古代的盐酒铁专卖制度，目的是控制这些影响国计民生的大宗商品，增加税收。英美烟草公司通过政府内部人士知道消息后，立即致电英国驻华公使朱尔典表达抗议，希望由英国驻华单位出面向北洋政府交涉。英美烟草公司反应如此激烈的原因，不仅是西方的自由市场经济因子已融入血脉，公司不能忍受政府对自由经济的蛮力干涉；更为重要的是，英美烟草公司既然已占据了庞大市场，烟酒公卖无疑是把销售的权利转让他人，如此将极大损害英美烟草公司的市场。最后在英国公使的强力干预下，北洋政府宣布公卖制度仅仅限于国产烟企，外资企业及进口烟不受此制度影响。如此一来，则是变相便利了外国烟企，增加了中国烟企的运营成本，这只能怪北洋政府已经向英国借款太多了，谈判底气不足了。

近代的中国割据势力膨胀，中央政府政令不行，无法实际控制全国。1920年，北洋政府将烟税定为国税，由中央政府统一征收，地方政府不得重收烟税。面对中央的行为，有的地方政府想方设法巧立名目，在中央政府统一的烟税之外，另对烟企加收卷烟特税，税率高达20%，等于中央与地方公然联手抢钱。如此一行百效，重新加税的情况在全国其他省份迅速流行开来，广东的香烟印花税达到50%，广西的特种印花税竟然高达70%。英美烟草公司虽然有外国条约保护，但面对独霸一方、蛮不讲理的地方政府时，往往也会有一筹莫展的困境。英美烟草公司虽然通过英国驻华公使向外交部表达抗议，但是无果而终，因为地方政府认为卷烟特税属于营业税性质，坚持主张"洋商向海关领有子口后，各种厘金捐项不能重征，确系存在。然此系对于货物在沿途而论，若货到指定地点，交与华商后，就与洋商无涉，我政府仍可征收、落地等税"[6]。面对软弱的中央政府和强悍的地方势力，英美烟草公司做出了变通，以保证正常的贸易。或许诺借款，或主动捐款，或输送贿金，英美烟草公司与当地政府达成了税收协议，以换取其对香烟贸易的支持。换言之，既然被迫多交的税款逃不掉，干脆退而求其次，直接搞得风光一点。当然，英美烟草公司的捐款并非单纯的公益事业，其中也有宣传企业形象、拉拢官僚的目的在里面，因为英美烟草公司清楚认识到，一家现代企业如果忽视了自己的社会责任，那么必将影响到它追求利润的过程和结果[7]。1920年华北发生灾荒，英美烟草公司捐款10万元救济灾民。此项捐款让华北地区民众对英美烟草公司有了好感，至少让购买其产品的顾客觉得他们是在为救济灾民出一份力。也正是因为这样的义举，英美烟草公司被时任中华民国总统的徐世昌颁发感谢奖状，并表示："英美烟草公司一向对中国和中国人民表示友好的态度，表示愿意和他们进行合作，这一公司成功地鼓励科学种植烟叶的地区的农民和人民的兴旺证明了这一点。中华民国政府欢迎这样的合作，因为这是增进中国和中国人民的繁荣昌盛的最好办法。"[8]英美烟草公司借力打力，成功地塑造了自己的企业公益形象。

英美烟草公司结交地方势力的方式更是多种多样，有时甚至会通过拍摄电影的方式。1924年9月上海英美烟草公司就曾专门派人前往洛阳，为军阀吴佩孚检阅部队拍摄电影，吴佩孚也乐得配合，风光入镜。

（二）扶持政府代理人，获取长远发展利益

在南京国民政府统治时期内，长期掌管财政工作的宋子文是英美烟草公司重点联系的对象，通过与宋子文建立良好的关

系，该公司的在华业务得到了充分尊重乃至支持。早在北伐军节节胜利时，该公司就看到了结束混乱、建立统一稳定市场的希望，也在积极寻找新政府中的合作人选。武汉国民政府成立之初，百废待兴，该公司主动联系财政部长宋子文，提出可以预购税款 50 万元，条件是政府将辖区内的卷烟税降至 12.5%。急需财政支持的国民政府欣然同意。1926 年 12 月，武汉国民政府颁布新的烟税，卷烟一律抽税 12.5%，凡烟价 90 元以下者，纳税 10 元。每递增 20 元，增税 2.5 元。英美烟草公司积极主动影响政府决策，使自己获得极为优惠的政策，也体现出该公司管理层敏锐的商业头脑。此种政治投资，尤其表现在对政治人物身上。随着宋子文在南京国民政府的地位更加稳固，他与该公司的关系也更为牢固，这种过从甚密的关系甚至成为政敌们攻击宋子文，逼迫其下台的理由。1928 年，该公司主动提供借款支持宋子文筹建中央银行，以帮助宋子文抵御政敌的进攻，并且巩固他在政府中的地位。此外，该公司还积极通过支持工作、赠送礼物等方式维系与宋子文的感情。1929 年，该公司认购财政部"裁兵公债"5 万元。1935 年，借款 75 万英镑给财政部。1931 年，该公司甚至还代拨政府应发给各地税局的经费。1947 年 4 月，该公司高层还特意指示下属为宋子文、宋美龄兄妹两人各送上 200 公斤的废弃烟末，作为花园中植物的肥料。

政治掌权者不免投桃报李，英美烟草公司借由与政府的良好关系及特定政治人物的私人情谊，在历次卷烟统税改革中都获得了减免税率的优待[9]。在市场上兴起抵制洋烟的运动时，该公司也直接致电国民党政府财政部，要求查禁排斥外商卷烟的活动。当民族企业和敌对势力向宋子文抗议该公司独享优惠时，该公司也会同意适当提高税率，以安抚反对的声音。宋子文甚至将税务员派驻于该公司，专门负责联系事宜[10]。总之，该公司通过与国民政府高层建立密切的联系，可以第一时间获知政府的各项政策，最先采取应对措施，事事领先竞争对手。

三 善用优势，力压南洋兄弟烟草公司

庞大的中国市场对于任何企业都极具吸引力，英美烟草公司注定不会一家独大，它也面临着其他帝国主义烟企及中国本土烟企的竞争，尤其以南洋兄弟烟草公司最为强劲。南洋兄弟烟草公司是由广东南海华侨简照南、简玉阶兄弟创办的民族企业，它诞生于1905年抵制美货运动中，以国货自强为号召，天生具有浓厚的爱国属性。南洋兄弟烟草公司成立后，乘着实业救国的风气、民众支持国货的热情，顺应民族资本主义蓬勃发展的历史大势，努力改进生产，降低成本，迅速成为一家实力强大的烟企。英美烟草公司为了维护市场地位，与南洋兄弟烟草公司正面对决，双方在形象公关、商业情报、价格、广告、商标等方面展开了激烈的竞争。

（一）你来我往，竞争不断

1919年日本在巴黎和会上提出继承德国在山东的权益，招来中国人民的强烈反对，爆发五四运动，国内抵制日货的呼声日盛一日。英美烟草公司探知南洋兄弟烟草公司的简照南曾加入日本国籍，于是马上宣传这一消息，使得南洋兄弟烟草公司成为众矢之的，变成了抵制日货运动的目标。当抵制日货运动推向高潮之时，英美烟草公司指使其广州代理人江叔颖在当地报纸上发布了一批文件，证明简照南持有日本护照，有日文名字，并曾以日本公民身份在日本法庭上打过官司。顿时，南洋

兄弟烟草公司与日本的联系马上成了热点新闻。其后，该公司还不断散布南洋兄弟烟草公司与日本的各种关系，例如从日本进口机器，获取日本贷款，日人持有南洋兄弟烟草公司股票，聘请日本技师等等，试图使公众相信，南洋兄弟烟草公司的产品不是正宗的"国货"[11]。迫于舆论压力，北京农商部一度取消了南洋兄弟烟草公司的执照，并宣布应将南洋兄弟烟草公司视作日本企业，勒令其停止营业，禁止运销。南洋兄弟烟草公司的名声因此落到最低点，销售额一落千丈，有报纸报道，此时南洋兄弟烟草公司的卷烟在长江流域和华北事实上绝迹了。英美烟草公司则成功地通过散布情报信息重创了竞争对手，利用信息战带动舆论风向，扩大了自己的市场份额。

1925 年"五卅运动"爆发后，"打倒帝国主义"的敌外情绪高涨，英美烟草公司受到全国范围内的抵制，南洋兄弟烟草公司在这个过程中推波助澜，企图顺势排挤掉英美烟草公司市场份额。该公司上海的董事发信给地方上的销售经理们，直接下指导棋，告诉他们如何反击南洋兄弟烟草公司。要求地方经销商抓住一切机会，宣传该公司的印刷品都是在中国生产的，而南洋兄弟烟草公司的印刷品和其他物资都是在日本购买的。南洋兄弟烟草公司生产卷烟的工厂不是设在上海的外国租界，就是设在被英国殖民统治的香港，则是利用了上海给外国人的条约权利，或让英国政府对他们的香港工厂实行保护。总之，英美烟草公司使用中国烟叶，在中国生产，为中国创造利润，而南洋兄弟烟草公司生产的香烟才是外国制品，才更应该被抵制[12]。

英美烟草公司也积极收集南洋兄弟烟草公司的业务情况，以灵活调整销售策略。例如 1926 年 3 月，该公司宜昌分公司致信汉口区经理，详细报告了本地区内南洋兄弟烟草公司的销售情况。"他们在 2 月份总共售出了 18.40 箱卷烟，去年同时期他们售出 130.5 箱，上个月（1 月）售出 20.5 箱。这说明他们的营业除'大富国'外，月月下降。'大富国'牌卷烟在 2 月份售出了 15 箱，全部是运到内地销售的，没有在当地出售。"[13]为探知南洋兄弟烟草公司在天津的销售情况，英美烟草公司还专门派人在车站盯梢，甚至通过贿赂货运人员的方式，获得南洋兄弟烟草公司货物的装卸转运情况、分销网络情况等。在分析这些商业信息的基础上，该公司对南洋兄弟烟草公司在天津的畅销品牌"大爱国"进行针对性打击，进而推出颜色、图案设计类似的"大中国"牌香烟，进行低价竞争，而且质量更胜一筹。英美烟草公司凭借质量、规模、资金上的优势，让"大中国"成功打开销路，使得南洋兄弟烟草公司的"大爱国"面临滞销的困境。

有时英美烟草公司甚至提前探知了南洋兄弟烟草公司的下一步计划。如 1926 年 6 月，该公司得知南洋兄弟烟草公司将在沙市区面向经销商发放 200 万元的大笔信贷，为的是赢得卷烟经销商的好感，从而推行一个大的推销活动。英美烟草公司的人十分密切地注视着对手的每一个动向，随时准备应对[14]。

（二）技高一筹，英美烟草公司掌握主动权

客观来说，英美烟草公司具有先进的技术及经营理念，借由市场竞争，对中国烟草业的发展起到了一定的带动作用，可算是蹒跚起步的民族烟企学习的对象。该公司也察觉到这一点，时不时通过法律途径，状告民族企业抄袭侵权。市场竞争中有攻有守，1924 年该公司起诉南洋兄弟烟草公司的"大洋钱""前门""福禄""多福"四个香烟品牌模仿自己的商标。南洋兄弟烟草公司的另一个品牌"大喜"则是被认为严重抄袭英美烟草公司的"三炮台"，借以在市场上抗衡畅销的"三炮

台"。1925 年，经过商标局的审理，南洋兄弟烟草公司被裁定注销已有的"大洋钱""福禄"品牌，更换"纪念"品牌的英文名称[15]。

商品价格是商业活动的重要因素，适当地降低商品定价可以吸引顾客，增加销量，赚取丰厚的利润。价格战经常被作为行销策略之一，是企业为了占领市场所常用的一种竞争手段。市场地位较高的英美烟草公司，则善于利用规模优势，主动通过调整商品价格来与南洋兄弟烟草公司竞争，试图通过长期消耗盈利，迫使实力稍弱的南洋兄弟烟草公司让步。当然还不至于到价格割喉战的地步，英美烟草公司必须事先精确估计市场的供给与需求曲线，才能精算出可以调价的范围及其效应，这时候英美烟草公司先进的市场调研能力就派上用场了。

"未战而庙算不胜者，得算少也。多算胜，少算不胜。"1932 年，英美烟草公司决定将 50 支装的"五花"牌香烟价格由每箱 650 元降为 450 元，零售价由每听 0.7 元降为 0.5 元，以与市场上南洋兄弟烟草公司的"小白金龙"竞争。之后又利用技术优势，日夜加工，快速推出"使馆牌"香烟。此香烟品质优良，且有量产优势，所以在售价上低于"小白金龙"。但是，南洋兄弟烟草公司难以降低生产成本，无法降价出售，只得积极拉拢经销商，加强推销，维护市场基本盘。在西南地区，英美烟草公司通过降价促销的手段，将南洋兄弟烟草公司的香烟逐步挤出市场，自身市场占有率由 30% 提升到 70%，可算是成效卓著。

购买香烟赠送物品也是英美烟草公司吸引顾客的常用手段。1933 年 4 月，九江英美烟草公司致信上海总部，建议对农村地区专门研发"华芳牌"香烟，以与南洋兄弟烟草公司的"大长城牌"香烟竞争。为建立竞争优势，信中还建议实行一种凭"华芳牌"烟包兑换生活物品挂衣架的方式。香港地区的 10 支装"哈德门"及 20 支装"华芳"内，均装有赠券，可以兑换牛奶、香皂、毛巾、手帕、火柴等生活用品。南洋兄弟烟草公司评价英美烟草公司此种促销行为，虽然丝毫无利润可赚，"忖其用心，无非欲用本伤人"[16]，挤压竞争对手而已。当然，低于合理利润的降价促销只是一时的，目的是吸引住顾客，能够取而代之。在获得稳定的市场份额之后，英美烟草公司便会根据成本利润，以正常的市场价格出售商品。

除了直面竞争之外，英美烟草公司也曾与南洋兄弟烟草公司联手，反对军阀横收暴敛。二者也有机会站在同一战线，英美烟草公司曾经四次希望通过谈判，直接收购南洋兄弟烟草公司，但是都未取得成功。今天，远离当年商场硝烟的后人可以评价说，南洋兄弟烟草公司不断学习，持续改进，奋起直追，最终赢得自己的市场，可说是一家充满爱国心的民族自强品牌。同时，英美烟草公司凭着科学的管理、先进的运作、过硬的质量，牢牢占据市场，成为南洋兄弟烟草公司等学习的对象[17]。

四 在被抵制的危机中发展壮大

20 世纪上半叶的中国反抗帝国主义欺凌，抵制洋货运动此起彼伏，支持国货的普遍心态不曾稍退。作为支配中国烟草市场的在华外企，逐渐发展壮大的英美烟草公司在当时也受到了不少中国人的抵制。同时，其资本来自英美两个国家，导致该公司被抵制次数远远多于其他单一资本来源的外企。抵制运动发端于市场客户端，根基在于民众的爱国需求。如何才能尽量减少抵制运动带来的冲击，维护市场规模与销售利润，自然成为英美烟草公司高层的棘手问题。

（一）抵货运动反复，市场销售量大减

英美烟草公司进入中国的时机正是清末《辛丑条约》刚完成签订，条约中规定的巨额赔款等内容大大刺激了中国人的民族情感，在其后爆发的历次规模性抵制洋货运动中，英美烟草公司总是被波及成为被抵制的对象。据统计，近代以来对英美烟草公司产生严重影响的规模性抵制运动有：1905年的抵制美货运动、1915年的抵货运动、"五卅运动"和省港罢工时期的抵货运动、北伐时期的抵货运动、"九一八"事变后的抵货运动。其中以1925年上海"五卅惨案"所带来的抵制最为强烈，原因在于"五卅惨案"中打死打伤爱国群众的是英国巡捕。惨案发生后，英货、日货首先受到大规模的抵制。在上海，大规模的学生示威游行不断，英美烟草公司的货物被政府责令纠察，业务陷于停顿。在杭州，该公司的广告牌被摘下，货物被封存，停止销售。嘉兴的学生甚至在游行宣传画中列出英美烟草公司的大小所有牌号，并画上乌龟图案，以极具侮辱性的方式警示人们抵制英美烟草公司。在河南，游行学生散发的传单上把英美烟草公司的哈德门作为英货的代表加以抵制，"比鸦片还毒的哈德门香烟不是英公司的出品吗？同胞们呀！若不愿为亡国奴，请千万不要吸哈德门香烟！请起来一致抵制一切英国货"。在其他地区，英美烟草公司的经销商遭到恐吓罚款，香烟被强制没收，雇员被迫辞职，报纸拒绝刊登英美烟草公司广告，甚至铁路工人都拒绝装卸该公司的货物。面对声势浩大的抵制运动，经销商们纷纷歇业关门，导致销售额大减。以近代最为发达的上海为例，"五卅惨案"之前上海地区的卷烟中有90%是英美烟草公司的，只有10%是华商的。抵制运动爆发后，这一比例完全倒过来了，90%是华商的卷烟，只有10%

是英美烟草公司的。

在抵制英美烟草的过程中，普通民众爱国心切，政府军阀隔岸观火，竞争对手们则是推波助澜，积极活动，努力将"五卅惨案"与英美烟草公司联系起来，希望借此排挤掉英美烟草公司，来扩大自身的市场份额。南洋兄弟烟草公司就通过直接为爱国群众提供活动经费补贴、透漏商业信息等方式，帮助学生扩大抵制运动的范围，延长抵制运动的时间。在宁波，南洋兄弟烟草公司向学生捐助款项，并方便学生停留码头，以检查来往货船是否有英美烟草公司的货物，同时威吓经销商不得再进该公司的货物。在山东，南洋兄弟烟草公司把烟草销售商人组织起来，号召他们销售自己的货物，退还洋货。在湖北，南洋兄弟烟草公司的宣传单上画着一只吸着哈德门牌香烟的乌龟，下方小字标注："你仍旧在吸哈德门或其他牌号的英国香烟吗？"[18] 此外，南洋兄弟烟草公司还将"五卅惨案"制作成图画发放，借以警示国人勿忘国耻，趁机在图画下面列出南洋兄弟烟草公司的所有品牌。通过这些方式，在"五卅惨案"发生后的半年时间里，南洋兄弟烟草公司的销售额、盈利水平快速增长，反观英美烟草公司的销售数量、销售额则是持续下降，该公司在华遭遇极大挫折 [19]。

（二）避开矛头，多管齐下维护市场

在拓展海外市场的过程中，英美烟草公司采取了入乡随俗，立足中国市场实行本土化的销售策略，但也没有忘记最基本的自由市场原则，没有忘记私有财产不可侵犯。面对在中国市场的待遇，英美烟草公司充分利用已有的规则，尽量避开爱国群众的抵制矛头，并且进行了多种方式的规避、反制，尽可能维护自身的权益。

为了度过危机，英美烟草公司用尽了一切方法，甚至包括贿赂政府实权派、收买学生、寻求殖民军队保护等不光彩的手段，总体目标就是要塑造负责任、有担当的企业形象，以争取中国人民的理解与同情。一方面，英美烟草公司通过在报刊上发表公开声明、培训销售人员、发放传单等方式，解释说明英美烟草公司对于中国税收、烟草行业、工人就业、烟农收入、社会慈善等方面的积极贡献。力图让民众明白，如果中国人不吸驻华英美烟草公司在中国制造的卷烟，那么成千上万名山东、安徽、河南的农民能把他们的高级烟叶卖给谁呢？谁将给数万名中国人提供工作？谁去购买中国人所制造的商品？为何不看看英美烟草公司所买进的各种物品呢？如果中国人不吸这些本国产品，结果不就是在夺去数万同胞唯一的生活手段吗？该公司还组织工人、烟农，以他们的名义呼吁停止对英美烟草公司的抵制。为了更好地宣传，该公司甚至还专门制作了《英美烟草公司在华事迹纪略》小册子，印刷了至少25000册，送给商人、政府官员、报纸编辑、大学教员、学生、工会会员等群体，以广泛宣传英美烟草公司对中国的贡献。换言之，英美烟草公司不与抵制运动对冲，不与爱国情感抗衡，只是对此情况，不作特别回应，转而将焦点转移到本土员工身上。

另一方面，英美烟草公司强调自己的非英属性，即卷烟部分产品原料来自中国本土，或生产在中国本土进行，试图通过证明自身的全球化特征，努力与被抵制的国家商品降低联系。当群众质疑英美烟草公司所采用的草纸产自日本时，该公司还拿出外交文件证明它们都是地道的美货。"（红锡包牌香烟）证明系用美国烟丝制造，而且完全是在美国境内制造之货等等。各界有怀疑者，请询大美国驻沪总领事，当知所言之不谬也。"极力强调英美烟草公司努力宣传英货与美货的不同，公司在华最重要的品牌哈德门是纯正的中国烟。总之，不仅将公司的营运与中国本土的生计利益挂钩，同时尽量与被抵制的英国切断联系。此外，拥有雄厚资本的英美烟草公司还采取降价促销措施，降价力度大，例如将山东地区销售的"红印牌"香烟的价格削减到85元，使抵货运动无法阻止这种由低价所带动的需求增加。毕竟对于贫困劳累的底层民众来说，英美烟草公司产品仍是极具性价比的商品。

在稳住民众之后，英美烟草公司还需要说服经销商，保持市场地位。代理销售该公司产品的经销商们身处抵制运动的最前线，与激愤的学生、群众直面接触，如何维持他们对该公司的代售业务，巩固其对该公司的信心，成为该公司高层的一大难题。英美烟草公司选择建立奖励金制度来拉拢经销商。具体操作就是提高经销商的奖金与分红，将该公司的销售情况与经销商个人收入挂钩，借以刺激经销商，提高销售业绩。面对"五卅惨案"所带来的严重冲击，该公司的董事在经销商大会上说道："我们今年的营业是否能够有分红，取决于今年最后一季度发生什么事情。7月、8月和9月的销售将决定我们的中国朋友们——经销商和雇员们——是否会在明年1月份得到75万元，可能更多一些，或者是什么也没有。我们的经销商能安然不动地让无知的学生和嫉妒的竞争者从他们那里将大笔的钱取走吗？我们的中国工作人员是否不仅要受到不公正的压迫，而且还要遭受金钱上的损失？"同时，英美烟草公司还提出，经销商每售出一箱哈德门香烟即可获得5元甚至10元的奖金。此外，该公司还成立英商驻华英美烟草股票有限公司，公开发行股票，招募经销商和地方实力人士入股，定期分红，从而将经销商与自身更为紧实地绑在一起。结果是经销商们果然更加大力推介英美烟草公司产品，其与英美烟草公司的关系也更为紧密。

当然，在面对蛮横抢夺的极端情况时，英美烟草公司也会请求英美力量和军阀势力的介入。由于外国人在中国享有治外法权，其船只和军舰可在内河航行，以保护在中国的外国人民及其财产的安全。"五卅运动"爆发后，英美烟草公司利用政治特权，要求外国军事保护。宁波的英国商会督促英国领事派军舰前来，结果也如事先所预期的。"自美国驱逐舰到后，宁波情况甚为平静"，虽有学生游行，但秩序良好。为让英国水兵保护英美烟草公司在镇江的利益，上海英美烟草公司同意让英国水兵无限期使用英美烟草公司在镇江的宿舍。不过，直接寻求外军保护的成本过高，英美烟草公司主要还是依靠中国的势力。

金钱有时是通神的利器。在天津，英美烟草公司经理得到上海总部的回电，指示他每月支用 1500 元作为贿赂军队的经费，特别嘱托他按照适当的价格一次性付款，切记不可按每箱 2 元钱向军队交纳保护费，以避免形成永久性的征税。在湖北，英美烟草公司联系湖北政府里对外友好人士，促使湖北的督军采取了反对任何暴力行动的强有力立场，不许学生在该省采取激烈行动。英美烟草公司因而得以正常装运货物，经销商也能够不受干扰地售货。在上海，抵制运动致使英美烟草公司的"红锡包"香烟销量大减，美国驻华公使便写信给军阀孙传芳说情。孙传芳立马发布训令，利用秋操的名义到上海采取了严禁抵货、封闭"提倡国货会"等措施，瓦解、镇压市民的抵货运动。

虽然香烟并非民众的生活必需品，但长期形成的对香烟的嗜好和依赖很难因为抵制运动而消失。近代以来的抵制洋货运动根本上是经济领域掺入民族主义，而非外国商品本身的危机，这就决定了抵制运动并不可能长久，民众也不会因爱国热情舍弃长久的经济利益。虽然每次抵制运动爆发时，英美烟草公司的销售量会受到一定的影响，但采用上述应对措施后，英美烟草公司成功降低了抵制运动带来的消极影响，香烟销量在一段时间后总能恢复过来。可见，外企面对当地的刚性需求，早已未雨绸缪，所谓的抵制运动也只是维持时间长短的问题了。

每个企业都可能遇到危机，在危机来临时，有些企业或许破产倒闭，有些企业或许一蹶不振，但有些企业却能正确对待危机，通过规避风险，甚至利用机遇来使企业重新崛起，并且不断发展壮大。作为一家跨国外企，面对政治因素所引发的销售危机，英美烟草公司正确对待，通过以上有软有硬、灵活多变的应对措施，成功降低了抵制运动带来的影响，一次又一次地渡过难关，牢牢占据着中国烟草的龙头地位。在今天的经济全球化过程中，政治因素时时侵入经济领域，民粹主义大有流行之势，英美烟草公司在应对抵货运动中的表现是许多中国企业"走出去"的有益借鉴。

总而言之，孙子曰："昔之善战者，先为不可胜，以待敌之可胜。不可胜在己，可胜在敌。"英美烟草公司"先为不可胜"，逐步建立自身的优良企业制度，结合本土化的市场调研，发展自己的地理经济，制定销售策略，提升产品质量，降低产品成本，促使自己立于不败之地，"以待敌之可胜"，降低本土卷烟的市场占有率，进而垄断中国的市场。其他方面的努力，例如借助于英美力量与军阀势力，发展在地公关等。整体战略就是在于先着眼于自己，确保自己不被战胜，而不是使对手一定会被我方战胜，正所谓"能为不可胜，不能使敌之必可胜"。再者，"胜可知，而不可为"，英美烟草公司在中国市场的胜利是可以预见的，虽然不能强求，该公司没有强求，也犯不着将竞争对手赶尽杀绝。

在半个世纪里，英美烟草公司与近代中国的政学商农工各个阶层都曾发生联系，从达官贵人到平民百姓几乎都是它的顾客。该公司之所以在华取得巨大成功，不平等条约带来的政治经济特权只是其中的部分原因，公司本身的正确经营管理更为关键。平日做好基本功，"无恃其不来，恃吾有以待也；无恃其不攻，恃吾有所不可攻也"。该公司在半殖民地半封建社会的旧中国的成绩体现了近代企业制度的成功，也证实了自由市场经济一样可以突破环境限制，逐步迈向成功。

参考文献

[1] 仝群旺：《英美烟公司在华销售研究（1902—1952）》，合肥：合肥工业大学出版社，2017。

[2] 刘亚丽、龚金龙主编《国外烟草企业发展创新：英美烟草卷》，武汉：华中科技大学出版社，2020。

[3] 上海社会科学院经济研究所编《英美烟公司在华企业资料汇编》（1），北京：中华书局，1983。

[4] 上海社会科学院经济研究所编《英美烟公司在华企业资料汇编》（1），北京：中华书局，1983。

[5] 上海社会科学院经济研究所编《英美烟公司在华企业资料汇编》（2），北京：中华书局，1983。

[6] 上海社会科学院经济研究所编《英美烟公司在华企业资料汇编》（2），北京：中华书局，1983。

[7] 王强：《近代外国在华企业本土化研究：以英美烟公司为

中心的考察》，上海：上海人民出版社，2012。

[8]　上海社会科学院经济研究所编《英美烟公司在华企业资料汇编》（2），北京：中华书局，1983。

[9]　王志军：《论英美烟公司与旧中国的"协定烟税"》，《许昌学院学报》2006年第3期。

[10]　杨在军：《南京国民政府时期上海英美烟公司劳资冲突研究——劳方、资方与政府关系视角》，《社会科学》2018年第7期。

[11]　史全生：《英美烟公司与南洋兄弟烟草公司之争》，《南京大学学报》（哲学·人文科学·社会科学版）1998年第3期。

[12]　中国科学院上海经济研究所、上海社会科学院经济研究所编《南洋兄弟烟草公司史料》，上海：上海人民出版社，1958。

[13]　上海社会科学院经济研究所编《英美烟公司在华企业资料汇编》（2），北京：中华书局，1983。

[14]　上海社会科学院经济研究所编《英美烟公司在华企业资料汇编》（2），北京：中华书局，1983。

[15]　赵娟霞：《从英美烟公司对民族烟厂的侵权案看近代中国知识产权制度的失效》，《江西财经大学学报》2004年第1期。

[16]　中国科学院上海经济研究所、上海社会科学院经济研究所编《南洋兄弟烟草公司史料》，上海：上海人民出版社，1958。

[17]　杨玉洁：《近代中外企业竞争对中国民族企业的促进——以英美烟公司与南洋兄弟烟草公司竞争为例》，成都：四川师范大学硕士学位论文，2007。

[18] 李惠芬:《20 世纪 20 年代中后期英美烟反抵制销售策略研究》,《商丘师范学院学报》2003 年第 6 期。

[19] 谢晓鹏、宋威:《试论"英美烟"与"南洋"的不公平竞争》,《五邑大学学报》(社会科学版) 2006 年第 4 期。

美商上海电力公司：审时度势，迎难而上

中国上海是发展得最活跃的城市之一，它的发展离不开上海电业的发展，而提起上海电业，则又不得不提起一个在近代上海电业鼎鼎有名的企业——上海电力公司。

一 初步发展

（一）起步

1882 年，在声势浩大的洋务运动中，中国工业的发展展现出前景一片光明、充满商机的模样。英国人罗伯特·立德禄（R. W. Little）乘趋势利用自己曾任工部局董事长的身份，招股5 万两成立上海电气公司——上海电力公司的前身。上海电气公司成立后，随即创办了上海首家发电厂。一位英国人可以利用曾经担任上海市的高级官员来进行招股投资，正是反映了当时租界的特殊政治氛围，以及当地急需电力供应的社会环境。

1882 年 7 月 26 日下午 7 点，发电厂开始发电，15 盏路灯在这个有着"夜上海"美称的城市亮起，上海成为继巴黎和伦敦之后，世界上第三个使用电的城市。夜幕下，弧光灯一齐发光，灯光耀眼明亮，吸引成百上千的人聚集于外滩，以一种新奇又惊喜的心情围观这先进的新事物——电路灯。第二天，上海中外报纸都对此作了报道。当时面对这一先进科技，有两种截然不同的反响。有识之士对之大加赞赏，称之为"奇异的自

来月"，甚至咏诗加以称颂，庆贺这一先进科技就此在中华大地传播；而另一方面，思想保守落后的清政府上海道台却不这么认为，他认为"电灯有患"，"设有不测，焚屋伤人，无法可救"，不仅下令禁止中国人使用电灯，还照会英国领事馆停用。然而，科技革命所带来的变化与便捷是压倒性的，电灯正是电气革命最重大的创造之一，电灯的效用是油灯、煤气灯等其他照明用具无法比拟的，它的优势被越来越多的人所认识，上海道台禁不住电力使用的推广，中国人竞相装接电灯。从此，电灯代替了煤气灯，照亮了上海外滩的夜景，路灯明亮通宵达旦，象征着这个"不夜城"的电业自此如同明星冉冉升起，不断发展壮大。

此时，距离著名的电力公司、后来合并成通用电力公司的电气公司——爱迪生电灯公司的成立仅仅不到四年，比东京电力公司前身——东京电灯公司的成立还早一年。由此可见，上海电业的发展不可谓不先进，甚至可以说，此时的上海电业可是站在世界电业的最前沿，并遥遥领先于同时期其他城市的电业发展。这一切都离不开"知彼知己"的英国人罗伯特·立德禄的慧眼独具，他在预见了上海电业的商机后，及时利用自身的职位便利，抓住商机，一举创办上海电气公司。正所谓"虽有智慧，不如乘势；虽有镃基，不如待时"，高瞻远瞩，善于利用自有的优势条件，以及下定决心抓住时机三者缺一不可。

（二）挫折

一个行业的成长与崛起，从来就不是一蹴而就的。1883年，上海电气公司签订承包租界部分道路照明合同不久后，改成立为上海电光公司，鉴于场地及水源的限制，将厂址迁至乍浦路41号，并从英国购入新的发电机组，筹划扩大规模。然而企业规模扩大，不仅没有带来上海电光公司预想中的收益，反而带来了一系列问题——资金短缺、弧光灯无法适应上海的气候环境、备用设备难以到位。结果是上海电光公司的收益一路下滑，甚至出现了亏损现象，公司高层管理人员意见也出现了分歧——创始人立德禄有意将公司卖给工部局，但是董事长韦特莫尔则坚决反对。在多重困难和压力下，上海电光公司于1888年停业了。

同年，在原上海电光公司的基础上，原公司董事长韦特莫尔及原董事坎贝尔（R. M. Campell）等人重新组建了新申电气公司（New Shanghai Electric Company）。在1889年工部局纳税人会议上，坎贝尔通过激烈辩论，说服了工部局与新申电气公司签订新约。新约要求：新申电气公司的弧光灯路灯总数从60盏，增加到72盏，平均每盏收费从250两降低到225两，公司的股东们年度可分7％股息。这等于是公司重组后不选择谨慎路线，反而是扩大了营运规模，希望借由冲高营业额来带动更多的生意，因此对股东做出更为优惠的承诺。其中有些猫腻耐人寻味，原先经营不善、技术不到位的公司利用"画大饼"与增加优惠来吸引资金，只能说是当时的中国投资者高度乐观地预期电力产业，也就赋予了厂方非常大的信心。

除此之外，为扭转经营初期的亏损局面，从改进技术层面下手。1890年新申电气公司决定从英国引进最新的交流发电机及白炽灯，并添置了一台25千瓦单相交流发电机和16匹马力双缸凝汽式蒸汽机。白炽灯的寿命和亮度均高于电弧灯，公司对白炽灯的收费制度也随之改成由实耗计算，表示该公司更有把握能够精确掌握整体成本。白炽灯更受欢迎，很快便在公共场合及各大洋行中普及开来。新申电气公司也凭借交流电技术和白炽灯逐渐摆脱了经营困境。换言之，该公司利用添购资本财来提高营运效率，进而增加营收。但是，这样的成绩可是要伴随着相当高的融资与营运成本的！

好景不长，新申电气公司没有平顺地经营下去。1892 年，原上海煤气公司董事长珀尔登（J. G. Purdon）走马上任工部局董事长，他不仅对电力发展不感兴趣，还以电灯线路混乱，不符标准，威胁人身安全等理由，提出必须将架空线路改为地下电缆。新人新政新压力，这项要求极大地打击了新申电气公司。地下电缆的铺设耗资不菲，这对刚走出困境的新申电气公司来说，无疑是又一个生死难关。

从财务规划的角度来看，在上海电光公司时期，就是希望借由扩大业务规模来寻求翻盘，但是除非市场接受度也随之提高，否则几番大规模增购设备，已经造成相当大的财力负担。如果拓展地下作业，无疑是雪上加霜，不免形成利益远大于成本的经营困境。金融杠杆若是玩不动了，就可能成为压倒骆驼的最后一根稻草。只能说，当时的上海市场混沌无序，连过河都未必摸得到石头。

（三）重启

1893 年 8 月 20 日，租界当局参照当时英国大城市的做法，效仿其将电力供应控制在政府手里经营管理的模式，用税金 80159 两白银收购了新申电气公司，并成立专责单位工部局电气处（Shanghai Municipal Council Electricity Department），归租界当局管理。工部局电气处正是后来闻名中外的美商上海电力公司（简称"上电"）的前身，租界引进国外的管理模式倒是开辟了一条大路。

此后，上海公共租界的电力主要由公共租界的工部局电气处供应，这对上海的工业发展起了巨大的作用。有学者指出：

"上海的工业繁荣，实际上几乎全是由工部局电气处的进取和努力所致。过去三年里，各类工厂像雨后春笋般开设起来，厂址大多在公共租界西北区，沿苏州河的两岸。这些工厂大多使用工部局设在江边的电厂的电力。"电力是近代工业的重要发展动力，上海后几十年的工业迅速发展，工部局电气处功不可没。1893 年至 1929 年，上海的企业、公司大批量地建立，大量工厂聚集建设在杨树浦区，极大地推动了上海的经济发展，究其原因，电气处的电力支持发挥了显著的推动作用。

若说经济增长取决于四方面的因素——人力资源、自然资源、资本与技术，那么电气处的成功，则离不开这四点——先进的电力技术和电力设备、充足的人力资源和优待人员政策、广告宣传的到位、集资方式多样。

1. 先进的电力技术和电力设备

经济发展是硬道理，工业要发展，技术是最坚固的基石，而电气处成功的最大原因，正是其拥有先进的电力技术和电力设备。早在电气处时期，上海的电力工业就有了长足的进步，发电站、输电网络、电气设备等电业基础设施都得到了较为全面的发展。

电气处首先在新申电气公司原址上建立了中央电厂，随着用电负荷不断增加，电气处又于斐伦路（今九龙路）重新建立一座中央发电站。此后几年，随着公共租界用电需求不断增加，斐伦路发电厂也不断购入新的发电设备。至 1900 年，斐伦路发电厂的设备容量已达 576 千瓦，然因用电量依然持续攀升，"电厂即使日夜发电，仍不敷应用"。经济增长进而推动电力需求，电力需求又推动经济增长。两者相辅相成，互为因果，相互正向影响。

1901 年，电气处从英国招聘的新任总工程师阿尔德里奇

（T. H. U. Aldridge）提出改造发电厂的计划，提议将发电厂全部的直流发电机改为交流发电机，并将用户电压逐渐从 50 伏提升到 220 伏，四年后这项创新改造计划基本完成了。此后斐伦路发电厂又陆续购买了数台发电机，并在 1912 年负荷达到 6000 千瓦的历史最高值。

尽管在电气处的不断扩容下，其供电能力不断提高，上海地区的电力仍供不应求。然而此时的斐伦路发电厂已无空间再添发电设备，好在总工程师阿尔德里奇早有预料，在 1907 年就计划建立新厂。但是由于放弃蒸汽机改用汽轮机发电的技术问题及资金问题等，新厂建造计划推迟了四年。

1913 年 4 月 12 日，在复兴岛以西的黄浦江沿岸地区，新厂江边电站建设完毕，即广为人知的杨树浦电厂。杨树浦电厂设备先进，成立之初就安装了亚洲最大的新型水管式锅炉。同年，电厂又安装了世界上最先进的汽轮发动机。至 1914 年，上海已经成为中国和东亚的一个低价电力中心，电力在棉花行业及面粉、造船、机械和其他当地工业中广泛应用。1921 年，在供电能力方面，在英国国内也只有曼彻斯特能与之相比。1929 年夏，杨树浦电厂又新增 4 万千瓦的发电机组，设备容量达到 16.1 万千瓦，这也是电气处出售给依巴斯公司前最终的设备容量。总之，这种供需同时急速增长的盛况，一方面显示出上海电业市场扩展迅速，另一方面也显示出电气处技术之先进、设备之革新。总之，当时上海工业电气化的程度可以媲美美日等国。

2. 充足的人力资源和优待人员政策

对于企业来说，降低劳动力成本和原料成本，是提高收益的重要途径。而电气处最具特色的经营管理，就是充分利用了中国本地的廉价劳动力，并在此基础上吸引大量本地人才。

在电气处时期，其主要职员分为两类：一类是领导和技术干部，此类职员均由外籍人员担任，按国外聘用合同聘用，电气处不但要支付高额外币薪金、提供优越的生活待遇，而且在法律上较难解聘；另一类是在本地招收的普通工人，称为老工友，工资低廉。随着电气处电业规模的扩大，本地员工急速增加。资料显示，电气处在 1904 年仅有 2 名欧洲员工、6 名中国员工，而到 1915 年已经发展到 19 名欧洲员工、110 名中国员工。至 1918 年，华籍员工人数已是外籍员工的 10 倍以上，1919~1926 年则维持在 20 倍以上。同一个厂房屋檐底下，两拨员工待遇却存在巨大的差异，其实这是当时的常见做法。电气处不断增加本地劳动力的做法，除了可以让技术落地生根外，还可以大幅度地降低人力成本，因而提高经营利润。但是因为关键设备都是进口的，所以关键技术也就掌握在外国人的手中，本国人毫无讨价还价的能力。

公司既然赚大钱，电气处也就不愿苛待员工，通过较其他公司更高的工资与福利待遇，来吸引大批技术人才，增加员工的稳定性，犹如当时美国福特汽车公司的做法。上海职工分类详细，有着严格的工资等级制度，电气处的工资普遍比当时其他企业高，高级人员还有养老金、退职金等待遇。甚至在 1927 年，电气处在河边发电站和斐伦路站附近开了一间医务室，为本地工人提供免费医疗。这样优渥的工资和福利待遇也为电气处带来了丰厚的回报。电气处拥有大量高技术人才，这在中国电业界是独树一帜的。即便在国内中等电厂有能力担任厂长或总工程师的技术人员，也愿意来电气处当一个六七级的本地聘员。

总之，电气处的种种做法，除了可以节约成本，还提高了经营效率和收益，保障了员工的生活水平和工资待遇，可谓一举多得。其实，既然引进了最新的技术与昂贵的设备，安抚了技术员工，也就提高了生产效率，降低了员工离职的可能性与其引发的成本，可以充分利用扩大经济学中"学习曲线"（Learning Curve）的效果，显著降低成本。

3. 广告宣传的到位

电业的发展，需要大量而且持续的资本性投资，如此庞大的花费，肯定需要开发广大市场所带来的丰沛营收来支持企业，否则可能出现后继无力的窘境。市场是可以不断地开发扩大的，工部局电气处同样意识到这一点，成立后不久，便开始着力于电力电气之优点的宣传，为上海民众及企业广泛使用电力电器做思想建设。

1903 年，电气处在其南京路公司旁边，直接建造了一个展示厅，长期向上海民众展示电灯、电灶、取暖器等电器，并在不同时间不同地点举办展览会，宣传电力的好处，促销电气以及其他产品。这让当时只接触过传统事物的中国人有了对电力、电器、现代化的认知，极大地在中国民众中普及了电力知识，传播了电力科技的文化。此外，为了让电力及电器产品的使用能深入人心，电气处同时在报纸上刊登广告，每逢元旦和农历新年，电气处就会以大半版或整版的形式刊登恭贺广告。如在 1918 年元旦、1920 年等《申报》上都有这类广告登出。

纸质媒体的宣传难以触及所有居民，因此电气处也在实物方面进行宣传。1909 年，电气处专门在上海张园举行展览会，展出电弧灯和马达，并通过实际操作向用户及企业进行推广，以进一步宣传电力对工业、工厂的巨大作用。此举同样使得大量工厂开始使用电力和马达进行生产，大大提高了上海工业的生产效率，刺激了上海工业和经济的发展。由于工厂使用电动机的成本较使用蒸汽机低约 20%，所以申请接电的工业用户激增。影响所及，大量商人和官员于上海投资建厂，更有不少外国商人看准这片劳动力低廉充足、市场广阔的商业宝地，纷纷漂洋过海来进行投资。

与此同时，电气处还在不断扩展电器的用途，自发拓宽电力市场。随着直流电变交流电的改造完成，电气处的电气设备不再局限于电灯，而是向着其他领域发展。1904年，电气处铺设了一条500伏的直流电地下电缆，专供电梯使用。同年，电气处开始在部分工厂安装单相电动机，电扇开始进入少部分用户家中。1907年，电气处开始安装专供电车使用的直流发电机及电动换流机。次年2月，有轨电车首次出现在上海的街道，伴随着"叮叮当当"的行驶声，电车载着上海电业的光明前景穿梭在上海的主干道上。

在电气处多样化的宣传下，电力普及效果显著。至1915年，其工业用电已占全部售电量的61.3%，五年后这一比例提升到了80.6%。不到十年，电力这一全新能源便已明显地代替煤炭，成为近代上海主要的动力能源。电气处发电量占当时上海的80%，加上其他地区的电力公司均有向电气处购电的需求，导致电气处所在的公共租界电价最为低廉。这一现象吸引了大量纺织厂、面粉厂向租界集中，直接促成了租界区内轻工业发展壮大。据统计，至1925年，有80%的纺织厂集中于公共租界内。总的来说，上海工业、电业欣欣向荣，电气处多样化的宣传和普及功不可没。

4. 集资方式多样

在上海电光公司以及新申电气公司时期，资金短缺一直限制着企业发展。电气处成立后，其资金则交由工部局发行债券筹措，大大地解决了电力工业发展中的资金问题。电气处的集资方式多样，包含电气公债和股票，有效地利用了上海本土资源。截至1928年，工部局在上海共发行了16次电气债券，以扩充电厂规模，更新电厂设备。除此之外，电气处还因地制宜，利用本土关系在上海本地居民中推广股票债券。工部局电气公债的主要买家就是用电户，为了促使用户购买公债，工部局往往以调节电价为营销手段。如电气处1920年提出："用电户应该认购市政债券；或者根据其总的需电量，对其未认购部分，需支付较高的电费；对全部认购的，支付较低的电费。凡愿支持市政债券的电户应获得特惠电费，而不愿认购则缴纳较高电费。"

如此制度设计，达到了行销与筹资的双重目标。对于投资者而言，电厂的繁荣经营，也正是优厚投报的保证。总之，通过多样化的集资运作，有效地利用了本土资源，突破了以往的资金限制，得以持续经营并发展壮大。

集技术优势、劳动力优势、宣传优势和资金优势于一体的电气处经营蒸蒸日上，虽然经历了辛亥革命、清王朝覆灭、五四运动等政治活动，在动荡的政治环境下，仍紧紧保持甚至超越当时的世界水平。这为急需动力支持的中国工业提供了强有力的保证，使得上海在短短几十年内，从一个使用廉价劳动力的手工业城市，摇身一变成为一个充斥着马达声的近代化工业城市。

二　达到顶峰

民国时期，普遍认为："（上海）所有自办之发电机数，全年供电量及用户数，均不如洋商所办之上海电力公司。"而在20世纪50年代，著名经济学家汪敬虞也曾言："在二十世纪初年占了中国发电业一半天下的是上海电力公司。"如今，国内学者同样认为，民国时期"美商上海电力公司始终是全国供电企业最大的一家"。这三方论点所指的上海电力公司，都是本章的主角——民国鼎鼎有名的美商上海电力公司。只是电气处被收购的过程，算不上一帆风顺。

晚清以来的近代中国总是在风雨飘摇中，从两次鸦片战争到辛亥革命清政府倒台，从袁世凯称帝到军阀混战，近代的中华大地一直存在着战乱，处于动荡之中。虽然如此，但有英美列强在背后支持的上海公共租界可谓地位突出特别，基本不受国内局势的影响，因此造就了近代上海租界工业与电业的兴盛。然而1926年至1929年间北伐战争的发生，以及中国工农红军和武汉国民政府的成立，展现了一个与之前政治形势截然不同的时局，最终促使工部局决定出售电气处。

1926年，以"打倒列强除军阀"为口号的北伐军占领武汉后，将汉口、九江英租界收回。与此同时，武汉国民政府亦支持工人运动，向英国要求收回租界。1927年，英国政府在多方压力下，被迫同意放弃汉口及九江的英租界。同年3月，在周恩来等共产党人的领导下，上海工人爆发了第三次工人武装起义，推翻了北洋军阀的上海地方政府。这一系列事件造成工部局极大的震动。虽然蒋介石在"四一二政变"后，向英美保证维持租界的地位，但1927年的南昌起义、1928年的南京国民政府修改关税条约等外部不利条件，使得租界超脱于国内政治的状态被打破，引起了工部局的高度警戒。由于局势不稳，工部局前途不明，索性开始谋划出售电气处。

（一）出售之时的反对势力

在电气处经营之初，就曾有加拿大公司提出购买电气处的意向，但经工部局内部的讨论后被否决了，因为买方背后的政治势力比最终价格更为重要。1927年随着汉口、九江英租界收回的消息传来，工部局内部有成员开始担忧上海租界会遭遇同样境况，于是出售电气处的议案又被重新安排上了议程。

1929 年 1 月底 2 月初，工部局意图出售电气处的消息开始披露在上海各大中英文报纸上。这一消息引起了国民政府及各界华人的普遍愤怒，抗议愤懑之声充斥着各类报纸。虽然工部局自认为拥有出售电气处的合理性，但在国民政府及社会有识之士眼中，上海公共租界以及租界工部局都是晚清政府与列强签订的不平等条约下的产物，如此看来，工部局出售电气处应有非法之嫌。当时的国民政府正积极与列强进行交涉，争取收回各地主权，当然认定工部局这一举动是胡作非为。

电气处出售的消息一经《上海泰晤士报》披露，首先反对的就是纳税华人会。纳税华人会发文给工部局称："请贵局查照，电气处为中外市民全体所有之产业，并非于贵局或纳税人所有之正论，根本打销此项拟议，实纫公谊。"不久，上海各商界联合会总会（简称"商联总会"）提出议案，称电气处出售是"买珠还蚌"之计，彼于政府回收公共租界之际必受阻碍，并呼吁各界抵制其倒行逆施之举。商联总会的代表钱龙章、俞铭巽、张一尘三人拜访了工部局总董费信惇（有趣的是，这位美国人虽然当时挺身反对出售电气处，但是后来却是促成将电气处出售给美国依巴斯公司的主要人物），向其表达了工部局应保留电气处，并优先让渡与华人的意见。商联总会、总商会、煤炭业分会又在《申报》上表达了不应出售电气处的意见。

与此同时，国民政府同样竭力反对工部局将电气处出售与外商。2 月 4 日，上海国民党三区党部率先通电称，租界是不平等条约的产物，外人绝无权拍卖。2 月 15 日，上海特别市市长张定璠致函行政院，在分析了解了电气处的情况后，提出两点意见：一是政府应阻止电气处出售，万一电气处出售，则必须声明无论何人购得电气处，国民政府均保留收回的权利；二是召集华商资本团，购买电气处。3月1日，交通部长王伯群根据张定璠意见，向行政院提议，先由建设委员会组织华商购入电气处，再由建设委员会进行经营。3月9日，建设委员会向行政院建议考虑中美友谊，可由外交部致电美国驻华大使，请其转告美国政府通知美商注意其行为。同时，可同外交部一道与工部局议价收回电气处。3月18日，外交部江苏特派员正式向驻沪的各国领事郑重声明，不能接受电气处的出售。请转告工部局撤销交易。只是，美国官方或商界并未正面回应此诉求。

自工部局披露出售电气处消息始，从民间商人到政府官员，满腔热忱的华人的抗议之声一直持续了近两个月。对于商界华人及国民政府的抗议，工部局并没有过多重视。总董费信惇在回答商联总会代表的疑问时，便直言华人恐无财力购买电气处。而前来参与交易的日本方面也判断，中方的财力过于不足，反对运动无法成功。这样的公开答复等于巧妙地回避了租界与不平等条约等容易引起情绪的字眼，直接把焦点转向购买实力，在商言商。

总之，虽然当时包含政府在内的华人势力均反对电气处的出售，但由于财力差距，未能阻止电气处的出售。随后发生的收购事件，更让许多中国人痛心疾首、扼腕叹息。以8100万两购买电气处的依巴斯公司，与工部局约定先付300万美元，其余分期交付。购下电气处改组为上电后，以上电的名义广发债券，用以偿还欠工部局的债务，等于实际上只用了300万美元就买下了实际价值8100万两的电气处，其余以抵押上电的方式借款偿还，这是20世纪80年代美国常见的金融手段——

杠杆式收购，也是外国列强较为常见的掠夺方式。如此类似于空手套白狼的掠夺方式，只能令中国人感叹弱国无外交，说是购买，实则被人大刺刺地贱买家产。所谓的"废除不平等条约"，对中方而言只是收回租界土地，但列强还是对于其中的重要获利资产握有优先处置的权利。外国列强对于到嘴的肥肉自然不愿吐出来，也就可以无视国民政府与中国人出于民族主义所做的抗争与抗议。话又说回来，即使如此，以上电的名义所广发的境内债券还是被国内的投资者收购了。

（二）出售之时企业的竞争

在每一个商业收购案的背后，企业之间难免有些明争暗斗，工部局出售电气处之时，同样发生了几大企业为购买电气处相互争夺的画面。

1929年2月20日，工部局成立特别电气委员会，用以处理出售电气处事宜，接洽有意购买电气处的各公司。上文提及的电气处总工程师阿尔德里奇、电气处财务处长福特同样参与了这些接洽。最终，有3家公司参与了电气处的竞标——英国梅斯顿集团、英国信托有限公司、依巴斯公司下属美国及国外电力公司。1929年前后的电气处利润惊人，对于广阔的电气市场和电气处高额的营收，三家公司都有着想要收入囊中的野心，故对此次竞标十分重视。

梅斯顿集团的代表是邓满，他早在1928年11月就已从英国启程，英国信托有限公司的代表是布洛克·史密斯，二人各自代表两家公司进行竞标，唯有美国及国外电力公司的代表——英国人墨菲不同寻常。墨菲不仅是美国及国外电力公司的代表，还是由美英日三国的资本家共同出资组成的国际资本团的代表。在接洽过程中，墨菲时而以国际资本团代表的名义发言，时而以美国及国外电力公司的名义竞标，这也正表示墨菲可以同时掌握技术与资金两方面，既然没有内部角色整合的问题，就可以表现出较为灵活的谈判空间。依巴斯公司以国际资本团、美国及国外电力公司两个名义参与竞标，主要原因是此时电气处名义上的买主——美商上海电力公司尚未成立，美国及国外电力公司便用日后会出资成立上电的国际资本团的名义竞标。

在整个竞标过程中，特别电气委员会召开了三次会议。在第一次会议上，工部局向三家外企提出要求：电气处应出售与国际财团，但国际财团只负责出资，新的电气公司则需由英美籍公司出面组织。这样等于要求将所有权与经营权分开处理，其目的就是希望在产权转换的过程中，仍然可以保证技术与设备无虞，电厂仍然可以正常营运。

3月4日，特别电气委员会再次召开会议，三家公司与工部局交换了意见，出示了自己的筹码。梅斯顿集团表示不购买只承租电气处，经营电气处将由其财团旗下的加尔各答电力供应公司负责。英国信托有限公司表示，接受工部局的条件，将组织英、美、日三国财团出资，电气处则由知名工业企业巴尔弗·贝蒂公司接管——其以生产电车闻名英国。美国及国外电力公司的代表墨菲表示，同样接受工部局的条件，可以将电气处交由美国及国外电力公司经营，但要求上海给予税制上的保护，并让渡公司充分的自主经营权。在三家公司第一次的交锋中，英国信托有限公司和美国及国外电力公司完全接受了工部局的要求，总体而言没有表现出孰优孰劣，而梅斯顿集团对于工部局要求有异议则稍显劣势。

3月7日，特别电气委员会召开了第三次会议，初步规定了专营权的一些主要条文。工部局除了有着将公产转化为私产的自我保护行为，还规定了一些保护租界电业的条文，一是为了避免外企购入后恶意操控电价，二是为了减少工部局出售电气处遭到的反对。在 37 款承购条件中，对于三家外企的要求有以下几点最为重要：

（1）此项特许系永久的，但工部局于公司承购满四十年时，得以两年前预先通知，估价收回。如四十年期满不赎，则嗣后每届十年，可以两年之预先通知，估价收回，其估价则应以承购原价及金本位币为根据；

（2）公司应遵照电气处现行规则，不直接或间接出售电气用品；

（3）公司应保证其供给电气状况，不得劣于现在，并每年于售电总价内以 5% 输纳工部局；

（4）普通公积金至多不得超过前三年内实支资金平均额之 7%；

（5）股息公积金亦不得超过资本总额 5%；

（6）如一年间纯盈利超过资本总额 10%，应将超过之半，拨存用户公积账，专供核减电价之用；

（7）现行电价应认为最高价格。若因各项原料工费营业开销等，成本增加，至令公司出电总成本增加时，则可获得工部局同意后，酌增电价，但以恢复前定盈余数目为度；

（8）现有中外雇员照旧录用，其所享利益及所订合同，照旧维持。

整体看来，只要公司持续赚钱，预计可以非常全面地保护公司。

3月19日，三家公司秘密将各自报价书送至特别电气委员会，时任工部局总董的美国人费信惇在特别电气委员会成员以及三家公司代表见证下，当场拆封并公布了报价书。三家竞标公司中，梅斯顿集团依旧保持了原先的意向，只愿意租入而非购买电气处，租金为200万两，公司盈余二者一三开。英国信托有限公司既愿意购买电气处，也可租赁经营电气处，并给出两个购买方案：接受所有条件，出价5100万两；接受部分条件，出价720万英镑。无论是梅斯顿集团还是英国信托有限公司，均对工部局所提出的条件存有异议。仅有美国及国外电力公司势在必得，愿以高价8100万两购入电气处，并愿意全盘接受工部局开出的条件。面对美国及国外电力公司压倒性的高价和全盘接受工部局条件的做派，梅斯顿集团和英国信托有限公司望而却步，依巴斯公司毫无悬念地抢得了标单。

4月17日，一年一度的工部局纳税人会议上，纳税人对电气处出售问题进行表决。在正式表决前，工部局总董费信惇针对出售电气处一事发表演说，指出："但在工部局管理之下，谁能保障其现有之保护可以永久继续而不变？若能如议出售，则该事业将获有一切可能之保障，且其办事效能，即不能胜于今日，当亦不致有逊色。而用户所出电费，当亦可如市办时同一低廉也。"工部局总董费信惇分析利弊得失，向纳税人说明，现如今租界局势不稳，电气处随时可能收归国有。他又安抚纳税人，购入的企业会保持当前供电水平，不至于造成租界电价波动。既然厂方最高管理人员如此表态了，纳税人也就进行了表决，同意了向美国及国外电力公司出售电气处。

在这场交易的背后，体现的是依巴斯公司高明的并购策略。依巴斯公司眼光精准毒辣，认识到上海电力市场具有十分广阔的前景。电气处的营业利润十分可观，仅1928年一年，其收入便高达 5013544.99 规元两。如此丰厚的利润无疑触发了依巴斯公司收购电气处的野心，可以利用未来的现金流来套利。随后在竞标中，依巴斯公司的策略更是步步为营。其首先用一个其他财团难以企及的高价，与工部局达成并购意向，最后以上电的名义进行具体的并购。当时，杠杆式收购在美国华尔街风行一时，依巴斯公司对电气处的收购同样用了这种经济手段。并购议定后，依巴斯公司通过杠杆式收购的方式——大量借债、发行债券以及抵押上电，取得了得以交付工部局购款的金额，也就是以自己的信用程度与未来市场的丰硕展望为资本，进而向外举债，换言之，依巴斯公司以极小的本金并购了当时中国的庞然大物——上海最大的电力公司。此后，"用从这些公司获得的红利来向控股公司本身的债券持有人还本付息"。但是谁能保证公司的长期营业绩效都能如此乐观呢？问题是美国人费信惇身为如此关键的厂方领导人，为何在最后关键时刻对于如此冒险的杠杆式收购方式，竟然没有表示应有的质疑呢？是不是他个人的爱国主义作用，或是其他因素所致？实在是很难说清！

总体而言，依巴斯公司的商业计谋不可谓不高明，用微不足道的本金换取压倒性的筹码，以极小的代价、极高的胜算，轻而易举地就将电气处收入囊中，然后就是向上电、中国投资者、国际金融圈等套取现金。这正是精通金融理论，或是说在商战中运用诈骗手段的表现。

（三）出售之后的艰难接管

获得了工部局授权，国际资本团以及其背后的通用电气和依巴斯公司随即便开始筹谋组建新的电力公司——美商上海电力公司。1929 年 5 月，上电在美国特拉华州正式注册成立。

但刚刚成立的上电非但不能松下一口气，反倒再次面临严峻的生死考验。依巴斯公司以上电的名义与工部局所签收购合同中规定：签约时上电需先行支付 3000 万规元两 ①，再抵押上电的全部财产进行分期付款，在 1933 年前须付清债款。年中该公司须向工部局支付本息共计 9530 余万规元两。但实际上，依巴斯公司除了最初支付的 3000 万规元两外，便再未向子公司上电注资。更甚者，连依巴斯公司最初支付的 3000 万规元两，也不是其本身的资金，而是在国际金融市场上的借款，到期亦须偿还。实质上，依巴斯公司从头到尾等于是靠借贷来获得上电，收购前利用标单向国际金融界筹资，收购后则向中国投资人发债券。这个从一开始就进行的高杠杆运作，随后肯定会出现资金紧张的局面，依巴斯公司实际给予上电的资本，仅有 300 万为了控制上电的普通股，其实际价值约 300 万美元，仅占上电资产总额的 6% 左右。

不出所料，虽然本务没有问题，但是上电在经营初期便已陷入危局：不仅本身资金极度短缺，且须在 4 年内还清约 9530 万规元两。雪上加霜的是，此时依巴斯公司不仅借故没有向上电注资，相反还向上电收取金额不菲的"咨询费"。据统计至 1933 年为止，依巴斯公司陆陆续续从上电转走了近 3000 万规元两，将其投入的资金连本带利榨了回来。不仅如此，依巴斯公司为了偿还前文提及的国际金融市场上 3000 万规元两借款，又在国际金融市场上借入了近 1300 万美元的金公债。真可谓，依巴斯为刀俎，上电为鱼肉。

根据现有上电的相关资料来看，此后并未有任何国际资本

① 《新华月报》1955 年第 3 期："在银两制度的情况下，由于各种秤的分量不一致，分为库平、关平、漕平、市平等，记账单位是规元等，行使的却主要是银元、银角、铜元。"

团再次向上电注资的记载。相反，却有大量上电陆续在华筹集资金的证据。国际资本团很可能自支付了最初的 3000 万规元两后，再未向上电提供任何资金。整体而言，该并购案实属恶意收购、到手后不负责任的运作。如此下去，整个企业恐怕就成了"僵尸"。这样的案例在开放中国家与被殖民国家中并不少见，掠夺者只要掌握几个关键人物，描绘未来平稳获利的美好画面就可以赚到盆满钵满，剩下的残局就让当地人自己去收拾了。

不能断定依巴斯公司是否从开始就有意如此恶意操作，但是在收购电气处后不久，美国就爆发了现代社会持续时间最长的经济危机。从 1929 年大萧条开始，美国经济长期陷入低迷，华尔街股市暴跌，大量企业破产，失业率骤升，金融危机的狂潮席卷了整个资本主义世界。不论依巴斯公司是否愿意，其主客观能力都无法实现再为上电注资。依巴斯公司不仅没带给上电充足的资金，反倒留下了巨额债款，我们恐怕也无从查证依巴斯公司当初的投资算盘的真相到底为何。

紧迫的问题是如何让上电能够继续经营下去，使这个刚成立不久的电气公司免受破产厄运。主要突破手段有二：一是采用灵活的融资手段，为维持公司运转筹集了充足的资金；二是高效地进行了资源整合，迅速调整营业。

1. 灵活的二次融资

美国母公司身陷绝境，1929~1932 年，上电展开自救，以其在上海本地极高的信誉，通过在上海公开筹募的 6 两第一累积优先股和 5 厘半优先抵押公司债，不仅筹集到了足够的资本，以上海本地的资金代替了美商的资金，还清了全部的 8100 万两的购买款，还筹得了 2000 万元的公司债券。也就是说，上电以比先前筹资更为优惠的条件来进行第二次公开借贷，其中保证了股票优先被公司买回，以及破产时优先分配自己的特权。

如此成功地发行债券，也得力于成功的行销手法。很大一部分原因是上电效仿了之前电气处的做法，将公司债券和股票更多推销给一般投资散户。上电宣传这种股票可抵缴电费保证金，刺激工厂、商店、群众购买。同时又以佣金激励公司职工除自己购股外，还要向亲友推销，特别针对手中有资金，寻求保本、安全、便捷的投资者，也就是强调"向寡妇、老太太、在外埠的朋友中去推销"。在 22 万股的年息 6 两的第一累积优先股中，有三分之二的持有者仅持有 10 股不到。与此同时，一两股的持有者很多，且极为分散。聚沙成塔，即使"菜篮族"，也都是筹募对象。

在推销过程中，上电也充分利用了华人的关系网络，其中所发的佣金起了关键作用。如浙江实业银行的李铭和荣家企业的荣宗敬都是上电的董事。上电付给李铭 5% 的推销佣金，并将上电一部分的流动资金存储在浙江实业银行内，还在普通股中让给他 5% 的股权，以寻求他的资金支持。反正就是利用佣金诱使现有的债权人或是苦主，把破产风险分散或是转嫁给熟人，最后通过汇集大众的闲置资金，再次救活了这家被掏空的公司。可见当时中国社会的投资环境非常恶劣，不仅投资渠道有限，信息也严重不对称，一般人盲目迷信外商或是租界内的企业，有些根本就是摇摇欲坠的空中楼阁。

所幸的是，这次融资最后成功了，1934 年上电年报做出了如下令人振奋的总结："这次融资尽管重复了一些利息费用，但对公司有好处，除了减少了未来的利息费用，在长远基础上退还了短期款项，将公司置于更好的位置：为其将来发展更容易更经济的必需资金，提供了安全保障。"也就是说，通过灵活的集资操作，及时疏解了资金短缺的燃眉之急。上电有效地利用了本土资金，成功走出资金不足的困境。

2. 高效的资源整合

上电并购电气处后，资源的整合过程却波澜不惊，在短时间内便完成了内部资源的整合，充分地体现出自身的优秀"体质"，其中大致原因有以下两点。

（1）对生产设备较为熟悉。上电接手电气处时，电气处内部的发电设备虽然有不同品牌，但主要是以下三家厂商：AEG、GE、BTH。AEG 是德国厂商，全称 Allgemeine Elektrizitas Gesellschaft，即德国通用电气公司，是通用电气的子公司。GE 即通用电气。BTH 则是英国厂商，全称为 British Thomson Houston，即英国汤姆森·休斯敦公司。汤姆森·休斯敦公司又是通用电气成立时的被并购方之一。总体而言，电气处的发电设备实质上多是通用电气的产品，而依巴斯公司接触通用电气的产品多年，对其设备性能极为熟悉，因此作为依巴斯公司子公司的上电得以高效地整合各项生产设备，使其快速投入到生产中。上电交由依巴斯公司经营，在技术整合方面较占优势。

（2）保留电气处时期的人事安排。上电在收购电气处后，按照工部局对其提出的要求"现有中外雇员照旧录用，其所享利益及所订合同，照旧维持"，全盘接纳了电气处时期的人事安排。电气处任命原电气处总工程师阿尔德里奇为副总裁兼总经理，不仅延聘原先的外籍员工、中层技术人员，底层的工头同样没有经历人事变动。因此，保留电气处原班人马，使上电以最快速度投入到生产中。

（四）运营之时的辉煌与发展

美商上海电力公司稳住脚跟后，迅猛发展。20 世纪 30 年代，其电厂就已拥有锅炉 30 台、汽轮发电机组 15 台，为当时远东最大的火力发电厂。在上海全市的供电方面，上电扮演着最为重要的角色——它是全上海成本最低、电价最便宜的电力公司，它扛起了上海电业的半壁江山。它的发电能力超过同时期英国著名发电基地，如曼彻斯特、伯明翰、利物浦等的任何一个发电厂。其年平均电力负荷因子，不但高于英国主要工业城市，而且长期维持稳定状态（1903~1939 年的 39 个数据中有 29 个数据超越英国），1933 年该公司用户人口高达 211 万。可以这么说，美商上海电力公司在 20 世纪 30 年代就是电业辉煌的代名词。

追逐利益的商人永远不会满足于现有的财富，上电同样如此。在原本的地域市场饱和之后，上电便开始尝试越界供电，并谋求吞并其他电力企业。只是，上海市政府和国民政府外交部不会坐视不管这一侵犯中国主权的不义行为。经过反复与美方交涉，最终于 1935 年 1 月 4 日达成协议，由国民政府主席林森特批，成立上海第一家中外合资的电力公司——沪西电力股份有限公司。其中，中方股份占 49%，美方股份占 51%。此后，沪西电力股份有限公司向上电购电转售，提供给沪西越界筑路地区（北自苏州河，南至虹桥路，东起租界线，西迄碑坊路）的用户，负荷约为上电全部负荷的五分之一。也就是说，双方各退一步，合资公司仍以美方为主，其股份过半；中方则共享部分利益，确保上海其他地方的电力供应。总的来看，电力供应属于国家基础建设，此事牵涉国家治理主权，上海市政府和国民政府外交部肯定是据理力争的，无奈该电力公司的设备都在租界内，关键科技也在对方的手中，最后中方也只能被迫接受事实，分到部分利益，美方则是全盘掌控沪西电力股份有限公司。这样的窘境不难见于当时许多殖民地与开发中国家。毕竟谈判是要靠实力的，科技与设备才是关键，当时的外交局势更是扮演着关键角色。

上电这种通过股权掌控产权的做法，正是美商企业的一大特点，"美国公司总是偏好建立独资公司，公司的最高决策者强调监督与控制，认为独资经营是公司推行全球战略、实现公司整体利益最大化的理想选择"。虽然上电并没有进行独资经营，但却通过半股权策略，获得了独资企业才能拥有的企业产权。我们只能说，在当时美企还是掌握了大部分的优势，并且利用了财务杠杆，可说是力上加力，中方据以谈判力争的筹码有限，这可算是能争取到的最好情况了。

三　陷入低谷

1937 年 7 月 7 日，日军在北平附近蓄意挑起卢沟桥事变，抗日战争全面爆发。1941 年，日本联合舰队偷袭珍珠港，日本向美国宣战，太平洋战争爆发，日军进占租界，占据了美商上海电力公司和沪西电力股份有限公司，将其改名为华中水电公司上海电气支店。东京电力公司不仅派了 11 人进驻公司，边考察边学习，还在充分学习后过河拆桥，"公司里所有英美籍职员都陆续被送到集中营里去，由日籍人员取而代之"，将贺清等上电领导人员关入集中营。与此同时，其他租界内的企业也难逃厄运，法商电车电灯公司虽未被占，但有 5 台机组被日本军事当局征用拆走。日军全面搜刮租界地区的战略物资，毫不手软。

1945 年 8 月 15 日，日本宣布无条件投降后，国民政府经济部接收各电力公司，并发还原主，上电则仍由美国及国外电力公司经营。此时的上海百废待兴，闸北、华商、浦东三家公司的发电能力尚未恢复，所供电力均购自上电，法商电车电灯公司的部分电力也依赖上电供给。随后，上电将绝大部分锅炉由烧煤改为烧美商供应的重油，来增加营业效能，上海电力工业开始复苏。

抗日战争结束后百废待兴，蒋介石随即发动全面内战，致使燃煤运输不继，供应锐减，导致发电能力停滞倒退，电力供应严重不足。为解决缺电问题，上海市政府于1947年3月拟凭上电的资本，将上海六家电气公司组成"上海联合电力公司"，希望由国家整合地方政府与民间资金，避免外资介入，以免触及敏感的主权问题。由于战后重建无力，该联合公司的实际生产已经成为整个上海的"发电机"，并且长期超负荷生产。只因战事汹汹，国库空虚，国民政府行政院无暇批准，也就再无下文了。1948年，解放战争进入决战阶段，随着解放军挥师南下，国民党统治下的上海局势大乱，上海电业再次跌入低谷。1949年初，国民政府下令"应变"，在京沪一带实行破坏政策。面对已是穷途末路的国民党的反扑，电业职工在中国共产党地下组织的领导下，开展护厂斗争。1949年5月27日，上海解放，上海全市发供电设备得到完整保存。

四 尾声

1950年，朝鲜战争爆发，中美交恶。美国宣布管制中国在美国的公司财产，上海市政府也以保障供电为由，和平接管了美商上海电力公司，美商经营时期自此结束。

从1882年到1950年，近70年的时间，上电一直担当着上海电业甚至是中国电业龙头的角色。上电的发展反映了上海的整体发展，也体现出在那个动荡的时代，各方势力为了争取自己的最大利益所做的各项努力。

参考文献

[1]   上海市电力工业局史志编纂委员会编《上海电力工业志》，上海：上海社会科学院出版社，1994。

[2]   陈碧舟:《美商上海电力公司经营策略研究 (1929~1941)》，上海：上海社会科学院博士学位论文，2018。

[3]   陈宝云:《殖民中的现代性——以美商上海电力公司为例》，《华北水利水电大学学报》(社会科学版) 2016 年第 3 期。

[4]   陈宝云:《近代上海电力公司的本土化经营分析》，《上海电力学院学报》2014 年第 C2 期。

[5]   陈惠德:《回顾上海电力工业的三十五年》，《华东电力》1984 年第 9 期。

[6]   陈碧舟、张忠民:《近代外商企业的负债经营研究——以美商上海电力公司为例（1933~1937)》，《贵州社会科学》2017 年第 11 期。

[7]   陈碧舟、龙登高:《近代在华外商企业产权结构研究——以美商上海电力公司为例》，《上海经济研究》2018 年第 9 期。

[8]   王伟国:《上海电业的历史形成》，《电世界》2017 年第 9 期。

[9]   樊果:《上海公共租界工部局电力监管研究》，《中国经济史研究》2014 年第 2 期。

[10]   陈碧舟:《浙江实业银行与美商上海电力公司业务往来初探》，《浙江档案》2018 年第 2 期。

[11]   蓝天照:《帝国主义"在华投资"探实》，《学术月刊》1957 年第 7 期。

广九铁路：夹缝图存，互利连通

当广州和九龙之间的列车满载客货，翻山越岭，在你面前呼啸而过时，你是否知道，车下那一段窄轨，在无言中，诉说着怎样的一段过往？既然是如此巨大的投资，肯定就是个金融经济问题；既然涉及英国殖民统治地区，肯定就是个政治外交问题。

一 谁来兴筑，一波数折

1825 年，世界上第一条公共铁路在英国诞生，一个陆路运输的新时代到来了。1840 年后，中国心不甘、情不愿地被列强用炮火轰开门户，也被动进入了这个时代。1865 年，由英商杜兰德出资，北京宣武门外建起了一条长 0.5 公里的小铁路。1876 年，中国出现了第一条营运性铁路——吴淞铁路。

铁路在中国的发展磕磕绊绊。在朝，被守旧士大夫看作乱人心术的"奇技淫巧"；在野，火车这匹钢铁巨兽，被认为乱了风水，惊了祖宗，不知吓坏了多少民众。几乎每条铁路，从动工到通车，都要吵嚷一番，为了让沿路居民放心，也为了让建设落地，折中的结果是中间还闹过"马拉火车"的笑话，电影《让子弹飞》中有这样的画面。好不容易，中国人才对铁路所带来的好处形成统一认知，如利于运兵、便于开矿、畅通货流、促进实业发展等。但那个时候，列强已经插足其中，关于路权的"斗法"由此开始。

（一）路权旁落

1864 年，英人斯蒂文生来华，他是著名铁路工程师，参与了印度第一批铁路的兴建。这次大老远跑到中国，也是为实现筑路计划：用一条铁路，把广州和香港连接起来。但当时，中国从政府到民间，都不晓得铁路是何物，更不用说对此有兴趣了[1]。1888 年，一些广东绅商开始回过味来，也提出修筑一条从广州到九龙半岛的铁路。1890 年，广东候补知府易学灏拟定了一份详细规划，报呈两广总督李翰章。规划中的铁路由商人合资兴办，从广州出发，经黄埔、太平直到深水埗，共三段，长 300 里。当时的大环境是香港开埠后走向繁荣，广州的外贸地位日趋边缘化。易学灏指出，深水埗与香港仅隔一海，方便船只来往、出入停顿，铁路建好后，还可在此设卡抽税。如此，广州可从香港的转口贸易中分一杯羹。李翰章表示支持，第一时间就上报总理衙门请求批准，并着手派人勘查线路[2]。然而，是议竟戛然而止，再无下文。

就在清廷无所作为的时候，英国出手了。这里要说明的是，铁路虽然诞生在英国，但英国官方对广九铁路有想法，要在清政府之后。1890 年，英国在华颇有影响力的《北华捷报》《中国邮报》《每日新闻》等报纸，在谈到这件事时，还是一副虽然重要但与大英帝国并无关联的局外人口吻[3]。但到1898年，局势陡变。

19 世纪末，仅靠航运，已不能满足粤港两地的交通需求。甲午战后，列强纷纷通过筑路开矿，争夺在华势力范围。1898年 5 月，中英银公司成立，由怡和洋行和汇丰银行出资合组，瞄准中国铁路的筑路权，两者分别负责募资和承包[4]。当月，中英银公司获得了清廷铁路督办盛宣怀的特许，拟兴建一条从广州到香港的铁路。6月，《展拓香港界址专条》订立，英国取得九龙界限街以北、深圳河以南的大片土地，命名为"新界"，其中就包括深水埗。里面还加上了对中方的限制条款，规定：中国将来修建的铁路，如果要延伸到两地交界之处，必须与英商办，这等于将英国霸权置于中国主权之上。8月，中英银公司从清政府手中取得五条铁路的承筑权，其中就包括广九铁路；次年3月，《广九铁路借款草合同》签订。从开始着手规划，到路权敲定，英国底气充足，进展快速。

在中国人自己的土地上，而且本来很有可能由中国人自己修筑的铁路，最后居然全然落入外人之手。原因何在？在政治上，清廷的腐朽颟顸难辞其咎（比如签约期间，两广总督谭钟麟居然表示：广九铁路"谁创此议，决无所闻"[5]）。从商业角度来看，应该算是决策失误的问题。

秘密就藏在一份咨文当中，这份咨文是1890年海军衙门发给总理衙门的，代表着中央对广九路事的态度，它像连珠炮般，对筑路计划接连质疑。包括：主事者易学章究竟有无把握？推荐的路事总办罗寿嵩、章廷俊是否干练之员？勘查线路的潘培楷、张璐是否仅凭一面之词，草率从事？还有铁路里数长短、经费多少、占用民田、完工时间等，均要求详细报出。

从此来看，清政府一开始不是不看重这条铁路。恰恰相反，因为太重视了，在发号施令之前，总想着下属应该将面临的问题一一列出来，并想好解决的方法。但是，手握最高权力的决策者，自己抱有的就是一种不敢承担风险、事求万全的态度。广东当局身为其下属，又怎么能拍着胸脯说绝无问题呢？只能说清政府当时忙于应付接连发生的对外战事失利，除了赔款割地，早已无心无力新兴基建。于是，此事只能从缓议到不议，再到彻底消失在人们的记忆深处。直到英国人出面以后，事情才发生转变。

但是市场如天气，阴晴不定，瞬息万变，任何决策都有其风险。在这一过程中，与鲁莽相比，犹豫不决也是有其成本的，有时候反而导致结果更加糟糕。固然人人都追求最优的结果，但如果导致执行缓慢，或根本就是胎死腹中的话，那么其中所浪费的巨大时间成本等，很容易让竞争对手捷足先登，掌握主动。

在广九路事上，清政府和英国可以被看作市场的两个竞争实体。与后者相比，前者本来就实力不足，呈现资金匮乏、人才短缺、经验不足等劣势。由于掌握的条件有限，前者要在竞争中取胜，比较可行的策略是必须争取主动，需要打时间差，以更大的勇气、更果决的行动，及时进军新兴市场。清政府内部意见存在分歧，更不会想要"弯道超车"，处理拖泥带水，谋而无决，而英国则是目标坚定，步步为营，利用了有利时机，步步紧逼。最终，路权易手的憾事便这么自然而然发生了。

（二）谈判中的利权争夺

虽然失去了路权，但这并不意味着中国只能在广九路事上任人宰割。幸好中国还是抓住了正约谈判这一机会，成功挽回了部分权益。

1905 年 7 月，英国公使参赞突然提出，要订立广九铁路正式合同，这时距草约签署已有六年。六年间，中英各有各的麻烦，都没空理会此事。中国经历了拳匪之乱和八国联军入侵，欠下好大一笔"庚子赔款"，带着屈辱进入 20 世纪。大英帝国也不好过，在南非的第二次布尔战争中弄得灰头土脸，中英银公司的财政也受到极大影响，公司的精力又优先放在关内外铁路上。于是，广九铁路几乎成了一条被人遗忘的、只存在于地图上的铁路。

直到1904~1905年，"收回利权运动"在中国大江南北展开，收回铁路主权和矿产主权的呼声日益高涨。英国人眼见着煮熟的鸭子还有可能飞掉，终于坐不住了，于是急忙催促清廷共同签署正式合同来认账。同时，六年来中国在对外交涉中也更加成熟务实。

首先还是路权问题，双方争执再起。中国拿出了津浦路和沪宁路的铁路合同（两路均由中英合办），试图以此为参照"判例"。盛宣怀提出，既然此前两路均由英人借款，中方兴筑，那么广九铁路也当如此。中方认为，尽管英国可以放贷生息，从中渔利，但这条铁路该完全归中国所有，包括已成英属的九龙沿线。这当然是英方不可能接受的，因为这被视作毁约行为，但是对于中方而言，铁路代表着统治触角的延伸，"卧榻之侧岂容他人酣睡"，英国人未必听过，但绝对明白其中道理。

英国施压，中国选择退让一步，提出"划界自办"原则，即内地、九龙两段分别由中英自办，各自修成后再行接轨。在这一方案中，中方试图以拒绝英人的借款，来实现对华段的完全所有和管理。如此一来，英国所能控制的势力范围，就仅局限于香港一隅，这样的安排等于限缩了英方的权益，英方当然不能容忍。于是英方反制，列出三个基本条件：一是九龙路段由港英自办，二是华段由中方向英国借款修筑，三是借款条件等同于沪宁铁路。可见英方精打细算，还是坚持保护既得利益，即使华段可由中方建造，但还是守住先前与中方协议的精神，至少换成了借款利益。中方并未气馁对前两项条件挑战的失败，不久便开始了对于第三项条件的谈判。

草约中已经有条文注明，广九路事比照沪宁铁路。1897 年德国以巨野教案（又称"曹州教案"）为借口，屯兵胶州湾，强索山东铁路修筑权和采矿权，英国趁机索修沪宁铁路，清政府在李鸿章的主导下，认为对英国"未便峻拒"，遂"准令怡和洋行"在沪与盛宣怀"就近商办"。英国之所以想把这两项合同挂钩，是因为在此前的《沪宁铁路借款合同》中，英方凭借贷款实收、债期长短、机构组织、购料佣金、特殊余利、赎路加价等"霸王条款"，既对中方利上加利，层层盘剥，又在铁路归中国所有的前提下，掌握了建筑权、行车管理权、人事任免权等大权。英国图谋在广九铁路上重施故技，复制暴利。

然而，草约中有一则条款，被两广总督岑春煊及时注意到了，即：将来地方筑路遇到窒碍之处，可以对相关事项进行更正。这一条款原本是考量到沿路居民可能会发生扰乱修建的状况，但是什么算是窒碍之处？什么问题算是相关事项？条文的模糊性方便了中方可以不必拘于沪宁成议，进而可以争取自身利益。

中国以此为据，要求对借款条件大改特改，争回了一些利益。譬如，要求贷款实收折扣必须由九折改为九五折；债期由50 年缩短至 30 年；铁路局必须在粤而不在港；总办须由两广总督任命而非英方委派；购料佣金由值百抽五改为固定报酬；删除英方的"特殊余利"条款等。经过反复争论，英方基本接受了这些要求，中方扳回一城。1907 年 3 月正约议成，清廷以唐绍仪为代表，与中英银公司正式签署《广九铁路借款合同》。

英国向来锱铢必较，为何这次会松动立场呢？主要原因在政治上，由绅商所领导的"收回利权运动"产生了社会动力，突出反映了中外矛盾。中方同时巧妙地利用了英国、德国等列强的殖民利益冲突。另外，中方的谈判技巧，同样不容忽视。

总的来看，看似步步退让，实质却是"大踏步前进，小幅度后退"。

商业谈判中通常不接受对手的第一次报价，因为谈判双方在能接受的心理预期和实际提出的条件之间，永远存在距离。谈判本身不是一蹴可几的，其实就是试探这一距离的过程。但如果契合对方的心理预期提出条件，那么对方非但不会"见好就收"，甚至可能"得陇望蜀"。所以，谈判双方往往会提高第一次报价，或是炒作次要或较不可能达成的条件，实则掩护自己想要的主要条件。

在正约谈判中，中方明白有草约在先，要英国对路权放手是绝无可能的。中国不愿让英国控制九龙一段，偏偏"明知其不可而为之"，其实是要借题发挥，为了在第三项条件的谈判中，能够争取英方让步，以达成更符合己方心理预期的合同。试想，如果一上来就谈判第三项条件，那么英国不仅会一步都不让，而且极有可能加码加价。若是英方提出更多有损中国主权、权利的条款，届时凭中国的孱弱实力，自然无力与之相抗，只能任其宰割。所以说，谈判固然以实力为后盾，但是较弱一方不能简单地甘认"弱国无外交"，低姿态通常不能换取怜悯，较强一方反而会乘势剥削。相反，越处于弱势，越需要熟谙条文，灵活利用模糊条款；越需要精研谈判策略与技巧，懂得"漫天要价，就地还钱"。

（三）世界上最昂贵铁路的诞生

广九铁路分为华、英两段，各自完工后，在罗湖接轨通车。两段在工程里数、竣工时间、工程难度等方面均有差异。其中，华段起自广州，经石牌、石龙、常平、樟木头、塘头厦、平湖等站，直抵深圳河北岸，长142.8公里。虽有土匪骚扰、征地困难等问题出现，工程大体上顺利，在 1907 年 8 月动工，1911 年 9 月完竣。但是真正麻烦的是全长 35.8 公里、只占全路总长 20% 的英段。

在正约议成之前，港英当局已在思考铁路走线问题。并且早早敲定终点站设在尖沙咀。该地濒临大海，建有码头、货栈，水陆转运十分便利，又与香港心脏地带——中环，只有一港之隔，算是最合适不过了。只是具体要经过哪些站点，出现了两套方案。

时任工务司的漆咸（William Chatham）提出了"西线方案"，即沿海岸线前往荃湾、大榄涌、青山湾，再经元朗、新田、锦田等地到罗湖渡，接壤深圳。森马威尔·拉治则主张"东线方案"，即经油麻地，穿笔架山，沿海岸线到大埔、粉岭，最后延伸至粤港边境。

两相比较，西线方案似乎更具吸引力，其优势在于元朗等地在当时人烟稠密，经济发达；西线比东线长约 13 英里，可覆盖更多人口；西线地势平坦，工程难度小，成本低。东线由尖沙咀直指深圳，沿途山岭重叠，人烟不盛，收入很成问题。东线需要开凿隧道，架设桥梁，工程艰巨，成本高昂。然而，1905 年，港督弥敦（Matthew Nathan）凭借他从工兵队学到的专业知识，最终选定了东线方案。这就是日后香港的"东铁线"。

事实证明，东线确实困难重重，以开凿笔架山隧道为例，这条隧道是当时亚洲规模最庞大的工程，花了 3 年时间才完工，该山地质由腐烂花岗岩组成，要用大量木材支撑，还得用轨道机车，将石头成批拉出，用作填海造陆。工作条件也很艰苦，工地卫生欠佳，疫病横行，大大拖慢了工程进度。像这样的隧道共计 5 条，此外还有 48 座桥梁、65 条暗渠，均需人工处理。

费用方面，从 1906 年动工时起，就不断追加。预算只有 680 万元，但最终支出高达 1000 余万元，平均每英里 50 万元（华段平均每公里 9 万元），在当时极为惊人，堪称世界上最昂贵的铁路。港立法局不断有议员严厉责难[6]，政府财政亦一度捉襟见肘，连总站大钟都无钱新铸，只得暂借旧钟充数。但港府顶住压力，对既定方案毫不更动，直到 1910 年 10 月，英段竣工通车。如今，正是东线的地下隧道，为日后香港地下铁路埋下初基。早期香港的地铁线路，基本是东线的延伸，极大减省了地铁建设成本。"两铁合并"后，更难分彼此。

另外，广九铁路一开始是单轨，但动工时，港府就下令在沿线预留位置，留待以后铺设双轨。这也是成本高昂的主因之一，这样的设计同样招致诸多批评。但 70 年后，当铁路真的拓展成双轨时，却被人视为明智之举。因为对沿线业权人的影响降到了最小，不会因为占地，而出现金钱和时间成本的浪费[7]。

兵法有云："不谋万世者，不足谋一时；不谋全局者，不足谋一域。"战场如此，商场亦然。成本与收益，有时并非当时见到的那么简单，需要把目光放长远，才能计量清楚。港府明白，经营铁路并非短平快的"一锤子买卖"，它本身具有投资高、回利慢、利润周期长等特点。同时认识到，铁路并非孤立静止之物，它必然要开拓，要延伸，要成为未来交通网络的组成部分。那么，与其斤斤计较于眼前的仨瓜俩枣，倒不如先谋势后谋利，毕竟评估利弊还须考虑投资时程长短与景气起伏。对于重大投资案，首先要把握清楚长远之势，前期投入成本虽高，到后期很可能会事半功倍。"风物长宜放眼量。"事业要做成规模，若是选择长期的重大资本性投资，则必须选择长远的计划行动，尽管有时不得不牺牲短期利益，但到后来会发现，前期越不怕麻烦，后期才越不会麻烦。

二　困境重重，尽力以对

1911 年 10 月 5 日，华英两段接轨，广九铁路终于通车了。颇为巧合的是，仅五天后武昌起义爆发，清朝覆亡，民国肇建。然而，国家并未迎来新生，数年后便频频有武人乱政，军阀四起。广东兵连祸结，唯香港一隅，处英人治下，还算是稳定，华英两段也因而展现出不同的面貌。英段支出虽高，收入亦高，业务蒸蒸日上。反观华段身处多重困境，只能勉力支撑。

通车伊始，华段的营业状况便不乐观。政局较稳、无大规模动荡的 1912 年至 1915 年，仍然出现亏损。1912 年，广九铁路亏损 747554.00 元；1913 年亏损 715434.00 元；1914 年受到一战的影响，物料价格飙升，是年亏损额高达 1153115.00 元。1915 年亏损额一度减少，但也达到了 1007821.23 元[8]。此后，广东战乱频仍，护国运动、护法战争、粤桂战争等，均以粤省为主战场。广九铁路时遭战争破坏，时被挪作军用，省港交通时断时续。1916 年至 1919 年，铁路亏损如故，连营业净收入（营业收入减去营业费用的值）都告负值。在很长一段时间内，广九铁路只能依赖京奉、沪宁等路余利维持，可说是无法自负盈亏。

但是，造成如此局面的原因，并不只是政治因素。政治之外的两大商业问题，均经历了长期试错，才迎来解决可能。

（一）与航运业的竞争

广东地处珠江，毗邻外洋，水运素来发达。香港开埠后，珠三角地区人员和商品的流动性大大加强，外国资本开始进入这一市场。19 世纪六七十年代，省港澳、太古、怡和、德忌利士等公司的轮船，已经频繁来往于粤港之间。20 世纪，华资轮船公司也成长起来。它们大多经营珠江航线。在资本数量、规模大小上，仍处于起步阶段，但毕竟打破了外资垄断粤港航运的局面 [9]。只是同时间还与新生的广九铁路竞争，给其造成不小的压力。

在价格上，铁路肯定处于明显的不利地位。当时，从广州开往香港的客轮，具体价目是：最豪华的"香山轮"和"河南轮"，头等舱票价 6 元，四等舱只收 0.3 元。最便宜的"海通轮""海明轮""永汉轮"等，头等舱票价 2 元，四等舱票价低至 0.15 元 [10]。当时的 0.15 元约相当于现在的人民币十几块钱。这种价格，对普通民众不造成任何压力。

而广九铁路的价目是这样的：头等车票价 5.4 元，二等车票价 2.7 元，三等车票价 1.35 元 [11]。而当时一个普通上海工人，每个月的收入只有 20 元。也就是说，如果一个人坐头等车，在粤港两地来回一次，那么他所花费的是一个上海工人半个多月的薪水。如此价格，恐怕只有为数不多的中产以上人家，才能负担得起。

消费习惯也值得注意。在现实生活中，很多人都有这样的经历：当习惯某类商品，或者某种品牌，会不假思索地掏出钱包，甚至无意于"货比三家"。对珠江两岸的人而言，人力、风力驱动的帆船和紫洞艇，是他们祖祖辈辈流传下来的交通工具。而从蒸汽船开始出现算起，到广九铁路落成，也只有近 30 年的时间。铁路要挤进被它们占据的市场，谈何容易！

对于这两大竞争劣势，广九铁路局倒也有所认知。消费习惯颇难养成，除用广告加强宣传，以慢慢积累客源外，并无捷径。路局的主要目光，则集中在价格方面。

针对货运，1913 年，路局根据本路沿线出产、商贸等特点，减收经常性与大宗货物，例如谷米和杉木的运费。然后在 1914 年，特减土货运价。1915 年和 1916 年，连续折减米粮运费。1920 年，减收水牛运价等。针对客运，路局先后推出：来回票价减半的特种票、团体票、每月折扣数目不等的旅客定期乘车票。此外，路局还主动将定价权下放，允许与水路竞争的各站点，因地制宜，因时制宜，对价格酌增或酌减。然而，这些努力收效甚微，可见价格不是决定消费者行为的最重要因素。直到一个人出现，广九铁路才由颓败慢慢显出生机。

1927 年 6 月，叶家俊受命担任广九铁路局局长，一上任，便大刀阔斧开展路务整理工作。主要措施有：停止降价，保证车价稳定；提高行车密度，省港直通快车每天原来只有两班，叶家俊下令增加到四班，并严定车次到站时间，不许延误（此前火车误点、晚点现象时有发生）；增加火车站迎送客服务，如添派铁甲车送客进站，在西壕口站设专车送客出站；清点路局历年材料，逐项登记复核，严禁营私舞弊和贪腐；美化车站及周边环境，包括整顿闲散人员、小商贩、人力车，清理堆积垃圾，站内栏杆重新刷漆整修，栽种花草等[12]。叶家俊等于对公司进行脱胎换骨的大改造，重塑广九铁路的企业文化与公众形象。

其工作看似伤筋动骨，实际上收到了良好效果。随着客流量日渐增加，广九铁路的收入日渐上升。当年 7 月，广九铁路平均每日收入 3314.6 元，较 6 月增长 920.39 元。10 月，广九铁路的收入，成为通车后除 1926 年以外历年 10 月收入的最高值（当年省港大罢工期间，轮船停航，省港客货运输全赖广九铁路完成）。

叶家俊因何能取得如此良效？原因就在错位营销

（Differential Marketing）。就是追求独树一帜、别具一格的竞争理念和竞争策略，就是"不做别人做的，只做别人不做的"，借由与对手的区别来拓宽自己的市场空间。

铁路和航运，从本质上说都是相似的运输服务产品。同质性产品众多的商品若要取得成功，很少是通过"老少咸宜""交口称赞"等方式来争取到的。相反，它必须搞清楚自己的定位，确定能吸引哪些目标顾客，能满足他们什么样的需求。对于这类商品市场，与其用霰弹枪漫天打鸟，倒不如弯弓射箭，或是设网捕捉。如此，方能始终立于不败之地。航运的定位始终清晰，由于价格低廉，所吸引的目标就是数量庞大但手头资金并不充裕的一般民众。而广九铁路局在前期的降价，可以说是选错套路了。毕竟铁路不是内河，没有得天独厚的自然优势，完全要依靠人力进行修建、营运和维护，所以就必须摊派资本性投资的庞大成本。这些成本注定了铁路无法取得价格战优势。只要兴建铁路是以营利为目的，就肯定要精打细算，除非有国家埋单。

叶家俊则放弃价格战，转而思考铁路胜过航运的地方。譬如，交通快捷（省港直通车一天开通数班，轮船则根据单双日，由港上省或由省下港），受自然条件限制较小（航运因为雨量，有旺季、淡季之分，铁路能保证全年运行），运行平稳，客人不必担心晕船之苦等。他更是加强内部管理，确保了班次准点发车，准时到站，来吸引看重这些优势的顾客。由此我们认识到，与其盲目发起价格战，与航运争夺同一批客户，不如营造并充分发挥自身优势，在服务质量上下更多功夫，来筛选、吸引潜在的顾客群体。市场竞争不是田忌赛马，不存在绝对的下等马、中等马和上等马，关键在真正了解产品的优势，并将其发挥到极致。这样，产品自然会找到属于它的那个位置。

叶家俊的成功，与派克钢笔（Parker Pen）的转型，有异曲同工之处。19世纪末，美国教师乔治·派克（George Safford Parker, 1863~1937）以自己的名字，命名了"派克笔"。派克笔甫一出世，便以其优良品质，迅速成为市场的宠儿。到20世纪中叶，派克笔"打遍天下无敌手"，几乎完全垄断了钢笔市场。但匈牙利的贝罗兄弟发明圆珠笔后，派克笔的好日子似乎到头了。圆珠笔轻捷方便，省去了灌装墨水的麻烦，价格也比钢笔要低。派克笔完全无法与之争胜，销量直线下滑，派克公司也走向了破产边缘。

时任总经理的马科利，想出了拯救派克笔命运的战略。不是打价格战，他做了两件事情：第一，大幅度削减了派克笔的产量，不再和圆珠笔比销售量；第二，大幅度上调派克笔的价格，此后只向上层精英供应。完成了从必需品到奢侈品的升级，从大众路线向高档路线的转变后，派克笔绝处逢生，至今仍是一种高贵身份的象征。这同样也得益于"大路朝天，各走一边"的错位营销战略。

不过，叶家俊的整理工作仅是路务好转的开始。另一块影响广九铁路营运的绊脚石——债务问题被搬开，要等到九年后了。

（二）债务问题

由于投资成本巨大，铁路和债务可以说是孪生兄弟，有彼必有此。即使当今资金雄厚、背靠政府的"铁老大"，也无法摆脱这一痼疾。20世纪的广九铁路也如此，它自诞生伊始，就背上了沉重的债务包袱。借款合同规定：中国向中英银公司借款150万英镑，年息5厘，以铁路财产和进款为抵押，30年还清。从第一年到第十二年半，每年还利息两次，每次还37500

英镑。第十二年半后，利息还款额逐年减少，开始偿还本金。本金每年偿还一次，除首次还 47500 英镑外，其余每次均还 85500 英镑，实际还款总额约 313 万英镑。按当时的汇率来算，约合银元 3130 万元，这绝对是一笔巨款。

合同是以广九铁路赚得盆满钵满，能够覆盖运营成本与贷款本息为前提的，但这个前提从一开始就破灭了。英国在世界各地参与大型基建的国际经验丰富，不可能不知道违约结果。但是英国之所以愿意与清政府积极合作，除了金融收入以外，其实更重要的是在图谋路权。只要中方积欠缴款，债上加债，英方就可以伺机接收铁路。广九铁路年年积亏，连偿还利息都成问题，不得不由中央拨款和协济。1917 年后，护法军政府在广东建立，以中国合法政府自命，视北洋为僭篡之辈。但为还款计，不得不在自己的眼皮子底下，让广九铁路局仍奉北京交通部号令，以接受来自北京的援助。1924 年，这种怪异的权力格局，让孙中山再也无法忍受。孙中山强行罢免了广九铁路局局长温德章，转命陈兴汉代替。只是温德章长期受英方认可，英国对此极为不满，要求继任的陈兴汉立即偿还 40 万元欠款，造成陈兴汉差点不能到任。1925 年，借款在还息 35 期，还本 5 期之后，终因没钱彻底停付。造成累计积欠本金约 110 万英镑，利息 58 万英镑，还款额勉强超过总数的一半 [13]。

债务问题严重影响了广九铁路的服务质量。其华段和英段同时起步，华段成本还要远低于英段。但数年后，双方的服务便出现差距。英段屡有兴作，譬如总站填海造陆，增设沿途站点，修筑粉岭—沙头角支线，引进柴油机车，改装客车等。反观华段，囊中羞涩，火车头数目始终停留在开始的 14 个，根本不能满足行车需要。加上设备老化，不断损坏拆修，不仅产生误点、晚点等问题，甚而影响旅客的行车安全。1927 年，中方不得不同意，直通车改由英段火车头走完全程，而无须在深圳更换华段火车头，这等于将全路的主导权让人了。1929 年，港英当局主动出面，代中方购买了 3 辆最先进的蒸汽火车头，由中方按月分期归还。至于枕木，早就无钱更换，只能让英方代劳。如此债上加债，英方不断催讨，广东当局狼狈不堪。在货运上，英段早已实行运货负责制。华段为减少支出，竟然声明：货物运输过程中，如有意外发生，结果由客人自行承担，不得向本路索赔。而早在 19 世纪末，太古等轮船公司就已经推出了保险业务。与航运相比，铁路又多了一块短板。

对于债务所带来的问题，叶家俊曾提出发行短期公债来暂时解决，也就是在以新偿旧的同时，可以争取时间来筹备整理路务所需资金。这一想法得到了广州政治会议的批准，但是因无人承购，不了了之。可见当时广九铁路华段非常困顿，就连国人都不愿出手救急。直到 1936 年，著名金融专家张嘉璈出掌铁道部，国民政府才转换方式，改从外债入手来整理广九铁路债务。

在债务问题中，外债是最为棘手的。内债被逼到墙角，大不了以国家权力为后盾，由纳税人埋单，一笔勾销。外债则涉及复杂的外交关系、国际市场问题，要做"老赖"可没那么容易。对于这块硬骨头，张嘉璈等人不辞劳苦，与债权人多次磋商，最终达成新的协议。新协议规定：利息由 5 厘减至 2 厘半，欠息减少五分之四；本金由铁道部每年拨款 30 万元，广九铁路局每年拨款 20 万元，限期 50 年还清。通计减债 800 万元 [14]。为保证协议顺利执行，1937 年，广九铁路局与中英银公司合作，组成借款基金保管委员会 [15]。至此，广九铁路终于卸下重担，轻装上阵。债票在国外市场价格回升（由每张 38 英镑上升到53 英镑），如此的改变也带动了内债筹集，民间开始踊跃购买铁路建设公债。

债务问题的核心是信用问题，本质上也是债权人对企业的市场信心问题。广九铁路局试图把发行内债作为一种融资手段，这并没有错，但是此举过于乐观地预期了市场对这条铁路的信心，其实信心早在历年的亏损和债务的积欠中消耗殆尽。要恢复信用，与其找寻下一个能把钱借给自己的"冤大头"，倒不如回过头来老老实实地解决旧债问题，诚恳地和"老债主"磋商谈判，拿出可行性方案来处理债务。

理财不仅是投资赚钱，还包括对债务的管理。还债也要讲究策略方法，切实可行的缓慢偿还，不仅有助于恢复信用，还可能换来债主的"手下留情"。债权方的心理颇为微妙，其上限是希望对方能按照合同，定期定额偿还，自己可以以此如期盈利，最低限度则是要保证对方有稳定的还款能力，使自己能够回本。这就给了负债一方可从容回旋的余裕。

这一原理放到广九铁路上，实际情况就是：基于现实因素，路局积欠的一屁股债是不可能再按原定合同清偿了。但是中方没打算赖账，中国的国际债信还是可以的，反而拟定了详细计划来按部就班偿还。这就能让十几年没有收到还款，心理预期早已降到最低的外国债权人愿意稍稍抬一下手，减一下利息，保证"细水长流"。正是基于此种心理，广九铁路的负担大为减轻，本已濒临破产的信用，也因此恢复，可谓一举两得。至于图谋路权一事，随着其他环伺列强的关注以及中国的民气，英方也不敢轻举妄动了。

古巴比伦有一个故事，和广九铁路的债务整理有某种共同之处。一个名叫达巴瑟的人，年轻时为追求奢侈生活，到处寻找发财机会。但一事无成，还欠下了一大笔债务，为了躲债，不得不东躲西藏，甚至一度沦为奴隶。逃回巴比伦后，在好友的点拨下，达巴瑟认识到，躲债甚至比还债还要艰难，这样并非长久之计。

于是，达巴瑟鼓起勇气，挨家挨户地拜访了债主。诚实地告诉了他们自己的现状，详细地阐述了自己的还债计划：找到一份工作，辛勤劳动。每个月收入的十分之七，用来维持一家人的饮食起居；十分之一用来储蓄，以备不时之需；十分之二用来还债，尽量平均地分别偿还。虽然遭受了诟骂和白眼，但出乎意料，大部分债主都同意了他的计划，有些还对他的努力大加赞赏。一段时间后，达巴瑟不仅还清了所有债务，还成为一名富翁。

虽然广九铁路和达巴瑟的故事相隔千年，但"慢慢还债总好过没有"的道理，其实是一致的。不过，债务问题只是表象。广九铁路正常经营的最大干扰，关乎中英之间错综复杂的利益纠葛，这远非路局单方面的努力所能奏效。确切来说，是与粤汉铁路的接轨事宜。

三 两路接轨，利益纠葛

在 20 世纪初，英国在谈判广九路事的同时，对粤汉铁路也表现出超乎寻常的关注。

粤汉铁路的路权几经转手，起初由华美合兴公司（American China Development Company）负责修筑，但该公司的资本实力尚不足以承担，英国乘机提议由英美双方折半交换广九铁路和粤汉铁路路权。当合兴公司被比利时和法国控股，路权落到比、法的手中之后，英国接着在湖北、湖南、广东三省商民力争废约，收回路权之际，主动出资 110 万英镑助中方赎回铁路。粤汉铁路被收归商办后，建设资金出现极大缺口，英国最为积极地与中国开展借款谈判，日本想横插一脚（英日同盟于 1902 年成立，1905 年日俄战争后得到强化），却遭到了无情拒绝[16]。

英国当然不是什么慈善家，它对粤汉铁路的渗透所图甚大。在赎回一事上，为获得中方好感，英方一反常态地没有在资金、用人方面做过多要求，一直等到广九铁路将近完工，才将真实目的和盘托出，也就是要将粤汉、广九两路接轨通车。可见此事的重要程度。

将该两路接轨是英国"立足香港，布局远东"这一宏大计划的一部分。如果实现了，在政治上，英国能将在华两大势力范围长江流域、华南地区连成一体，并连通至西伯利亚和中亚地区，有利于英国在远东与俄国的对抗。在经济上，两路连通，既方便中国内地的货物进出口，也有利于巩固香港作为华南远洋出口大港的商贸优势。精打细算的英国机关算尽，但没有想到，接轨一事却会变成一拖数十年的悬案。

（一）各方的立场与纠缠

两路接轨之难，不在工程方面。在动工之初，广九铁路的定位，就是粤汉铁路的支线。二路完工后，粤汉铁路的终点，设在广州城西的黄沙站（在今日广州的荔湾区），广九铁路的起点，则是广州东郊的大沙头站（在今日广州的越秀区），相距仅 4 公里，地势平缓，接轨不存在任何技术难度。真正的阻碍在于广东官民主观上不赞成接轨。官府尚需维持与港英当局的关系，回应较为圆滑；民间则毫无顾忌，反对异常激烈。

广东民间拒斥接轨，起初出于爱国心理。广东在晚清素以殷富多财、民风剽悍著称。粤汉铁路收回后，由于资金问题，湖北、湖南两段都选择了官办或官商合办，广东的广韶段本也计划比照办理，但是广东商人短时间内就募集了大量资金，迅速成立了商办粤路公司，迫使清廷让步。广九铁路本来是其凭着财力能一并收为商办的对象，偏偏最后清政府迫于先前草约，拱手让出家门口附近的铁路，当地的民众自然是怨气冲天。

清政府为了缓和广东民间的对抗情绪，挽回了部分利权，曾计划将150万英镑的债票划出一半，交由粤商购买，但根本无人问津。当地民众面对本国政府都已如此，又怎么愿意买英国人的账呢？

最关键的是，广东官民一直认为英国的接轨计划包藏祸心。在政治上，有让华南地区沦为英国殖民统治地区的风险，预计英国还会以此为跳板，进一步侵略内地。经济方面最大的担忧是：两路通车之后，货物将不会停留广州，南北十数省的货物将直接在香港积聚，最后入海转运。结果是，广州将沦为铁路上不起眼的一站，本地商业连带着受重大打击，甚至沦为"死市"等。石龙是广九铁路的一站，石龙的败落，更加深了这一恐惧。铁路开通后，石龙从人烟阜盛的大市场，变为小市镇。有此覆辙在前，虽然英方对粤省当局多次游说，哪怕是仅有风声传出，也一定会引起广州市总商会激烈反应，表示"誓死反对"。

在广东民间有维护利权意识的同时，大多数人却放大了恐惧心理。他们没有仔细想过，石龙与广州在地理区位、人口多少、市场大小上完全不同，所以也就拒绝考虑粤港整合或许真的是件好事。今日的粤港澳大湾区的繁荣证明了接轨计划可以带来更大的成功。广东民间不理想的预期，使广九铁路夹在中英之间，沦为利益冲突的无谓牺牲品。

与其他运输方式相比，铁路运输的最大优势，就是适合大宗货物的长距离（200公里以上）集中运输。距离越长，成本降低越明显。同时速度快，准时性强，安全系数大。这张牌本来好打，但因为两路一直未能接通，内地运往香港的货物，就得在广州完成毫无必要的卸车、转运、再装车等复杂环节，大大提高了运输成本。同一时期的航运，虽然速度缓慢，但从香港到珠江，再到长江流域可以一气贯通，反而凭此便利而抢夺了本该属于铁路的货运市场，也导致了广九铁路的痼疾：客流量增长较快，但是货运极不发达。

这种自砍一半利润的畸形经营方式，双方均有责任。英国犯的错误是想当然地做出决策，过度乐观地预设广九铁路完工后可以顺理成章地与粤汉铁路接轨。虽然在中方赎回粤汉铁路上出了大力，但是始料未及的是，事先给中方写好的剧本，中方却罢演了。

这也提醒我们，在商业中，一旦向合作方提出要求，应当慎之又慎，小心再小心，不可以己度人，不可缺乏换位思考。尤其是对于强势一方来说，可能是理所当然的事情，但是对弱势一方可未必如此。试想，如果英国调整一下顺序，在广九铁路开工之前，事先询问一下中方的接轨意愿，或者干脆谋求彻底控制粤汉铁路，再为与广九铁路接轨布局，结果应该会大不相同。只能说当时的英国气焰过盛，兀自以为已经是等着摘桃子了。

当然，中方也不是全无问题，在"谁是我们的敌人，谁是我们的朋友"上犯了糊涂。中方迟迟不能摆脱争夺路权失败后的不平心理，仍然把英国看作与自己争夺利益的对手。这样的设想却忽略了，广九铁路开通后，彼此身份均为联营体的一员，在营运铁路上，双方的利益被绑在一起了。只可惜联运后双方缺乏信任，而非求同存异、携手合作，这才是营运广九铁路问题的症结所在。然而，英国毕竟是老牌资本主义强国，在利益面前，向来有锲而不舍的耐心，漫漫的接轨长途至此开始。总之，信任是合作的基石。要建立并维护信任，除了利益交融外，更需要彼此坦诚相待。强势一方要及时聆听弱势一方的声音，弱势一方也不可抱有"受害者心态"。否则，合作就变成了互相拆台。

（二）接轨之路——从游说借款到迂回连通

英方谋求接轨的交涉，起初单纯地以游说方式进行。1910年，清政府派赵庆华出面，与英人议约通车。他在实地考察后，从便利客货出发，力主从速接轨。讵料两路中间地段，已归粤路公司建筑，该公司拒绝执行，让中英两家都吃了挂落。

进入民国，袁世凯当上大总统，英国人再次提出要求，他当即答应无条件接轨。但是广东都督陈炯明严词拒绝，一点儿都不给袁大总统面子。陈炯明是南方革命党人出身，拒绝可能是基于门户之见，但北洋系的龙济光督粤时，英人刚一旧事重提，还没等龙济光来得及反应，广州当地的报纸便连篇累牍大骂他出卖粤人。这位捕杀起革命党来眼睛眨都不眨、敢冒着天下之大不韪恳请袁世凯"早正大位"的大军阀，对广州来势汹汹的民意，却硬是不敢稍撄其锋，事情还是毫无进展。

桂系把持广东时，英国与督军莫荣新之间，草签了所谓"卡塞尔合同"，约好双方合股开发广东煤矿，允许英人修建铁路，以连接粤汉、广九两线。但合约墨迹未干，粤桂战争爆发，桂系被逐出广东，孙中山回粤主政。孙中山向来认为接轨一事对广东有害无利，进而全盘推翻原合同。至此，英国单方面的游说行动宣告失败，与各路领导洽谈都碰壁了。

既然游说之路难通，英国转而采取注资示好的战略。首先从把持着两路中间地段的粤路公司入手。1913 年，粤路公司无力偿还港英赎路借款本息，不得已向日本三井财团借款。英国闻讯立刻动员汇丰银行借款港币 10 万元，为期一年，试图以此软化粤路公司坚拒接轨的态度，进而抓紧机会，向北京外交部提出交涉。只是不到半年，粤路公司就缓过气来，还清了 10 万元的欠款。也就是说，1915 年粤路公司悉数偿还原赎路借款本息，注销了借贷合同，英国再没有机会插手粤汉路事。

在民间碰了壁，中央又鞭长莫及，20 世纪 20 年代开始，英国将钞票甩到了广东各政权的头上。1922 年陈炯明发动兵变，驱逐了孙中山。英国见机再次燃起两路接轨的热望，其驻华公使亲赴广州，与陈炯明面商，表示愿出资 3000 万元。其中，用于两路接轨的只需要 1400 万元，其他剩余款项均归广东政府自行支配。时移世易，如此一笔巨款让曾经严拒其请的陈炯明根本说不出话来，时任广东省长的陈继儒也颇为心动。1927 年，李济深主持广东政局，粤省苦于财政困难，无法保证军队给养，亟须港英方面的财政援助。1928 年，李济深访问香港，与时任香港总督、素来鼓吹省港合作的金文泰进行长谈。金文泰表示，愿意支持李济深恢复广东的和平繁荣，并告诉他，港英当局已就两路接轨准备好资金，只待他一声令下。1932 年，再次传出消息，粤省当局愿意以两路接轨为条件，来换取港英 1500 万元的借款。

广东官方的立场渐次出现松动，从被动考虑英人提议，到主动开始与其接洽。而中央政府对接轨本就持赞成态度，国民党统一全国后，更迫切希望畅通货流，增加广九铁路收入，来加快外债偿还。这样一来，接轨的阻碍就只剩下广东民间的反对了。

对此，港英官方、港商屡次喊话，详细举出接轨后的种种好处。譬如，往来的游客和邮件可充分利用九龙机场，陆海空运均不受窒碍；大量货物直通粤北，拉动韶关等地商业发展。广州与香港并非竞争关系，香港繁荣，广州可以与共。广州还可通过内地发展，来促进自身的繁荣。话虽如此，"帝国主义亡我之心不死"的疑虑情绪仍然很难消除，这番喊话毫无效果。

英人的举动不可谓没有诚意。接轨后的双赢局面，在今人眼里也甚是清楚明白。之所以每次都换来广州民众"我不听我不听"的回应，只能说英国的殖民侵略野心不曾稍减。这些商人们忘记了，要说服别人，尤其是之前对你疑虑重重、全无信任的对手，是不能靠口头说服的。不管你说得多天花乱坠，对方也认为是包藏祸心，你越是主动示好，对方越觉得"无事献殷勤，非奸即盗"。要说服别人的最佳策略就是把你想让别人做的事，和他内心想要的东西挂钩，如此对方才会心甘情愿地与你合作，为你所用。

幸运的是，广州城里的人们想要的东西——黄埔筑港计划，被英国人发现了。早在秦汉，黄埔就是中国的重要外贸港口，是"海上丝绸之路"的起点之一。清政府实行一口通商时，外国商船云集黄埔，帆樯如林。鸦片战争后，广州的风光被英人控制下的香港夺了去，黄埔也随之衰落，粤人心中多有不甘。

早在 1919 年，孙中山在《建国方略》中就提出要在黄埔建南方大港。1925 年，广东当局成立黄埔建设促进会，筑成由市区直通黄埔的公路。1933 年，全部登记完毕黄埔用来开辟商港的土地。1935 年，粤省开始筹划，兴筑粤汉铁路至黄埔港的接驳铁路线，即所谓的"黄埔支线"。

在一开始，黄埔筑港计划是冲着与香港竞争而发起的。铁路交通的定例是：干线或起点，或终点，必定有一端连于海口或深水河道，这样才能充分吞吐客货，便利运输，尽得陆运和水运的好处。譬如广九铁路的终点尖沙咀，就是当时世界知名的"航道中心"[17]。但是广州城内河流均为浅水，无法发挥此种优势。当局设想，黄埔支线修筑完成后，粤汉铁路可以直通海口，广州将重新成为国际大商港，与香港一较短长。

对粤省这一计划，英方起初有两种意见。港督金文泰不以为然，他在名为《香港之将来》的演讲中指出，香港本就是广州的优良港口，而黄埔缺乏作为深水港的自然条件，这是人力所不能改变的事实。广九铁路英段董事冯伯励，倒不这么认为。他觉得，如果黄埔开埠成功，各大商船可以在此卸货的话，广州将仍为香港与内地间的转运中枢。那么，即使两路接轨，也不会干扰广州的工商业。如此，本来是与香港竞争的计划，反而可以作为实现英方接轨大计，促成香港繁荣的契机。

平心而论，金文泰的看法较为接近事实。在之后的岁月里，黄埔港虽屡经整治，但仍难满足大型船舶的需求，到19世纪90年代，不得不让位于南沙港。但冯伯励的意见，无疑更能满足广州工商业界的心理需求。无独有偶，早有接轨之意的国民政府，在黄埔支线工程初步测勘后发现，线路如从西村出发，中间必定经过广九铁路的石牌站，双方于是一拍即合。

1936年，新任广州市长曾养甫呼吁英商要投入资本，要积极参与广州市政建设，英国顺势向黄埔筑港计划提供贷款。于是，在修建支线的名义下，接轨工作开始暗中进行。

1936年9月，黄埔港铁路支线测量队组成。10月，二次测勘进行。11月，广州市政府布告，征用沿线民地。12月，测量队改组为工程总队。1937年2月，黄埔支线正式开工。广州工商界虽仍有反对情绪，但除《大公报》等报纸有一些反对声浪外，民情大体平稳。七七事变爆发前，黄埔支线已延伸至石牌站附近，并通过"悬桥"，跨越广九铁路，事实上两路已接轨了。

全面抗战开始后，长江流域被日军封锁，大量英美援华物资只能通过香港转运内地。为了抵抗日寇侵略，广州地方的利益考量被压倒，国民政府正式下令完成两路接轨。纵贯中国的南北铁路大动脉——平汉、粤汉、广九铁路，终于填补上了最后的缺环。战略物资因此如潮水般涌入内地，有力支援了抗战，直到1938年10月，广州陷落，广九铁路落入日军之手。至于英国如何与日本控制下的广九铁路打交道，那就是另外的故事了。

整个铁路连通的过程，与其说是中英两国之争，或是地方人士的抗争横阻，倒不如看作各方各取所利。我们更可以理解到：说服是一种艺术，不一定是"以力服人"或是"以理服人"。说服不能完全寄望于道理，至少因为人不全是天生的理性人，也不能只靠利益的让渡，头号要务是追求互惠，是建立互信基础。如果双方都还想要继续谈判，那就是合则两利，绝不是有我无敌的赢者全拿。更直白地说，说服是站在对方的立场思考，让对方做对他自己有利的事情，然后与我方的利益对接。对我们有利可以是自然的结果，但不能视为理所当然的目标。再者，谈判过程很少会出现一蹴可几的局面。中国最终也从铁路连通中，打通了运输，支援了对日抗战。英国不愧为老牌商业国家，与其说人家死咬着利益不放，更应该佩服人家"其疾如风，其徐如林，侵掠如火，不动如山，难知如阴，动如雷霆"，不折不挠且又精准得宜的积极态度。正因其坚持，接轨工程才最终完成。

参考文献

[1] 钟远明：《粤港一线牵——广九铁路通车百年》，《铁道知识》2012年第1期。

[2] 金士宣、徐文述：《中国铁路发展史（1876—1949）》，北京：中国铁道出版社，2000。

[3] 宓汝成编《中国近代铁路史资料》第一册，北京：中华书局，1963。

[4] 孙健、王宇宙编著《每天读点金融史Ⅱ：影响世界的金融巨头》，北京：新世界出版社，2008。

[5] 盛宣怀：《愚斋存稿》，台湾：文海出版社，1975。

[6] 九广铁路公司：《铁路百年：香港铁路的蜕变》，香港：香港文化博物馆，2010。

[7] 钟远明：《抗战胜利后四年间粤省铁路经营与建设问题研究》，武汉：武汉大学博士学位论文，2017。

[8] 夏巨富：《20世纪初香港轮船航运业的兴起与发展》，《近代史学刊》2019年第1期。

[9] 交通部交通史编纂委员会、铁道部交通史编纂委员会编纂《近代交通史全编》第33册，北京：国家图书馆出版社，2009。

[10] 唐灵：《近代广东铁路研究（1927—1937）——以报刊为主要研究资料》，广州：暨南大学硕士学位论文，2014。

[11] 张嘉璈：《中国铁道建设》，上海：商务印书馆，1945。

[12] 郑会欣：《战前国民政府整理外债的经过及其成效》，《香港中文大学中国文化研究所学报》1993年新2期。

[13] 王致中：《中国铁路外债研究（1887—1911）》，北京：

经济科学出版社，2003。

[14] 谭显宗：《论香港的近代转型——以尖沙咀为考察中心》，北京：北京大学硕士学位论文，2002。

[15] 郑会欣：《战前国民政府整理外债的经过及其成效》，香港中文大学《中国文化研究所学报》1993 年第 2 期。

[16] 《中央日报》1937 年 1 月 12 日。

[17] 王致中：《中国铁路外债研究（1887~1911）》，北京：经济科学出版社，2003。

汇丰银行：扎根中国，精准深耕

19世纪两次鸦片战争让英国在中国赢得多方面的利益和特权，尤其是贸易和通商口岸开放特权。19世纪60年代起，外国商人所需要的融资服务都日趋复杂，然而当时贸易公司和洋行所能进行的融资方式却很单一，该问题在香港最突出。1845年以后所成立的英国特许银行，虽然能为贸易融资提供必要的国际汇兑服务，但由于它们的总部设在英国或者印度，对中国市场来说有点遥远，所以能为对华贸易提供的服务有限。强烈需求带动供给，在港的英国洋行商人便开始筹划建立一家不同的英国海外殖民银行，可以直接为香港的工业建设计划提供合法的信贷支持。

1864年7月，位于孟买的英国商人计划以香港为基地创立中国皇家银行，发行3万股，每股200印度卢比，但是只计划向香港及中国的商人配售5000股，这样的股份安排引起了香港洋行的普遍不满。同年7月28日，铁行轮船公司监事人托马斯·萨瑟兰（Thomas Sutherland，或译作"苏石兰"）和宝顺洋行牵头，在报刊上宣布另行成立一家实实在在由香港所拥有的银行。在该倡议下，港英政府于8月6日召集了一次商人会议，选举成立一个临时委员会，宣布筹组总行设于香港本地的汇丰银行，来满足当地快速扩展的融资需求。事实上，汇丰银行在香港的地位将类似总督银行（the Presidency Banks），就如同澳洲银行（the Banks of Australia）在澳大利亚的地位，这类银行具有发行货币的法定权力，股份大多由私人拥有，但是殖民政府仍保有一定的比例。成立之初，汇丰银行额定资本500万港洋，分为4万股，每股125元，不到半年时间股份全部认足，可见当时香港商界的热烈回应，其通过适当的股份分配从而获得当地商人的支持。

1865年3月3日和4月3日，汇丰银行在香港和上海先后开始营业。1866年8月14日，港英政府颁布第五号法令予以认可，随后汇丰银行在香港正式注册，成为公司组织，并被赋予特权，在获得英国财政部的同意下，可在伦敦、印度、槟榔屿，以及新加坡和中国皇帝或日本将军府所辖领土内，设有英国领事或副领事之处，开设银行或设立分行。这说明英国财政部大开绿灯，鼓励汇丰银行拓展国际市场。后来东亚、东南亚、欧洲和美洲都有其分支机构。汇丰银行的全名为"香港上海银行有限公司"（Hong Kong & Shanghai Banking Corporation Limited），这是仿照英国早年合股银行（Joint-stock Bank）的先例。这类特许银行的股东在绝大多数情况下，根据特许令状规定的数额负有限责任，但该银行对所发行的钞票则负无限责任。银行名称则是以主要业务活动的区域来命名，香港的中国人则称该行为"汇丰"，表示"汇款丰富"。

汇丰银行是中国近代历史上著名的英国海外殖民银行之一，在近代中国金融与经济发展过程中，也是一个相当关键又特殊的金融机构。它的经营活动一直延续至今，成为目前全球名列前茅的商业银行，提供犹如百货公司式的各项金融服务。由于其经营范围基本上是以中国地区为主，所以汇丰在中国的业务以及中国的内外形势，也就塑造了它的方方面面。这是一个重要金融机构与中国时代环境联动的曲折过程，该银行见证了中国近代历史的发展和变迁，也是中国金融发展过程的一个缩影。该银行为我们提供了一个外资银行在国民经济发展中所处地位的个案，帮助我们梳理了外资银行的角色、外资银行在中国金融发展过程中的地位和影响等问题，具有相当大的历史意义。

一 成长过程

汇丰银行 1949 年以前在近代中国的业务活动，并不是完全被动地适应环境，更多的是主动把握机会，发展壮大自己。汇丰银行先把自己嵌入了英国在华势力范围之中，所以它自己并不是一个单纯的商业银行，在外交与政治等方面也能发挥积极作用。汇丰银行将经营战略和目标着眼于中国的长远发展，从 19 世纪 60 年代开始直接或者间接地、自觉或者不自觉地参与近代中国经济的发展和变革，其在这个过程中所发挥的作用是复杂和多层面的。它是一家追求股东利益最大化的股份公司，同时又会根据各个历史时期不同的经营环境，及时调整自己的业务重点，以适应形势的变化。但是，不同于一般利润主导型的商业银行，汇丰银行是在英国殖民帝国主义势力的荫护下来最大限度地获得利润。也就是说，汇丰银行要配合英国殖民帝国主义，与其他列强竞争，然后发挥自己金融资金主义的优势与特色，进行经济合作与金融牟利。所以汇丰银行的经营是攻守结合，"攻"主要是努力开拓对华业务，快速扩大在华市场份额，"守"主要是与其他在华外资银行和华资金融机构竞争。当时的中国受限于自身与各方条件，需要寻找一个值得信赖的专业金融代理人，经过几轮的竞争与测试，汇丰银行被选中。

在上述经营思想指导下，汇丰银行在业务范围上，采取多样化经营，业务包括政治外交与经济金融。重点发展中国的国际汇兑业务（金银货币兑换和华侨汇款）、政府业务、证券承销业务等，一如自始提出的"全世界的本土银行"品牌策略，努力把自己定位于"中国的本地银行"，如此就把中国的政府部门、官员、买办商人、企业以及个人散户，都作为自己的服务对象。所谓"中国的本地银行"，就是汇丰定位自己是中国的国际汇兑银行和贸易融资银行、中国的商业银行和商人银行（投资银行）、行使部分中央银行职能的"中国的中央银行"，同时进行部分超出银行职能范围的业务活动。最后的结果证明，汇丰银行在中国获得了举足轻重的地位，掌握了中国的金融和财政大权，甚至影响到政治外交。

（一）顺势而为，快速增长

哪里有需求，哪里就要有供给；跟随客户的需求，而且还要满足它。1865年3月3日，汇丰银行在营业初期公告中称："本行开发并议付在伦敦以及欧洲、印度、澳洲、美洲和中国等主要地点付款的汇票。"这一阶段中，汇丰银行的发展很好地实践了优势—机会战略，即发挥了企业内部优势，利用了良好的外部机会。作为一家英国的银行，汇丰银行凭借其先进的经营理念、准确的客户定位和超前的金融服务，融合了中国的政治、经济环境，进而赢得了中国和欧洲两个市场。

在第一个10年间（1865~1874），汇丰银行的主营业务——汇兑业务量快速增长，其他业务比如存款、货币发行及投资等也逐步开展，可以说汇丰银行全面开花，帮助自己不断提升在中国外贸融资市场上的地位。汇丰银行迅速扩张，先后在与中国贸易往来密切的国家设立了分行，遍及英国、日本、印度、印度尼西亚、新加坡等，这10年的发展大有后来居上的势头，几乎让它成为在华最重要的外商银行机构。

尽管1866~1867年爆发了一场自西而东的全球性金融危机，

但年轻的汇丰银行在强有力的领导，如昃臣爵士（Sir Thomas Jackson，1841 年 6 月 4 日~1915 年 12 月 21 日）的带领之下，不仅能够成功应对，而且在竞争对手大量倒闭的困境中逆势成长。随着主要竞争对手之一丽如银行（Oriental Bank，又称"东方银行"）不断衰落，到了 1868 年，汇丰银行已被公认为"在中国的最为重要的公众公司"，优势与日俱增。丽如银行被取而代之的主因包括放款和投资不慎，以及在锡兰的投资失败。与之相反，汇丰银行则是谨慎行事，以丰厚的白银储备来进行各种借贷，并在香港发行钞票。

汇丰银行自成立之后如此快速发展的主因大概有三方面。

第一，适应了西方列强扩大对华贸易的需要，尤其是英国。1856~1860 年，英法联手发动了第二次鸦片战争，清政府再次战败，被迫增开 11 处商埠，外国人可以到内地通商贸易，中国进一步对外开放，国际金融服务的需求一路攀升。

第二，充分利用并整合了筹组者的机构网络和金融业务，提升了专业银行的地位。参与筹组汇丰银行的 13 家洋行都拥有广布各重要口岸的机构网络，这些机构能够为汇丰银行成立初期在各商埠顺利设置分支机构等提供可靠保障。最初 10 年间，汇丰银行先后在上海、福州、宁波、汉口、汕头、厦门等多个口岸设立分支机构。其中上海分行由汇丰自理，其他在刚设立时均由洋行代理。在汇丰银行成立前，中国对外贸易融资业务基本上由洋行操纵；汇丰银行成立后，原先分散在各洋行手中的金融业务则开始集中到汇丰银行一家手中。

第三，总部设在香港，充分利用得天独厚的地理优势。在汇丰银行成立前，所有在华外商银行的总行均不设在中国，而是在英国，或是在印度等，它们在中国的经营活动只是整个东方业务的一部分。但是，汇丰银行则是以中国为其主要阵地，所以在中国的经济权益，就是它的利益焦点。汇丰银行扎根中国，对中国市场行情了解更及时，把握更准确，对其资金运用更加充分和有效，对于存款的吸收和资金的投放，具有极大的有利条件。汇丰银行作为香港本地的银行机构，享受到港英政府的种种优惠待遇。港英政府也是正面回应汇丰银行的业务拓展，例如 1864 年 12 月，时任港督就曾表示："不反对汇丰银行作为一个未经立案注册的机构先行交易。"汇丰享有港英政府的优待和支持，促使其发钞权进一步扩大 [1][2]。

当然汇丰银行的发展也不是一帆风顺的。在 19 世纪 70 年代世界银价下跌的时期，原先所大量持有的白银让汇丰银行经历了一段比较困难的时期。虽然没有像其他外国银行那样倒闭，但是也出现机构锐减、储备减少和红利分配比例降低等问题，这些问题一直困扰着当时银行的经营者。在 1874 年以前的这一段时间内，甚至有好几个季度没有红利分配。1874 年底，银行储备从 1871 年的 100 万港元下降到仅 10 万港元，红利分配比例从 12%，下降为 8%，股价仅为之前的 20%。1875 年，汇丰银行董事会主席承认，当时银行的经营状况很糟糕，即使有红利分配，比例也不会超过 2%，银行储备只有 20 万港元 [3]，这样的困境非常不利于刚成立的新银行，不难想象当时股东们的压力。但是，金融风暴也展现了优胜劣败的筛选作用，汇丰银行专业谨慎的操作确保它能够继续屹立不动。

大鱼吃小鱼，小鱼吃虾米，汇丰银行从对清政府的借款中把持有白银的损失移转出去了。例如汇丰银行提出两种借款条件：举借白银，年息 9 厘；如借金镑，只需付 7 厘。盛宣怀出于对利息高低的考虑，直接决定举借金镑。随着白银贬值，金镑升值，招商局就得多交白银了，最后只能怪自己的金融知识不足，以及缺乏外币综合管理的能耐了。

1874 年，汇丰银行的外交圈网络起了作用。它受委托经办第一次的中国政府公债，并在随后的多笔政府贷款中获得了丰厚利润，例如对清政府提供的第一笔贷款"福建台防借款"，这些业务使它得以度过这一段困难时期，并在中国的土地上站稳了脚跟。19 世纪 80 年代，在昃臣爵士任总经理时期，汇丰银行呈现一个获利丰厚和稳定发展的局面，甚至负责左宗棠西征新疆平定阿古柏叛乱和清政府为应对中法战事所借的外债。1874~1890 年清政府 26 笔外债，总计 4136 万两白银中，汇丰就贷了 2897 万两，超过了总额的 70%。

在同一时期，为了保持和扩大已经获得的发展基础，并在世界银价不断下跌的经济环境中持续与其他银行进行竞争，汇丰银行采取了组合拳措施。首先，提高了资本金，这显示汇丰银行深刻认识到风险管理要早做准备。银行的最终基础就是资本，汇丰银行持续增资，霸气展现深耕中国的企图，它成立之初的资本金只有 250 万港元，19 世纪 80 年代增加到 500 万港元，到 90 年代时，已增加到 750 万港元。其次，提高市场占有率，在中国的通商口岸以及与中国贸易联系密切的远东地区，普遍设立了分支机构，至 1885 年时，汇丰银行在亚洲有 18 个分行，分行所在地基本上涵盖了中国主要的贸易和人员往来区域，同时加大了对东亚地区贸易融资的力度。最后，扩大业务范围，加大资金运用的力度。汇丰银行不仅掌握和保管着英国政府、港英政府以及清朝政府的部分税收资金，而且主动出击，逐步参与了亚洲白银使用区域的各种商业和贸易活动，甚至为鸦片贸易提供融资服务。随着经手的清政府财政金融业务的增加，汇丰银行俨然已经是清政府实质的中央银行了。

除了上述的措施之外，汇丰银行还把业务范围和服务对象扩大到中国洋务派所创办的企业，以及清朝的中央和地方政府机构，积极为企业和政府提供金融服务。这些新的业务给汇丰银行带来了可观的营业收入，1867 年底，汇丰银行可供分配的利润有 38.23 万港元，到 1874 年达到 79.48 万港元 [4]。金融市场的马太效应持续发作，汇丰银行在众多外国银行的竞争中，可是一个能够维持下来，并取得较大发展的外国在华银行之一。

列强银行至少包括来自英、俄、德、法、日等国者，汇丰银行能够在其中脱颖而出，可归因于受到清政府信赖的海关英籍总税务司赫德的大力推荐。除了赫德本身在治理中国关税方面的专业表现以外，中国抵押外债的首选也是关税，所以英国与赫德就赢在起跑线上了，远胜过其他列强。19 世纪 80 年代，在他的周旋下，汇丰银行开始经理中国政府外债。深受清政府信赖的英国人赫德举荐汇丰成为"中国政府银行"，清政府接受该项推荐，汇丰银行自始即能承办清政府所有的金融交易，汇丰银行理所当然地成为赫德与清政府为了在西欧市场筹措借款而选用的中介经理机构 [5]，并凭借英国总行来直接运作。

（二）周旋各方，积极扩张

1894 年发生的中日甲午战争，正是汇丰银行发展过程中的重要转折点。甲午战争之前，汇丰在贷款发放上都是担当独家经办人，但在此之后，它开始与许多外资银行进行合作，或者以国际银团的身份向中国政府提供贷款，这主要是因为清政府必须负担巨额赔款，需要国际银团联合提供贷款。汇丰银行由于承办了大部分清政府的借款，在国际政治中的角色日趋复杂，不知不觉中其政府银行的职能有了进一步扩大。在这一过程中，汇丰银行自觉或不自觉地卷入了英国对华殖民侵略的各种活动之中。实际上它要服务于三方面的"主人"，即中国政府、英国政府以及银行股东。要扮演好"一仆多主"的角色，就要处理各方面的复杂关系，犹如玩杂耍的人同时丢接几个球。

首先，重中之重就是要赢得英国政府和企业的信任，当然在这一点上汇丰银行是有一定基础的。作为一家中国境内的外资银行，其本务就是为股东谋最大利。1865 年成立后，经过近 20 年的经营和发展，汇丰银行在中国主要的通商口岸以及北京都获得了相对稳定的经营场所，它的赢利能力已经得到各方面的认可。它已经依靠自身的买办及通过政治外交关系的途径，取得了进一步发展的经验和信息网络，具有与中国政府进行借款谈判的丰富经验。这些条件使得汇丰银行能够成为英国政府在中国的代理银行，并且是英国在华企业的主要服务银行。更直白地说，它肯定要为英国的殖民帝国主义服务，要通过提供金融服务帮助英国公司从中国获取利益。

原则上说，汇丰银行与英国政府互相利用，在根本利益上面是一致的。对汇丰银行来说，它十分需要英国政府的支持，这样能够借助英国势力扩大自身的利益，维持在中国的发展。对英国政府来说，其海外殖民活动为其企业和居民提供了发展空间。这要靠代表英国利益的金融集团，在国家已经开辟的外交框架内进行细致的谈判来牟利。或者是最初由英国的企业集团争取到发展机会，然后需要英国政府的支持，才能更好地完成商业上的安排。

汇丰银行的发展规模以及在中国所打下的根基，自然也就成为英国政府执行对华政策的最佳候选机构；汇丰银行要想在中国得到进一步的发展，巩固已经取得的优势地位，就必须精准配合英国政府，然后规划自己的企业发展。没有英国外交势力的介入，汇丰银行根本不可能在列强环伺的条件下，有如此大的竞争优势。因此，汇丰银行已经不可避免地卷入了英国对华侵略活动和复杂的国际关系之中，实质上成了英国外交政策的工具。19世纪90年代以后，汇丰银行积极地参与了甲午战争赔款及其之后中国政府的多次举债赔款的谈判、铁路让与权的争夺和投资，以及国际银团的合作和竞争等。最后在中国国际银团的借款活动中，将汇丰银行与英国外交部的合作关系推到了顶点。汇丰银行的发展政策与英国的外交政策两者紧密结合，目的一致，分别在不同的层面上与谈判各方进行周旋，最后达到了相互支援、荣利共享的结果。一直到二战结束以后，这种官商合作的模式仍然可见于第三世界的许多国家中。

汇丰银行既要调整与英国政府的关系，又要在英国的对华殖民侵略过程中，调整自己与各外资银行、中国政府、中资金融机构的关系，同时还要考虑自己的发展战略。

所谓"天下大乱，形势大好"，中国政局的动乱更迭正好给汇丰银行拓展业务和势力范围提供了绝佳机会。例如19世纪90年代起中国所发生的重大历史事件，如甲午战败、戊戌维新的失败、义和团运动和八国联军、1908年慈禧去世、1912年清皇帝退位、1912年至1916年民国初年的政治动荡，以及袁世凯的统治与军阀混战等，这些都给汇丰银行提供了极好的历史舞台。客观来看，在19世纪晚期，汇丰银行崛起的很大原因是它在商业银行与英国外交方面的双重职能是相辅相成的。诚然，汇丰银行经理中国政府贷款获利巨大，但是我们需要指出的是，当时中国的银行业尚未起步，而传统的金融机构，无论是钱庄还是票号，都尚不具备在国际市场上通过发行债券进行融资的能力。即使后来清政府开办了一些官办或官商合办的银行，但是银行资本力量薄弱，业务发展缓慢，根本无法与外商银行竞争。受制于捉襟见肘的财政状况以及数额庞大的对外赔款，清政府不得不依靠外资银行。此外，中国在创办第一所现代银行中国通商银行时，负责督办的盛宣怀就指定要以汇丰银行章程为蓝本，可见汇丰银行在中国金融业的现代转型中起到了一定作用。

至少直到 19 世纪 90 年代初期，外资银行在中国的发展，绝不是一帆风顺的。外资银行抵押放款，倒账迭出所导致的营业困境屡有发生，直接冲击了这些银行的业绩。尤其包括汇丰银行在内的外资银行对中国商人开展业务时，往往都是间接提供服务，也就是由买办承担了这部分与中国国内对接的责任。买办有自己的小算盘，有时候会出现代理人问题，外资银行被迫要比本土钱庄承受更高风险，这种差别在金融恐慌袭来之后则会被放大。同样的现象也发生在房地产业，买办经常受贿，刻意提高估值，借以增加贷款额度。汇丰银行作为早期进入中国的外资银行之一，发展过程中曾经历许多危机[6]。

各家列强银行所支持的竞争对手总想打通政商关系，大家八仙过海，各显神通。汇丰银行能够更胜一筹的主因，除了海关英籍总税务司赫德的举荐以外，还包括它精准的政治投资技高一筹。李鸿章与左宗棠有几次路线争执，例如加强海防还是收复新疆，以及 1883 年对于中法战争是战是和等。李鸿章再度举报胡雪岩吃朝廷回扣时，汇丰银行联手盛宣怀故意催款左宗棠的幕后账房胡雪岩，等于帮助李鸿章扳倒政敌。李鸿章投桃报李，指定汇丰银行为收款银行，战争借款甚至政府的税收存管，也交由汇丰银行操办，汇丰银行俨然已是实质的中央银行。汇丰银行除了帮忙发行债券外，还打理清政府的甲午外债，以及处理庚子赔款，汇丰银行成了清政府处理外债的最大经纪人，其中所牵涉的业务佣金更是可观[7]，清政府则是以关税和盐税为担保抵押。

在与俄国（华俄道胜银行）、法国（东方汇理银行）、德国（德华银行）、日本（横滨正金银行）以及英国（丽如银行、麦加利银行）在华外资银行的激烈竞争中，汇丰银行主动出击进而崭露头角，获得了将近一半份额的中国政府债赔款的经办权，并在国际银团贷款、中国铁路建设贷款，以及中国政府货币与银行政策顾问等方面，发挥了主导作用。在这多事之秋承受住了几番严峻的考验，进而成为国际性金融机构。从1893年到1902年，汇丰银行连续9年盈利，股东资本增加了82%，资本金增加到1425万港元[8]。汇丰银行进一步将存款业务拓展到一般散户，率先开始接受1元开户的储蓄银行业务，不像传统票号或是其他外商银行对于存户资格有较高的条件要求。此举后来在时局动乱的时候发挥了巨大作用，例如在八国联军入侵时期，汇丰银行存款款项暴增，该银行的商誉跟着水涨船高，汇丰银行不会出现老百姓因不是存户而来不及开户存款避险的问题。汇丰银行稳步发展成为一个本地化的商业银行和汇兑银行，创建了它的第一个辉煌时期。即使庆亲王奕劻被举报贪污受贿将钱存在汇丰银行，该银行还是以内部规定为由，拒绝透露他的存款账户信息给清政府。虽然洋企业在北京使馆区有治外法权，但这在皇权时代可算是让朝野印象深刻的动作，这样的专业坚持也让汇丰银行成了官民存款银行的首选。

在1914年以前近20年的帝国主义在中国扩张的时期，汇丰银行在不断扩大的国际银团对华政治借款业务中扮演着主导银行的角色。该银行是中英银公司和华中铁路公司的发起人，负责对在政治上有争议的1913年"善后大借款"的谈判和沟通活动，好帮助北洋军阀袁世凯政府取得帝国主义在财政上的支持，同时也是国际银团征收和管理中国海关税收的主要银行之一，这些成绩都让汇丰银行更进一等，让其他竞争者望尘莫及。

汇丰银行在华的业务扩展也不局限于金融服务，还联合怡和洋行在1898年5月成立中英银公司。怡和负责技术承包，修筑铁路，提供铁轨车辆，招募人员，以及监督铁路的实际运作；汇丰则负责募集必需的资金。两者业务互补，政策上则听命于英国驻华公使。这样的组合非常契合当时清政府的实际需要，但是有时也会发生汇丰听命于英国而欺负中国的事情。例如美、英、法等国不乐见中国人创办银行，所以就径行干涉，英国汇丰银行对中国通商银行的成立也曾设置障碍，甚至唆串其他外商银行抵制。

中国人自己开办银行时，除了有外患，还有内忧，差点就被短视的本位主义给掐死在摇篮里。重臣张之洞在1893年建成湖北银元局，要铸造流通银元，听到盛宣怀开办银行也要铸造银元后，他便坚决反对盛宣怀开办银行，唯恐湖北银元局的业务被威胁到。后来是在直隶大臣的力劝下，他才有条件地同意盛宣怀开办银行。

（三）及时调整，恢复本务

一战1914年7月爆发，至1918年11月结束，历时4年多，对于汇丰银行发展有一定影响。汇丰银行在华的经营发展经过了一个调整时期，逐步恢复了中国国际汇兑银行和国际性商业银行的地位，当时汇丰银行必须面对日本在华外资银行崛起的现实。面对日本军事进逼与经济强势竞争的态势，汇丰银行开始收缩战线，1915年获得了独家保管中国关税收入的特权，主要进行有关中国的债务管理，积极开展存款、贷款业务以及国际汇兑业务。该银行从帝国主义式的扩张发展，重新回转到商业银行的本业和管理上来，努力重回国际性商业银行的发展轨道。

汇丰银行同时尽力维持了它作为国际银团主导行的地位。1921~1922 年召开华盛顿会议，美、英、日等帝国主义国家为重新瓜分远东和太平洋地区的殖民地和势力范围，组成新的国际银团来负责对华贷款业务，汇丰银行顺势成为新银团的中心代理机构和清算行，保住了它曾经的领导行地位。从 1923 年开始，汇丰银行成为上海外汇交易银行的领头羊，并承销中国、德国、泰国和日本等国家政府的债券，以获得佣金。如此的盈利虽然要比以前多，但是此时汇丰银行的影响力已经呈现走下坡路的趋势。1924 年，汇丰银行上海分行总经理熙礼尔（E. G. Hillier）的去世，更是标志着汇丰银行在中国发挥重要作用的时代已经结束了。

在国际银团主宰中国贷款活动期间，汇丰银行没有与其他银行的发展同步，而是多次跳出这一国际框架，单独对中国政府和其他金融机构直接放出非银团贷款。例如在第一次世界大战结束时，汇丰银行给予中国银行 2124 万两白银贷款，帮助中国银行赎回自己的银行券。这笔贷款是以中国政府存在汇丰银行中延期支付的庚子赔款为担保的。这些借贷表现出中国政府与汇丰银行一直保持着密切的业务合作关系[9]。

汇丰银行虽然以"中国的银行"自居，但它毕竟是一家英国海外殖民银行，是一家外资银行，在商言商，它对中国政治势力的支持可是有选择性的。1923~1924 年，没钱缺人的孙中山刚从陈炯明军事叛变中死里逃生，曾向汇丰银行商谈过借款的事项，但是汇丰银行拒绝了。在广州国民政府期间，汇丰银行倒是支持了以陈廉伯为代表的买办势力，该行在广州的负责人同意为他购买枪械弹药进行融资服务[10][11]。汇丰银行在商言商，它自己的政治判断可是跟着英国的。

（四）把握机遇，转危为安

20 世纪 20 年代末期至 30 年代初期，号称"黄金十年"，随着南京国民党政府对中国统一的完成，大规模的工业建设也开展起来，同时为银行业带来许多商机。但是，中国政府着手解决帝国主义在华治外法权等问题，这可直接威胁到汇丰银行在此之前所取得的各种利益和特权。1929~1933 年接连发生经济巨变，全球经济大萧条、世界金银比价不断下跌、英国放弃金本位制度、中国面临货币危机，以及 20 世纪 30 年代初期日本加快侵华等，这些看似危机，却使汇丰银行再次获得了在中国金融发展中发挥作用的时机，并且也让该银行获得了发展自身业务的舞台，进而再一次提升了自己。

为了顺应形势变化，汇丰银行随之调整自己的发展战略和运作方式。例如，一方面，根据自身的银行章程开展业务；另一方面，遵守中国政府的法律，经营政策更注重实际层面。毕竟殖民侵略的时代已经逐渐过去了，金融机构要以更真诚的主动合作态度来争取所在国政府的支持。

20 世纪 30 年代，中国货币制度出现危机，汇丰银行主动提议与国民党政府进行合作，协助其进行了一番改革转变。最初，汇丰银行并不积极支持国民党政府 1933 年进行的废两改元（正式废除银两的流通，进行国内货币统一），以及 1935 年进行的法币改革（希望脱离银本位，与英镑相联系）。后来在英国政府的督促之下，汇丰银行的态度大转变，开始从中国收回其发行的纸币。当时美国所提出的白银法案导致中国银元和资金大量外流，国民经济面临崩溃，国民政府只得强行推出"法币"来稳定经济。在各方还在观望的时候，汇丰银行雪中送炭，主动配合国民政府的货币改制，把白银库存交给中国政府，并签订了君子协议，停止吸收新的中国客户，放弃了自己在中国银行市场的领导者角色，汇率改由中国中央银行设定。

"将欲取之，必先予之"，该银行以提供金融服务来争取中国政府的支持，还主动参与了国民党政府多条铁路的建设和贷款活动，如北京至沈阳的铁路、天津至浦口的铁路、北京至汉口的铁路、沪宁铁路、沪杭铁路、汉口至广州的铁路，以及广州至九龙的铁路等 [12]。在参与过程中，汇丰银行实际上已经成为国民党政府现代商业银行体系的一部分，是中国沿海通商口岸城市中纯粹的外国汇兑银行，主动服从中国国民党政府的全面监管。1937 年以后，由于抗日战争的需要，中国的官方金融政策只能与外国银行合作，而不是像以前那样控制它们。汇丰银行为了维护其自身的利益，也承接了国民党政府不少任务，借此巩固和提高了其在华政治和经济地位。

中日开战后，国民政府开支膨胀，收入锐减，因此向中央银行、中国银行、中国农民银行和交通银行借款。这四家银行因此大印钞票，以满足政府的需要，通货膨胀现象因而明显。汇丰银行临危受托，被邀请来协助稳定中国的汇率。英国政府公开反对日本对华的经济侵略，为维护法币安定而先后设立中英共同外汇平准基金，开始通过外汇操作阻止法币买卖和不当变动。该基金是由中英两国的银行共同投资的，汇丰也是出资方。在宋子文和孔祥熙的要求下，汇丰银行代为中国政府、中国银行和交通银行买卖外汇，协助解决法币危机。另外，汇丰银行还提供了数百万英镑用于购买白银与外汇，来增加法币的储备量，以稳定法币汇率，可以说出钱出力。汇丰银行实际上是中国汇率平衡操作中的主导者，在中国战时经济和汇率稳定上发挥了关键性的作用，这些都已经远远超出了一个私人金融机构的权限，也算是配合英国政策在幕后支持中国对日抗战。但是，我们也不宜过度解读中英共同外汇平准基金，毕竟其很快就被市场需求与日本破坏搞得名存实亡了；该基金所发挥的功用与英国对华政策、远东政策还是有所区别的。

汇丰银行还受托在1937年为中国中央银行负责中国的清算业务，已经实质性地发挥了中央银行的部分职能。其不仅在中国内地开展业务，也是香港本地银行，以及远东地区的清算银行，主要提供贸易和当地工业融资服务。当日本占领上海后，汇丰银行加入了战时供应商的行列，甚至在中国政府购买美国武器时提供金融帮助，但是汇丰银行仍然可以发挥国内银行的作用。直到1941年太平洋战争爆发，汇丰银行被迫结束了在远东金融界的垄断地位。当日本占领香港时，汇丰银行随之撤出香港，它在中国上海、汉口、广州、哈尔滨、汕头、福州等地的分行也都被日本军队占领。汇丰银行跟随着国民党政府退到了大后方，并在重庆建立了分支机构，继续开展其在此之前的部分业务。大体上，汇丰银行在政治上还是跟着英国政府的脚步。

二战以后，英国在中国的势力已经彻底被美国所取代，这影响到汇丰银行的经营策略与经营范围。在战后至1949年期间，汇丰银行主要的活动地域是香港地区，以及除中国内地之外的东亚地区，协助从事战后重建工作。当时该银行在中国金融发展中的影响力，也就局限于香港一隅了。

二 风险管理

近代在华外资银行无法避免遭受风险事件的冲击，但是它们各自的经营风格和风控手段有所不同，所遭受风险冲击的程度也会有所差异。汇丰银行作为近代在华最具代表性、经营最成功的外资银行，其风险管理体系与做法可说是领先群伦，毕竟能够生存下来就是硬道理。我们首先来了解主要风险因素，梳理近代在华外资银行共同面临的外部冲击，同时分析汇丰银行的风控手段，来进一步了解商业银行在治理体系改革、强化风险管理和内控机制上的做法。

（一）环境动荡，接连冲击

19 世纪下半叶至 20 世纪上半叶，尽管有英国政治势力的扶持，汇丰银行与其他在华外资银行一样，也多次面临战争、经济危机、金融风潮、汇率风险、投机失败等风险因素的冲击，改变了国际权力版图，经营业绩受到了不同程度的影响。按产生原因可以将这些外部冲击大致分为五类。

1. 世界战争或局部战争

战争会破坏经济，导致贸易量的下降。例如，普法战争（1870 年 7 月 19 日~1871 年 5 月 10 日）导致的西方市场需求萎缩，阻塞了中国丝绸、茶叶的外销渠道，加之中国华北数省连遭洪涝或旱灾，进口需求锐减，中国对外贸易受创，制约了银行业务的开展。同时，战争也导致列强实力发生变化，影响其在中国金融市场的发展前景。一战德国战败，俄国发生十月革命，英、法财力衰退，日本财力大增。美国趁机发起了以美、英、法、日四国财团为主的新四国银团，并逐步掌握了领导权，当时英国的汇丰银行仍然可以保持市场优势。

2. 世界级经济危机

以 1873 年美国铁路危机所引发的世界经济危机为例，该危机起源于美国内战后的通货膨胀和基于铁路的过度投机，美、德因过度投机率先爆发危机，并很快蔓延至英、法甚至全

球，导致工业生产规模和国际贸易量大幅下降。同时，随着水
陆运输的畅通，美国、东欧和印度的粮食大量输入，粮价大幅
下跌，贸易方式的变革导致中国对外贸易量过度膨胀，中国出
口品价格暴跌，出口量锐减。这段时期银价的持续下跌，导致
在东方的各家银行都遭遇到史无前例的困难。银价的下跌过程
中常伴有极大的价格波动，难以预测白银的远期价格，因而严
重考验着这些银行。同时期外资银行大量放款给买办和钱庄做
股票投机生意，股市崩溃后出现了股票债务纠纷，以至于上海
县署和英法租界公堂案牍山积。在 20 世纪 30 年代初的大萧条
中，汇丰银行业务数据反映出其面临前所未有的压力。汇丰的
存款余额从 1932 年开始减少，至 1934 年下降了 26.4%。同时，
放款和汇兑业务也出现连续萎缩 [13]。幸好汇丰银行之前提拨
累积预备的资金足够，所以还撑得住。这点非常可贵，当时其
他外商银行大多过度乐观地预期经济走势，直接将获利转为股
利、绩效红利，或是用于投机生意。遇到危机冲击时，所持有
的资产变现不及，后果不堪设想。

3. 汇率波动，银价下跌

1935 年之前中国是银本位国家，在华外资银行的业务收入
和资产皆以白银的形式持有，但是需要进行外汇交易者及在西
方市场上的融资则必须依照国际要求以黄金核算。银价下跌引
发账面资产减值与股息、利息的额外支出。比如，19 世纪 70
年代末，丽如银行因银价下跌开始逐年亏损，最终于 1884 年停
业 [14]。不过，1935 年后，中国内地和香港成为最后放弃银本位
的地区。香港的银行开始保留黄金储备，同时和英镑挂钩，汇
丰银行设立在香港，因此受到的银价下跌的不利影响相对较轻。

4. 本土金融风暴

金融风暴往往源自大量、同方向的投机交易和信用链条断

裂。以 19 世纪 60 年代的棉业危机为例，英国金融业参与棉花
投机失败，加上纺织业不景气，使得企业贷款无法收回，宝顺
洋行和汇隆、利升、呵加剌、利华、汇川、利生等英资银行陆
续倒闭。麦加利银行虽然得以幸存，但 1867~1876 年其股票价
格始终低于面值[15]。英国的金融危机很快波及上海，当时正值
太平天国运动后期，苏松一带地主豪富转徙上海，银元大量流
入，地产价格飞涨。美国南北战争引发的世界棉业投机也波及上
海，与棉业贸易投机相伴而来的是汇率投机。当时上海的银行大
量放款给洋行等商号取利，但是当美国内战结束后，全球棉花供
应暴增，价格开始下跌并很快影响到上海，结果造成棉花投机商
号库存严重积压，市场停滞，银行贷款难收回，上海金融市场资
金吃紧，原先投机性投资的上海租界地产也面临崩盘危险，地产
大亨徐润宣告破产。1866 年，上海面临开埠 20 多年来的第一次
金融恐慌。市场资金链出现断裂，引发了商贸危机，进而引发了
金融危机，使得对外贸易进一步恶化，丝绸、茶叶出口首当其
冲。当时，上海已是在中国对外贸易的"货物成交"和"款项调
拨"中占 80% 的金融中心，上海经济因而受到重创，所引发的
金融危机迅速扩散到所有的通商口岸和各个商业部门。在此危机
之前，许多股票被炒作过头、深陷房地产泡沫的外资银行最后都
逃不了倒闭结果，汇丰银行选择谨慎对待不甚了解的当地房地产
投资，所以避开了那些陷阱，成为幸存的大赢家[16]。

5.投机年暴利却导致巨亏

大部分在华外资银行都会从事一些证券、外汇方面的投机
交易，如果事先规划失当，爆发系统性风险之时，其所持有的
资产可能会联动共同跌价，造成难以挽回的损失。在经济萧条
的 1874 年，汇丰银行同时遭遇了日本银元、上海汇票、西班
牙公债和南美铁路的投机失利，损失惨重[17]。而以投机闻名的

利华、利生等资本较为薄弱的银行纷纷在 1866 年危机中倒闭。此外，个别外资银行的歇业还引发了公众对外资银行信誉的担忧。例如中法实业银行倒闭之前，"国人对于外国银行之信用，远胜于本国银行。存款者宁以低利存于外国银行，不愿以高利存于本国银行"[18]。1921 年 7 月，中法实业银行因巴黎总行投机失败而歇业，钞票及债务均停止兑付，"曾一度给在华外资银行造成冲击，导致一些外资银行经营出现困难"[19]。当年鼎盛时期有 14 家外资银行，最后只剩下 2 家，汇丰银行在危机前有所节制地进行金融投机活动，才得以劫后余生，如此也就更加巩固了自己的市场信誉与地位。既然竞争对手减少了，这次金融风潮就成了汇丰银行崛起的一个契机。一方面，同为竞争对手的英资银行的实力大为削弱；另一方面，一些银行倒闭后，旗下训练有素的职员转而进入汇丰银行[20]。

（二）发掘机遇，稳健管控

在汇丰银行创立时的 1865 年，多家银行正因棉业危机而濒临倒闭或倒闭，汇丰银行不免受到波及，业绩受到不同程度的影响。但是汇丰银行善于在这些外部危机中捕捉机遇，创造机遇，稳健运营。

1. 筹措中国对外局部战争的赔款与军费

在清政府为筹措战费需向外资银行借款，或是战败赔款，甚至是战胜了之后的赔钱了事中，都可以看到汇丰银行的身影，其所收取的各项费用带来了丰厚利润。例如，1883~1885 年中法战争时期，地方政府为筹备军需先后向汇丰银行等举债 11 次，债额总计 1927.92 万两。清军陆战胜利了，清政府却决定赔偿法国军费，以免事态扩大。甲午战争爆发后，清廷又向汇丰银行借款 1000 万海关两及 300 万英镑，并且为了给付

《马关条约》赔款，清政府两次共向汇丰银行借款 1600 万英镑等 [21]。进入民国时代，汇丰银行则是积极融入国民政府的金融体系。

2. 本土爆发的货币恐慌因风控得宜而得以避免

1883 年，在丝业投机、新兴企业股票投机和中法战争多个因素的作用下，金融风潮很快从上海蔓延至全国。大量钱庄、行号倒闭，商号拒收庄票，一切交易悉用现金，市面银根紧张。而在这种严峻情况下，汇丰银行的各项存贷款业务却仍然增长良好，这样的佳绩得益于汇丰银行运用得当的风控手段，资金尚算充裕，可以顺势抢占传统银钱业的市场份额。

3. 全球布局和多元化经营

尽管汇丰银行致力于开辟中国市场，但从分支机构设置和业务往来来看，汇丰银行称得上一家全球性银行，部分国外分行的重要性甚至超过了总行，尤其是 20 世纪后 [22]。除了遍布各大城市的分行，汇丰银行还不断通过兼并、入股、新设公司等方式拓展业务领域。除了在银行、保险、投资、信托等金融行业投资外，汇丰集团也涉足航空、海运、新闻出版等实业领域。汇丰银行分散的市场布局，除了方便拓展业务外，还体现了避险重于追逐高利。虽然布局海外市场需要很大成本，相互协调也是煞费苦心的技术活，但是可以提供多元化的途径来规避风险。

4. 切实执行功能较为完善的公司治理体系

汇丰银行确保决策者、监察者和执行者各司其职，例如不用委员而用董事，总期权归总董，利归股商，这些对于当时的中国而言都是相当先进的商业银行管理制度。公司章程规定了股东大会召集的通知、出席股东的资格、决议权的限制及其他事项。董事由股东大会选择其股东担任，股东大会有权决定董事的人数、资格及报酬。监事由每年的股东大会选任，并规定董事或其他行员不得兼任。监事的人数、职权及报酬也由股东大会决定。同时，监事需在股东大会上提出董事会的营业报告和监察报告。在日常经营上，汇丰银行总、分行的经理应依据法令、章程和股东大会的决议执行，每季还需登报公布营运数字，以昭公信。这些规定看似繁复，但是确保了"股东有权，经理有能"的权能区分局面，也减少了政府不当干预、贪腐舞弊或是弯道翻车的可能。

5. 严格管控信用风险

近代在华外资银行的损失大多来自借款人倒账和投机失败。19世纪50年代，中国还未有正规的贴现和证券市场，一般银行在这方面的资金面临极大的风险，评定信用风险的做法相当的传统，只能过度依赖买办的意见与其他私人关系网络，买办等为了增加提成奖金等，不免会倾向于放款处理。针对这一风险隐患，汇丰银行在19世纪60年代末就制定了严格的业务管理制度，规定银行总经理在得到常务董事会批准前不得对企业放款；在常务董事会不同意的情况下，必须得到董事会全体成员通过才可操作。也就是说，汇丰银行慎选放款客户，放款业务求精不求多，所承受的业务风险不是单从利率贴水来补偿，而是靠层层把关，稳字当头。汇丰银行当时能够持续采取如此谨慎的策略实属难能可贵，至少因为同行大都是追求短期利益。如此虽然导致19世纪60年代汇丰银行的放款业务未能打开市场，但是一定程度上提高了汇丰银行的生存能力，这样的结果差异在随后几次金融风潮中表露无遗。

6. 丰富的流动性管理经验和风险对冲手段

在外汇业务上，汇丰银行凭借与伦敦银商的关系，能更准确地预测白银远期价格，及时采取对冲措施，并保持资产的流动性。有时多储存白银，进行短期放款并收取较高的贷款利率；有时则通过加尔各答和孟买分行，把准备金用于买卖印度政府发行的金镑债券和白银债券，以保持两者的适当比例，来规避由于银价波动所遭受的损失[23]。做市场预测不仅是数字管理，还需要接地气的第一手观察与私人网络。

7. 主动增资和提高准备金

随着站稳脚跟、获利情况逐渐改善，汇丰银行除了分配必要的股利与员工红利等，更是积谷防饥地多次主动提高资本和准备金，为吸收损失提供缓冲。汇丰银行在 1872 年招足资本金后仍多次增资，至 1955 年已达 2500 万港元。同时，各项准备金从 10 万元增至 1.3 亿元，1899 年便超过了实收资本[24]。如此频繁的未雨绸缪措施，不仅准备了丰厚的资本和准备金来为抵御风险、减少损失提供保障，也为汇丰银行的全球扩张创造了条件，两者相辅相成。

8. 谨慎的负债管理

一方面，"现金为王"，汇丰银行在创立之时就特别注意吸收存款。甚至在 1874 年汇丰银行遭遇金融危机时，资产总额明显下降，但是存款逆势上升，因为一些同行业者已经因财力不支而倒闭了。1894 年汇丰银行存款余额突破 1 亿元，到 1913 年已经近 3 亿元，超过同年全部中资银行存款总和。此外，汇丰银行开了业界先河，将存款来源从商界延伸至底层百姓，存款可低至一元，不像其他外商银行与传统票号一样开户条件与存款门槛较高。上海储蓄部与香港储蓄银行分别于 1881 年和 1884 年开办，专门吸收小额存款。19 世纪 80 年代以后，汇丰银行存款占负债比重基本稳定在 70% 以上[25]。看似保守，资金运用灵活度不高，其实汇丰银行刻意不注重国内信用贷款，反而将资金用于其他投资，例如外汇操作与政府借贷等。另一方面，汇丰银行通过自行发行钞券吸纳了大量金银，虽然这些流通货币属于汇丰银行的负债，但是展现出市场对于汇丰银行的投资信心。尤其在 1890 年以后，汇丰银行的钞票逐渐成为中国沿海乃至内地通货及商贸领域的流通与支付媒介。1872 年港英政府额外准许汇丰银行发行一元面值钞票（原先出于保护钞票持有人的考虑，小额钞票的发行权由港英政府直接掌握），更是扩大了港币的使用范围。

9. 精准的政治投资

现代历史显示：发展资本主义未必成为帝国主义，但是帝国主义肯定需要资本主义的支持。汇丰银行凭借着各方的优越条件，在金融业方面发展资本主义与帝国主义。相形之下，中国传统票号与刚成立的商业银行则无法匹比，尤其是在对外举债与还款方面。毕竟当时的中国国力羸弱、财力空虚，再加上沉重的外债与赔款，近代中国被迫依赖外国的专业金融服务，所以需要外商银行的及时帮助。这些工作对于清政府至为关键，不仅直接影响到政权稳定，还可以避免中国被迫更进一步地割地赔款，同时关系到维持中国的国际债信水平，对于维持中国国内金融稳定更是至为紧要。在民国政府向外采买军火与重要工业设备等时，汇丰银行在适时、适地、适合条件下发挥了重要的功能。须知，中国在庚子条约中，被严格限制向外采购军火，既然正式官方渠道受阻，就只能从其他商业渠道来获得。汇丰银行赢得民国政府的信任，双方的长期合作为当时的中国提供了一个可能的渠道。在商言商，将本求利，外商汇丰银行从中也获得了应有的商业利润。

另外，汇丰银行需要英国政府的支持，来谋求在中国的利益，否则难以立足于帝国主义争夺中。汇丰银行即使已经与中国过从甚密，但还是听命于其母国英国，全力配合英国的外交政策，即使吃力不讨好，也不会阳奉阴违。对于中国当代的达官显贵都要用力甚深，除了疏通拉拢各路势力，白人高管也都努力熟悉中华文化，可说是英国外交势力的侧翼。话虽如此，汇丰银行平常努力维系关系，但是绝不轻易选边，遇到主政者提出需求，则是全力配合满足。如此，累积政治资本与造就内外势力相辅相成，汇丰银行才能适时争取业务，以帮人的态度来做生意，最后让客户不做其他人想。不可否认，中英政府双方偶有异议时，汇丰银行还是会以英国的意志是从，除非已经签约定案。

近代在华外资银行所面临的风险冲击，以及汇丰银行的风险管理经验，为我国当前经济决策提供了以下四点借鉴。

（1）业务模式以资产驱动为根本模式。虽然近代汇丰银行比其他银行更重视存款，发钞业务规模也很庞大，资金来源稳固后，业务模式则选定为资产驱动，即优先考虑资金配置。在操作上，先保证风险可控，然后挑选收益较高的资产标，再来确定资金来源的总量和结构。这样的优点便是经营结果的稳定性较高和可预见性较强，同时对银行的日常流动性管理提出了较高的要求，尤其是适度地管控核心负债。其中有两个关键工作，一是负债管理，二是风险管理，也就是规避风险高于追求投报。负债管理方面，汇丰银行的储蓄存款业务领先同行，随着其他竞争对手的退场，汇丰银行的市场占有率与影响力更是有增无减。风险管理方面，汇丰银行向来注重且善于利用自己在外汇市场的优势来进行风险对冲。另外，该银行避免滥用金融杠杆，或是为了冲高放款额度而接受了一些价值被高估的资产，甚至是"有毒"资产[26]。

（2）优胜劣败，继续深化改革才是硬道理。讨论外商银行时，就会让人想到中国的传统票号与钱庄。总的来说，近代的票号与钱庄并非天然处于劣势，而是错失了转型的时机，加之现金管理不到位，信用风险管控还是集中在人际网络，远比不上外资银行的现代化管理制度。传统票号在内部管理与商业技术方面都是令人佩服的，但是没有与时俱进，最后难逃被时代淘汰的命运。只能说，这些传统本土金融机构占尽地利人和之便，却在时代巨变时反应不及，虽然在战技与战术上高人一等，却败在战略上，最后也就难以挽回被取而代之的颓势了。本书之前有专章讨论晋商票号的龙头企业日升昌，有更详细的评述，此不赘述。外商银行在中国崛起并取代了传统票号钱庄，再次证明企业不能只靠一时的优势或是特权，面对挑战，尽早提升自我才是竞争良策。

（3）注重国内外金融市场的连通性。中国本身的货币制度先天不足，货币本位不明，主辅币不清，本国货币与外国货币并存，外汇定价权旁落，汇价波动频繁，外资银行凭借自己先进的金融理财能力显示出时代价值。汇丰银行凭借操作专业，有所为有所不为，不跟风，不盲进，稳扎稳打，在数次金融风暴中存活下来。该银行注意到了国内外金融市场的联动性、风险的易传染性，及金融的整体性，也就是看重系统性风险的存在。这个问题的重要性甚至远高过盲目追求成长，也让人认识到数字化金融风险管理的必要性。也唯有如此，才能看清全局，"知彼知己"才能"百战不殆"，企业才能延续下来。

（4）金融是现代经济的核心，关系国家主权和政治独立。历史上不时发生的金融风暴，让人体会到：维持金融稳定的重要性甚至高过发展高新科技。在金融对外开放过程中，即使有求于人也要确保国内金融机构始终牢牢掌握金融市场的主导权，对于各式金融业务与产品，只要不明白不清楚，就不瞎跟，不急着开放。如今，随着网络科技的发达，金融业的行业集中度也有逐渐提高的倾向，马太效应更加明显，这些趋势可能表示金融风险更加集中，金融监管能力的提升就显得更为迫切，不但关乎个别金融机构的生存，也关系系统性风险的防范。近30年来，区域性甚至是全球性的金融风暴接连发生，有些国家（例如希腊）因为国内金融不能保持稳定，最后通常只能拿国家资产（港口、国家博物馆等）去抵押借钱，美国也曾爆发次贷危机，殃及全球。这些事例让我们不得不严正看待金融稳定与风险管理的重要性，更要从别人的失败中吸取教训，避免重蹈覆辙。如此方能趋吉避凶，持盈保泰，实现金融产业长治久安。

参考文献

[1] 汪敬虞:《十九世纪西方资本主义对中国的经济侵略》，北京：人民出版社，1983（219~233）。

[2] 汪敬虞:《19世纪80年代世界银价的下跌和汇丰银行在中国的优势地位》，《中国经济史研究》2000年第1期。

[3] King, Frank H. H., *The History of the Hongkong and Shanghai Banking Corporation (Volume1: The Hongkong Bank in the Late Imperial China, 1864-1902: On An Even Keel)*. Cambridge: Cambridge University Press，1987(182-183) (201).

[4] 巫云仙:《略论汇丰银行在近代中国的几个发展阶段及其启示》，《北京联合大学学报》(人文社会科学版)2004年第4期。

[5] 詹庆华:《晚清海关与金融的关系》，载戴一峰主编《中国海

关与中国近代社会》，厦门：厦门大学出版社，2005（291）。

[6] 〔英〕理查德·罗伯茨、戴维·凯纳斯顿:《狮子银行：百年汇丰传记》，张建敏译，北京：中信出版社，2015（22）。

[7] 吴景平:《中国近代金融史十讲》，上海：复旦大学出版社，2019（23~56）。

[8] King, Frank H. H., *The History of the Hongkong and Shanghai Banking Corporation (Volume1: The Hongkong Bank in the Late Imperial China, 1864-1902: On An Even Keel)*. Cambridge: Cambridge University Press, 1987（451）.

[9] King, Frank H. H., *The History of the Hongkong and Shanghai Banking Corporation (Volume1: The Hongkong Bank in the Late Imperial China, 1864-1902: On An Even Keel)*. Cambridge: Cambridge University Press, 1987（117）.

[10] 王亚南:《中国经济原论》，广州：广东经济出版社，1998（89~100）。

[11] 《列宁选集》(第2卷)，北京：人民出版社，1960（730~845）。

[11] 胡绳:《帝国主义与中国政治》，北京：人民出版社，1952（8~19）。

[13] 姜建清、蒋立场:《近代中国外商银行史》，北京：中信出版社，2016（304）。

[14] 汪敬虞:《外国资本在近代中国的金融活动》，北京：人民出版社，1999（92~288）。

[15] 汪敬虞:《外国资本在近代中国的金融活动》，北京：人民出版社，1999（89）。

[16] 汪敬虞:《外国资本在近代中国的金融活动》，北京：人民出版社，1999（47）。

[17] 刘诗平:《汇丰金融帝国》,北京:中国方正出版社,2006(30~31)。

[18] 姜建清、蒋立场:《近代中国外商银行史》,北京:中信出版社,2016(27~213)。

[19] 吴景平:《近代中国的金融风潮》,上海:东方出版中心,2019(29)。

[20] 姜建清、蒋立场:《近代中国外商银行史》,北京:中信出版社,2016(43~54)。

[21] 汪敬虞:《外国资本在近代中国的金融活动》,北京:人民出版社,1999。

[22] 〔英〕毛里斯、柯立斯:《汇丰—香港上海银行》,李周英等译,北京:中华书局,1979(59)。

[23] 张挽虹:《近代汇丰银行在华经营面临的外部冲击与风险管理经验借鉴》,《华北金融》2020年第8期。

[24] 洪葭管主编《中国金融史》,成都:西南财经大学出版社,1993(14~18)。

[25] 巫云仙:《汇丰银行与中国金融研究》,北京:中国政法大学出版社,2007(23~25)。

[26] 马寅初:《马寅初演讲集》(第三集),上海:商务印书馆,1929(33~67)。

图书在版编目 (CIP) 数据

近代中国商道列传 / 刘威汉著. -- 北京：社会科
学文献出版社, 2022.8
ISBN 978-7-5228-0425-5

Ⅰ.①近… Ⅱ.①刘… Ⅲ.①企业－经济史－中国－
近代 Ⅳ.①F279.29

中国版本图书馆CIP数据核字（2022）第126324号

近代中国商道列传

著　　者 / 刘威汉

出 版 人 / 王利民
责任编辑 / 陈凤玲
文稿编辑 / 许文文
责任印制 / 王京美

出　　版 / 社会科学文献出版社·经济与管理分社 （010）59367226
　　　　　地址：北京市北三环中路甲29号院华龙大厦　邮编：100029
　　　　　网址：www.ssap.com.cn
发　　行 / 社会科学文献出版社 （010）59367028
印　　装 / 三河市东方印刷有限公司

规　　格 / 开　本：889mm×1194mm　1/32
　　　　　印　张：8.75　字　数：208千字
版　　次 / 2022年8月第1版　2022年8月第1次印刷
书　　号 / ISBN 978-7-5228-0425-5
定　　价 / 89.00元

读者服务电话：4008918866